Birgit Trappmann
Hochsensitiv: Einfach anders und trotzdem ganz normal

Birgit Trappmann

Hochsensitiv: Einfach anders und trotzdem ganz normal

Leben zwischen Hochbegabung und Reizüberflutung

VAK Verlags GmbH
Kirchzarten bei Freiburg

Vorbemerkung des Verlags

Dieses Buch dient der Information über Methoden der Gesundheitsvorsorge und Selbsthilfe. Wer sie anwendet, tut dies in eigener Verantwortung. Autorin und Verlag beabsichtigen nicht, Diagnosen zu stellen oder Therapieempfehlungen zu geben. Die hier beschriebenen Verfahren sind nicht als Ersatz für professionelle medizinische Behandlung bei gesundheitlichen Beschwerden zu verstehen.

Abdruck der Testfragen auf S. 41 f. und 45 f. mit freundlicher Genehmigung des mvg Verlags, eines Imprints der FinanzBuch Verlags GmbH.

Bibliografische Information der Deutschen Nationalbibliothek
Die Deutsche Nationalbibliothek verzeichnet diese Publikation in der Deutschen Nationalbibliografie; detaillierte bibliografische Daten sind im Internet über http://dnb.d-nb.de abrufbar.

VAK Verlags GmbH
Eschbachstraße 5
79199 Kirchzarten
Deutschland
www.vakverlag.de

8. Auflage 2021
© VAK Verlags GmbH, Kirchzarten bei Freiburg 2010
Lektorat: Nadine Britsch, VAK
Umschlaggestaltung: Sabine Fuchs, Fuchs_Design München
Layout: Karl-Heinz Mundinger, VAK
Satz: Goar Engeländer, Bad Lippspringe
Druck: Friedrich Pustet GmbH & Co. KG, Regensburg
Printed in Germany
ISBN: 978-3-86731-060-4

Inhaltsverzeichnis

Danksagung 9

Einleitung
   Persönliche Vorworte 13
      Post aus der Zukunft 15
   Zur Entstehung des Buches 18
      Die Geschichte hochsensitiver Menschen (HSM) 19

Hochsensitivität im Überblick
   Es war einmal ... ein schwarzes Schaf 25
   Sensibel oder sensitiv? 27
   Hochsensitive Erwachsene 29
      HSM in grauer Vorzeit 36
      Testfragen für Erwachsene 41
   Hochsensitive Kinder 43
      Testfragen für Kinder 45
      Kinder – wie von einem anderen Stern 51
      Reizüberflutung 54
      Das Bedürfnis nach Ruhe 58
      Der „5-vor-12"-Stress 63
      Das Bedürfnis nach Struktur 68
      Wenn die Schule zum Drama wird 71
      HSK und die Suche nach dem Sinn 77
      Die Froschkönige im Glas 79

HS oder ADHS / ADS?
   Ist ADHS / ADS eine andere Bezeichnung
   für Hochsensitivität? 85
      Symptome der Unaufmerksamkeit 86
      Symptome der Hyperaktivität 86
      Symptome der Impulsivität 86
   Zum Aufmerksamkeitsdefizit-Syndrom 87

ADS: Eine Klasse für sich	91
Gemeinsamkeiten und Abgrenzungen	92
Reisen auf der Datenautobahn	95

Geschichte und Hintergründe zur Hochsensitivität

HS: Ein neues Phänomen?	103
Gibt es diesen Ferrari auch als Kombi?	105
Die zwei Arten	109
„Denker" und „Handler"	109
Introversion und Extraversion	117
Das etwas andere Extrem: Der INFP	121
Analytischer und holistischer Wahrnehmungsstil	127
Reizoffenheit: Kennzeichen einer neuen Entwicklungsstufe?	132
Wahrnehmung, Filter und Konzentration	133
„Ernährungsberatung" für die andere Art	140
HSM: Die Gattung der Paarhufer	145
Die Gefühle: Das A und O der Hochsensitivität	148
Erkennen und Erleben	150
Die Last mit der Lust	159
Angst und Melancholie	169
HSM – hochbegabt oder latente Genies?	174
Dürfen Hochbegabte dumm sein?	175
Hochbegabung und Reizoffenheit	180
Über das Denken	185
Der holistische Denker und seine Probleme	190
Das latente Genie	196
Mentale Stärke	200

… und was mache ich nun mit meiner Hochsensitivität?

Sinn und Unsinn von Gebrauchsanweisungen	207
Gesellschaftliche Aspekte der Hochsensitivität	209
Erfolgreiches Networking	212
Persönlichkeitsentwicklung	217
Grundregeln der Kommunikation	220
Einige Worte an die Herren der Schöpfung	223

Den persönlichen Raum stärken	226
Der Weg zur Wasseroberfläche – oder: Nehmen Sie den Kampf auf	229
Bushidō	233
Körper und Geist mit Respekt behandeln	237
Spieglein, Spieglein an der Wand …	240
Öffentliche und private Selbstaufmerksamkeit	243
Individuelle Ziele, Arbeit und Geld	246
Die Macht der Ziele – eine Beispielgeschichte	253

Empathen

Testfragen für empathische HSM	261
Realität oder Science-Fiction?	262
Was ist Empathie?	265
Empathische HSM	272
Wie „funktioniert" das?	280
Was sind Spiegelneurone?	283
Woher kommt die Weisheit der Empathen?	287
Typisierung von Empathen: Zu welcher Gruppe gehören Sie?	290
Irrungen und Wirrungen: Magie, Engel, Geisterwesen und die spirituelle Welt	292
Das Projekt www.empathen.de	294
Ziele des Projektes	297
Welchen Namen bekommt das „Kind"?	298
Der Weg zum Counselor	299

HSM und die Innenwelt

Die andere Seite der Medaille	305
Seele auf Tauchstation	307
Stille Wasser sind tief	311
Der Ruf der Sirenen	313
Wegweiser durch die Innenwelt	316
Glossar	321
Literaturverzeichnis	325
Über die Autorin	333

Für UNS
und für unsere Kinder

Danksagung

An dieser Stelle möchte ich denjenigen Menschen danken, die mir geholfen haben, dass mein Buch in dieser Form erscheinen kann.

Ich danke meinen Eltern und besonders meiner Mutter Elfriede für Ihre Liebe und Ihr „so-Sein". Ich trage diesen Schatz in meinem Herzen über Zeit und Raum hinaus.

Ich danke meinem Illustrator Mathias Kessler aus Aachen, der es mit viel Einfühlungsvermögen verstanden hat, meine Texte in kleine Karikaturen zu übertragen.

Ich danke außerdem den vielen Menschen, die ich interviewen durfte, und die mir die Genehmigung gaben, dies sinngemäß hier zu veröffentlichen.

Einen herzlichen Dank auch an Ursula Wagner, Wilfried Fink und Till Abele vom AMO-Team auf *www.amo-international.net* für die Genehmigung, einige Symbole zu verwenden.

Ich danke auch meiner Lektorin Nadine Weber für Ihre kompetente Betreuung. Sie hat es möglich gemacht, dass meine Aufzeichnungen einmal ein Buch werden.

Nicht zuletzt danke ich meinem Mann Leo, dass er mich während der Zeit des Schreibens ertragen hat. Durch seine Unterstützung war es möglich, mir die Zeit dafür zu nehmen. Ich danke dir für alles in Liebe.

Mein letzter Gruß geht an meine drei Kinder, die mit ihrer Neugier, ihrem Verständnis und Weitblick mich so manches Kapitel haben schreiben lassen. Ihr seid meine größten Schätze. Eure Mama.

Einleitung

Persönliche Vorworte

Jeder soll nach seiner Fasson selig werden.
Der Alte Fritz

Das Schreiben dieses Buches war eine einsame Tätigkeit, denn leider kenne ich Sie nicht. Ich sitze gerade an meinem Schreibtisch und versuche mir vorzustellen, aus welchem Grund Sie das Buch in Händen halten:

Vielleicht haben Sie als Eltern festgestellt, dass Sie ein besonderes Kind haben, und Sie benötigen weitere Informationen?

Unter Umständen machen Sie sich auch ernsthafte Sorgen und haben schon eine wahre Odyssee hinter sich?

Möglicherweise geht es aber auch um Sie persönlich und Sie vermuten, ein hochsensitiver Mensch zu sein?

Oder kann es sein, dass Sie sich schon längst zu den „Hochsensiblen" und Hochbegabten zählen?

Vielleicht geht es aber auch um eine Ihnen nahe stehende Person, oder Sie lesen aus privatem oder beruflichem Interesse?

Dies alles kann ich nur vermuten, denn es gibt sicherlich noch viel mehr gute Gründe dies hier zu lesen, und ich freue mich, Sie auf diesem Wege persönlich begrüßen zu dürfen. Ich möchte Ihnen vorab ein paar Informationen geben, wie dieses Buch aufgebaut ist und was es damit auf sich hat. Wie Sie den oben angegebenen Fragen schon entnehmen können, habe ich für eine breite Leserschaft geschrieben und meine Lektorin meinte, es würde sich dabei um das „Eierlegende-Wollmilchsau-Syndrom" handeln. Da ich jedoch solchen Diagnosen und psychologischen Theorien durchaus kritisch gegenüberstehe, habe ich mich nicht entmutigen lassen und dennoch versucht, all meinen Lesern gerecht zu werden. So vermisst der eine vielleicht tiefer greifende Informationen und der andere fühlt sich durch Literaturangaben und Herleitungen im Text gestört. Je nach Ausgangslage kann es daher ganz sinnvoll sein, sich mit der Gliederung vertraut zu machen, denn es geht hier um das Phänomen *Hochsensitivität* ... und das hat viele Gesichter. Es setzt sich in seinen Bestandteilen, so kann man dies in etwa formulieren, in der Hauptsache aus *Reizoffenheit, Sensibilität* und *Intelligenz* zusammen. Treffen diese Aspekte aufeinander, dann ist auch eine *Hochbegabung* sehr wahrscheinlich. Doch leider ist es nicht ganz so einfach, wie es klingt.

Wir beginnen bei den Urhebern des Begriffs „Hochsensitivität", denn der Ansatz zu diesem Konzept gründet sich auf Forschungen der amerikanischen Psychologen Aron und Aron (1997, 2005), die den Terminus „Highly Sensitive Person" (HSP) prägten. Die Bezeichnungen für diese Phänomenologie fallen jedoch im deutschen Sprachraum (noch) sehr uneinheitlich aus, so wird unter anderem von Hochsensibilität, Hypersensibilität, Feinfühligkeit, Reizoffenheit, Hellfühligkeit und gelegentlich auch von zart besaitet und empfindsam gesprochen. Wir werden uns genauer anschauen, was dahinter steckt, denn ich werde Ihnen nicht nur darstellen, *wie* hochsensitive Menschen sind, sondern auch, *warum* Sie so sind. So können wir den Dingen auf den Grund gehen und dies erlaubt uns dann, auch Brücken zu weiteren Phänomenen unserer Zeit zu schlagen, die sonst nicht möglich gewesen wären. Dies betrifft Diagnosen wie das Aufmerksamkeitsdefizit-Syndrom ADHS / ADS, mit und ohne Hochbegabung, die wachsende Anzahl vermeintlich psychischer Störungen bei Kindern und Erwachsenen, Diskussionen um erweiterte Wahrnehmung sowie die Standortbestimmung und Entwicklung der menschlichen Intelligenz. Dieses Buch soll Ihnen Einsichten vermitteln und Fragen beantworten, die Sie vielleicht schon länger beschäftigen und auf die Sie noch keine Antworten finden konnten. Ein wirkliches „Aha-Erlebnis" ist nur dadurch zu erlangen, dass man weiß, *warum* etwas soundso ist oder nicht. Erst danach können diese Sachverhalte in den eigenen psychischen Prozess integriert werden und die ersehnte Ruhe kehrt ein. Dieser Prozess ermöglicht eine ganz natürliche Problemlösung von innen heraus, ganz ohne Therapie und Medikamente. Sollten Sie jedoch den Wunsch und das Bedürfnis nach professionellem Rat haben, so scheuen Sie sich auf gar keinen Fall, diesen auch in Anspruch zu nehmen.

Post aus der Zukunft

Stellen Sie sich vor, Sie bekämen Post aus der Zukunft und ein unbekannter Absender sendet Ihnen ein kompliziertes Hightech-Gerät. Voller Freude machen Sie den Karton auf und finden auf dem Gerät einen Zettel mit der Aufschrift *Notebook*.

Ein solches Notizbuch haben Sie noch nie gesehen und Ihre anfängliche Begeisterung weicht der Erkenntnis, dass diese Sache wohl einen Haken hat! Erstens handelt es sich bei dem Gegenstand ganz offensichtlich nicht um ein Buch, und zweitens hat man vergessen, Ihnen eine Bedienungsanleitung beizulegen. Ihr Forschergeist ist dennoch erwacht und frohen Mutes schließen Sie das Gerät ans Stromnetz an und drücken auf die Tasten, denn bei näherer Betrachtung sieht dieses *Notebook* Ihrer Rechenmaschine sehr ähnlich. Leider verhält sich dieses Ding jedoch ganz und gar nicht so wie Ihre Rechenmaschine und alle üblichen Strategien führen zu keinem Erfolg. Wozu ist dieses Ding, das *Notebook* heißt, also zu gebrauchen? Sie probieren weiterhin daran herum, bis auf dem Display nur noch ERROR erscheint. Vermutlich denken Sie nun, dass das Gerät aus der Zukunft wohl sehr empfindlich ist und allzu leicht kaputt geht. Außerdem konnten Sie auch noch nicht herausfinden, was man damit machen kann. Auch Ihr Schwager äußert die Vermutung, dass dieses seltsame Ding wohl von Anfang an kaputt war und sowieso überflüssig zu sein scheint, denn er als Experte in Sachen Rechenmaschinen kenne sich nun einmal bestens aus. Ihre kleine Tochter fragt Sie daraufhin, ob sie diese *Zaubermaschine* haben darf, denn damit kann man um die Welt fliegen und man kann die Maschine alles fragen, was man nur wissen will. Sie lächeln Ihre kleine Tochter an und denken insgeheim, dass ihre

Fantasie wieder einmal mit ihr durchgeht. Ich hoffe, Sie ahnen, was ich Ihnen mit dieser kleinen Geschichte sagen möchte?

Hier geht es um Menschen, die aufgrund ihrer Wahrnehmungsbegabungen ihrer Zeit ein wenig voraus sind und es braucht schon etwas kindliche Fantasie, um dies vermuten zu können. Der Mensch hat sich ganz offensichtlich entwickelt, ohne dass irgendeine Instanz eine allgemeingültige „Produkt- und Bedienungsanleitung" publiziert hätte. Deshalb sollten wir nicht gegenseitig auf unsere „Tastaturen" einhämmern, bis nur noch ERROR erscheint. Vielmehr ist es wünschenswert, uns in unserer Verschiedenheit anzunehmen und zu akzeptieren.

Ich habe mich bemüht, einige Ihrer besonderen Fähigkeiten und Eigenheiten aufzuschreiben, damit Sie eine Art Leitfaden an die Hand bekommen. Natürlich können Sie im Laufe Ihres Lebens alles selbst herausfinden und diesen und jenen „Knopf" mal drücken, aber das kostet Zeit, Energie und nicht zuletzt auch Selbstvertrauen. Doch gerade dieses Selbstvertrauen, das Vertrauen in die eigenen Fähigkeiten, fällt oft so schwer, weil wir teilweise noch gar nicht wissen können, wozu wir überhaupt fähig und „einsetzbar" sind. Wer soll Sie das auch lehren, in einer Welt, in der man „nur" Rechenmaschinen kennt? Diesen tieferen Sinn des Selbstvertrauens und Selbstbewusstseins kannte schon das antike Griechenland, denn nicht umsonst steht auf der Wand der Vorhalle im Tempel von Delphi geschrieben:

Erkenne Dich selbst.

All meinen Lesern wünsche ich wertvolle Einsichten sowie Glück und Gesundheit auf diesem, unserem Weg durchs Leben auf dem Planeten, den wir Erde nennen. Mögen Sie die Zeit und Ruhe finden, hier zu lesen, und mögen Sie auch den zweiten Rat des Orakels von Delphi beherzigen:

Nichts im Übermaß.

Zum Abschluss möchte ich nur noch erwähnen, dass ich mich aus Gründen der Einfachheit für eine überwiegend männliche Anrede entschieden habe – selbstverständlich sind beide Geschlechter gemeint. Weiterhin sind die Beispiele von Personen aus meiner Praxis frei erfunden und haben keinerlei Bezug zu meinen echten Klienten.

Ihre Birgit Trappmann
Orsoyerberg, den 16. Dezember 2009

Einleitung

Zur Entstehung des Buches

*Der Unterschied zwischen den meisten anderen Menschen und
mir liegt darin,
dass bei mir die „Zwischenwände" durchsichtig sind.
Das ist meine Eigentümlichkeit.
Bei anderen sind sie oft so dicht, dass sie nichts dahinter sehen
und darum meinen,
es sei auch nichts da.
Ich nehme die Vorgänge des Hintergrundes einigermaßen wahr,
und darum habe ich die innere Sicherheit.
Wer nichts sieht,
hat auch keine Sicherheit und kann keine Schlüsse ziehen,
oder traut den eigenen Schlüssen nicht.
Ich weiß nicht, was es ausgelöst hat,
dass ich den Strom des Lebens wahrnehmen kann.*

Carl Gustav Jung

Manchmal wird behauptet, dass es so viele Bücher gibt wie Sand am Meer. Rückblickend kann ich gestehen, dass ich einige davon gelesen habe und jede Buchhandlung für mich ein wahres Einkaufsparadies ist. Ehrlich gesagt hatte ich jedoch nie vor, selbst eines zu schreiben, und während ich manchmal regelrecht verzweifelt am Schreibtisch vor meinem PC saß und Hände ringend nach den richtigen Worten suchte, wurde mir klar, dass Lesen wesentlich angenehmer ist als Schreiben. Hätte ich nur ein einziges Buch gefunden, das meinem ähnlich ist, hätte ich diese Unternehmung sofort und mit großer Erleichterung aufgegeben. Jahrelang habe ich intensiv nach Informationen zum Thema gesucht, ohne wirklich zu wissen, dass ich schon längst dabei war, für mein eigenes Buch zu recherchieren. Aus diesem Interesse heraus ist dann auch meine wissenschaftliche Arbeit entstanden, für die ich nochmals fast zwei Jahre Literatur gesucht habe. Letzten Endes blieb mir dann auch nichts anderes mehr übrig, als die Herausforderung des Schreibens anzunehmen, denn die Thematik beschreibt eine moderne Tragödie, bei der mir regelrecht die Worte fehlten – und darum war es wohl auch so mühsam. Es geht hier um Kinder und Erwachsene, die „anders als die anderen" sind, denn sie gehören zu den sogenannten *Hochsensitiven Menschen (HSM)*.

Ich habe mich oft gefragt, was wäre, wenn es Menschen geben würde, die mehr wahrnehmen können, als die überwiegende Mehrheit der Bevölkerung?

Was wäre, wenn niemand ihnen glaubt, weil alle denken, diese Menschen reden über Dinge, die es gar nicht gibt oder die irrelevant sind?

Was wäre, wenn diese Menschen als krank angesehen werden, nur weil die aktuellen Umweltbedingungen, das Bildungs- und Erziehungssystem nicht zu ihnen passt?

Die Geschichte hochsensitiver Menschen (HSM)

Hochsensitivität ist nicht einfach plötzlich „da", sondern sie hat sich in und mit dem betroffenen Menschen entwickelt, und so ist das zum Teil tragische Schicksal hochsensitiver Menschen nicht wirklich neu. In der Vergangenheit stand jedoch kein geeignetes Mittel zur Verfügung, dies auch angemessen darzulegen. Die Erforschung der menschlichen Psyche war einfach noch nicht so weit und es liegt nicht in der Natur von HSM, sich gegen die überwiegende Mehrheit durchzusetzen. Auch haben sich die Umweltbedingungen in den letzten hundert Jahren dramatisch verändert, sodass eine Reizflut uns Menschen zu überschwemmen droht. Das betrifft nicht nur HSM, die davon natürlich besonders in Mitleidenschaft gezogen werden, sondern alle Menschen. Denken Sie an Top-Manager, die auf der Höhe ihrer Karriere plötzlich ins Gegenteil verfallen, zu Aussteigern und Einsiedlern werden, weil sie den Rummel nicht mehr ertragen können. Ein deutliches Zeichen, dass das Maß überschritten ist und wir uns selbst an die Schwelle des Erträglichen katapultiert haben.

Im Verlauf unserer Menschheitsgeschichte gab es also immer schon HSM und manch einem gelang es auch immer mal wieder, seine besonderen Fähigkeiten darzustellen, zum Beispiel als Künstler, weiser Berater, Schamane oder Philosoph; doch immer bildeten diese HSM die große Ausnahme von der Regel. Nicht selten erkannte man ihr wahres Wesen auch erst in ihren späteren Jahren oder nach ihrem Ableben. Zu Lebzeiten berühmt gewordene Geister erschienen der überwiegenden Mehrheit immer ein wenig „seltsam", aber ihre herausragenden Werke waren nun einmal nicht von der Hand zu weisen. Ich denke dabei zum Beispiel an den Philosophen Friedrich Nietzsche, den Psychologen Carl-Gustav Jung oder auch an den Dichter Rainer Maria Rilke.

In jüngster Zeit scheint die Diskussion über hochsensitive Menschen jedoch zuzunehmen, und der Theorie zufolge wird über eine Verteilung von etwa 15 bis 20 Prozent innerhalb einer Bevölkerung gesprochen. Für Deutschland würde das bedeuten, dass ungefähr 12 Millionen Menschen davon „betroffen" sind. Meine eigenen Beobachtungen gehen jedoch von etwas weniger optimistischen Zahlen aus, wenngleich eine steigende Tendenz zu erwarten ist und die Dunkelziffer recht hoch erscheint.

Die Tragödie besteht nun darin, dass aus der Sicht derjenigen, die nicht *so* sind – und das schließt Psychologen ausdrücklich ein –, sensitive Wesen völlig verkannt und ihr Verhalten falsch interpretiert wird, sodass Erwachsene, Eltern und Kinder zum Teil derart darunter leiden, dass sie zum Therapiefall werden. Aber auch hier wird oftmals die wahre Ursache nicht erkannt und es wird ein falscher Ansatzpunkt gewählt, sodass das *Leid der Seele* weitergeht.

Nicht selten werden falsche Diagnosen gestellt, zum Beispiel ADHS/ADS, eine psychische Schwäche, Krankheit oder Labilität.

Manchmal redet man auch von Erziehungsfehlern und manchmal sind HSM einfach der Willkür der Nichtwissenden ausgesetzt. Unumstritten gehören sie zwar zur Ausnahme von der breiten Regel, aber sie sind sicher keine Laune der Natur, denn in ihrer Wesensart steckt ein tieferer Sinn.

Um diesen Sinn zu erfassen, sollte man sich vor Augen führen, dass eine Medaille immer zwei Seiten hat, denn jedes Teil in unserem Universum ist durch sein Gegenteil bedingt. Man nennt es das kosmische Prinzip, dem alles unterworfen ist. Leider können die meisten Menschen das Gegenteil und die andere Seite der Medaille nicht sehen, weil ihre „Zwischenwände" so dicht sind. Die östlichen Mystiker sprechen vom „Schleier der Maja", der die Menschen täuscht und oftmals dafür sorgt, dass Dinge anders scheinen, als sie in Wirklichkeit sind.

Mit diesem Buch nehme ich Sie mit auf die „andere Seite", aber weder „hier" noch „da" liegt die Realität, sondern sie ergibt sich aus dem dynamischen Zusammenspiel beider Seiten. Die chinesische Philosophie hat dies mit dem Zeichen *Taiji* („die großen Gegensätze") mit den beiden Elementen Yin und Yang illustriert.

Es geht also nicht länger darum, zu polarisieren, sondern vielmehr darum, die Vielheit zu akzeptieren und im Einklang zu leben.

Hochsensitivität
im Überblick

Es war einmal ...
ein schwarzes Schaf

*Um ein tadelloses Mitglied
einer Schafherde sein zu können,
muss man vor allem ein Schaf sein.*
Albert Einstein

Auf einer wunderschönen und leuchtenden blauen Kugel, die im Weltraum schwebt und sich dreht, lebt eine Schafherde. Diese Schafe sind ganz besondere Wesen, denn sie sind sehr intelligent und haben ein Bewusstsein. Nichts ist vor ihnen sicher, sie wollen alles verstehen, erkunden, beherrschen, und manche reden sogar davon, sie selbst seien die „Krone der Schöpfung".

Nun wird eines Tages ein kleines Lamm geboren, das nicht so ist wie die anderen, denn es ist schwarz. Natürlich erregt es Aufsehen in der Herde und die weißen Schafe wollen wissen, was es damit auf sich hat, aber nur die wenigsten verstehen, was hier vor sich geht. Ihr Bewusstsein hat sich einfach noch nicht weit genug entwickelt und nach vielem Hin und Her fallen sie aufgrund ihrer animalischen Instinkte über das schwarze Schaf her und nageln es ans Kreuz, bis es stirbt. Die überwiegende Mehrheit hat bestimmt, dass keine Schafe leben sollen, die anders als die anderen sind. Ein fataler Fehler, wie sich noch herausstellen sollte.

Diese Geschichte geriet jedoch keineswegs in Vergessenheit, denn es sollte der berühmteste Mordfall aller Zeiten werden. Im Nachhinein betrachtet war nämlich dieses grausige Schicksal dafür verantwortlich, dass das Schaf über den ganzen Erdball hinweg berühmt wurde und ein Großteil der Herde bedauert und beklagt diesen Fehler. Man spricht davon, dass sich das schwarze Schaf für die Herde und diejenigen, die nach ihm kommen, geopfert hat. Das Bedauern und Beklagen will kein Ende nehmen und auch heute noch, nach mehr als 2000 Jahren, ist diese Geschichte ein regelrechter Bestseller. Man sollte meinen, die Herde hätte nun endlich die Moral von der Geschichte verstanden?

Weit gefehlt, denn noch immer wollen sie eine einheitliche, *normale* Schafherde haben, und fallen über diejenigen her, die nicht so sind wie alle anderen. In modernen Zeiten wird jedoch keiner mehr ans Kreuz genagelt, aber es gibt auch andere, subtilere Methoden. Man behauptet einfach, diese Menschen brauchen eine Therapie, Tabletten oder sollen sich doch mal zusammenreißen. Natürlich gehört mittlerweile eine gewisse Toleranz zum guten Ton und jede tadellose Herde hat ein schwarzes Schaf oder auch mehrere in ihrer Mitte – aber einer muss ja nun einmal der Sündenbock sein, oder nicht?

Es gibt jedoch auch Ausnahmefälle, denn wenn ein solcher Sündenbock es ganz allein und ohne jegliche Unterstützung schafft, etwas Außergewöhnliches zu leisten, dann singen die Schafe im Chor: „Wir wussten es schon immer, du bist etwas Besonderes!"

Tja, so geht es zu auf der leuchtenden blauen Kugel. Nun wäre es wünschenswert, wenn der Schäfer noch einmal vorbeikäme und seine Herde so schnell wie möglich zur Ordnung riefe.

Sensibel oder sensitiv?

*Der Unterschied zwischen dem richtigen Wort
und dem beinahe richtigen,
ist derselbe Unterschied wie zwischen einem Blitz
und einem Glühwürmchen.*

Mark Twain

Für den deutschen Sprachraum hat sich der Begriff *Hochsensibilität* eingebürgert, auch wenn dies eine unzureichende und damit falsche Übersetzung des englischen Begriffes von *high sensitivity* bedeutet. Hier wurde leider *sensitivity* mit *sensibility* vertauscht, sodass wir richtiger von *Hochsensitivität* sprechen müss(t)en. Das theoretische Konzept von *high sensitivity*, oder ganz korrekt, von *high sensory-processing sensitivity* beinhaltet nämlich weit mehr als nur sensibel und empfindsam zu sein. In der Übersetzung bedeutet es zunächst eine menschliche Sensitivität für sensorische Verarbeitungsprozesse. Demnach sind also nicht nur die „Sensibelchen" gemeint, das heißt diejenigen, die sich augenscheinlich alles sehr zu Herzen nehmen, sondern auch diejenigen, die dieser Umschreibung auf den ersten Blick nicht entsprechen.

Nun lässt sich ein solcher „Einbürgerungsprozess" nur schwerlich umkehren und aus dem Umstand heraus, dass Psychologen oftmals unterstellt wird, sie würden Worte so lange auseinanderpflücken und bis zur Unkenntlichkeit definieren, bis keiner mehr etwas versteht, beuge ich mich der Mehrheit und akzeptiere beide Begriffe. Wenn Sie also von Hochsensibilität hören, dann ist dies in den meisten Fällen identisch mit der hier beschriebenen Hochsensitivität.

Sensitivität leitet sich von dem lateinischen Begriff *sentire* ab, und dies bedeutet so viel wie „empfinden" oder „fühlen". Hier wird deutlich, dass Sensitivität über den Begriff der Sensibilität hinausgeht, denn aus wahrnehmungspsychologischer Sicht wird die

Komponente der Gefühle mit einbezogen. Sensibel zu sein, heißt nämlich nicht automatisch auch „sensibel" wahrzunehmen. Sensitive Wahrnehmung lässt sich nicht immer rein rational über die klassischen Sinneswege erklären, denn Phänomene wie feinstoffliche Wahrnehmung oder Empfindung, Intuition, Empathie, die „Gabe des Gesichts" und Psi-Fähigkeiten sind ein wesentlicher Bestandteil der Hochsensitivität. Es besteht also ein großer Unterschied zwischen sensibel und sensitiv, und streng genommen ist ein hochsensitiver Mensch (HSM) zwar immer sensibel, aber ein hochsensibler Mensch nicht immer auch hochsensitiv!

Weiterhin ist es ein wesentliches Kennzeichen des Konstruktes Hochsensitivität, dass es sich von dem englischen *emotionality* abgrenzt, was eher mit Sensibilität und negativer Empfindlichkeit in Verbindung steht.

Mit diesen Hinweisen möchte ich nun das Thema Begriffsdefinitionen abschließen, würde mir jedoch wünschen, dass Sie es im Hinterkopf behalten. In den folgenden Kapiteln finden Sie Abkürzungen zur Hochsensitivität (HS), zum Begriff *Highly Sensitive Persons* und hochsensitive Personen (HSP). Die Abkürzung HSP hat jedoch nichts mit der Diagnose *Hereditäre Spastische Spinalparalyse* (HSP) zu tun und um Verwirrungen zu vermeiden, benutze ich in der Regel die Abkürzung HSM, oder HSK für hochsensitive Kinder. Aus genannten Gründen und aufgrund meiner Empfindungen halte ich die Bezeichnung hochsensitive Menschen für gefälliger als die Bezeichnung hochsensitive Personen.

Hochsensitive Erwachsene

> *Selig sind die Sanftmütigen;
> denn sie werden das Erdreich besitzen.
> Selig sind die Friedfertigen;
> denn sie werden Gottes Kinder heißen.*
>
> Bibel

Sanftmut gilt als ein menschliches Temperament und wurde auch als Tugend der Herrscher bezeichnet. In der Antike galt Sanftmut als typische Eigenschaft der Philosophen. In der heutigen Zeit hört sich nicht nur der Begriff etwas antiquiert an, sondern feinfühlige, sanftmütige Wesen werden regelrecht von der breiten Masse überrollt, denn es gelten in unserer Gesellschaft andere Normen und Werte:  Konkurrenzdenken, Individualisierung, Gewaltbereitschaft und Druck bestimmen zunehmend den Alltag und sensible Menschen leiden unter einer derartigen Kaltherzigkeit. Es ist aber nicht nur die augenscheinliche „Dünnhäutigkeit", die einen hochsensitiven Menschen ausmacht, sondern eine gewisse Offenheit für Reize und die daraus resultierende Hochbegabung gehören gleichermaßen zum Konzept Hochsensitivität. Alles zusammen betrachtet ist für diejenigen in unserer Gesellschaft, die *so* sind, Fluch und Segen zugleich.

Nachfolgend finden Sie eine Auflistung typischer Problembereiche, mit denen HSM konfrontiert sein können:

— „Ich musste oft den Arbeitsplatz wechseln, weil ich den Druck und das Profitstreben nicht aushalten konnte. Mir ging es eher darum, fair zu bleiben, denn ich besitze ein ausgeprägtes Gerechtigkeitsempfinden."
— „Mein Partner sagt von mir, ich sei zu sensibel und zu ernst."

- *„Ich fühle mich anders als andere; ich bin nicht gerne unter vielen Menschen."*
- *„Mein Vorgesetzter wirft mir vor, dass ich zu ungeduldig mit anderen bin, und darum mag niemand mit mir zusammenarbeiten."*
- *„Ich betrachte es als meine Pflicht, die Gedanken der anderen in Frage zu stellen und zu überprüfen. Das bringt mir immer Probleme ein."*
- *„Ich finde keinen Partner für eine langfristige Beziehung. Keiner hat die gleichen Interessen wie ich. Ich bin sicher, ich bin nicht normal."*
- *„Mein Ehepartner wirft mir vor, dass ich mich zum Schaden meiner Familie mit zu vielen anderen Dingen befasse."*
- *„Meinen Ehepartner macht es verrückt, dass ich nichts ‚normal' tun kann. Bei der Arbeit und Zuhause falle ich in lauter Extreme. Vielleicht habe ich eine **bipolare Störung***?"*

An dieser Stelle muss ich Ihnen jedoch beichten, dass die genannten Fragen sich gar nicht auf HSM beziehen, sondern auf hochbegabte Erwachsene (vgl. Webb et.al. 2005). Damit möchte ich Sie schon einmal darauf einstimmen, dass im Falle von Hochsensitivität auch immer von Variationen der Hochbegabung gesprochen werden kann. Manchmal fällt es schwer, diese Tatsache für die eigene Person zu akzeptieren, doch im weiteren Verlauf des Buches werden Sie mir vermutlich zustimmen.

Bevor ich Ihnen nun einen kurzen Überblick gebe und Sie vielleicht den Test für sich oder ihr Kind machen, möchte ich Sie auf ein wesentliches Kennzeichen von Hochsensitivität aufmerksam machen, das jeder unmittelbar für sich feststellen kann. Es ist das Gefühl von Andersartigkeit, das Sie wahrscheinlich schon seit Ihrer frühsten Kindheit begleitet. Übereinstimmend berichten HSM:

---

* Diese und weitere Begriffe werden im Glossar ab S. 321 erläutert.

- „Ich habe mich immer schon anderes als andere gefühlt, manchmal auch so, als würde ich nicht dazugehören, irgendwie außen vor."
- „Ich dachte im Geheimen: Sie verstehen mich nicht und ich sie nicht."
- „Manchmal hatte ich den Eindruck, ich komme aus einer anderen Welt oder einer längst vergessenen Zeit."
- „Ich machte mir Gedanken darüber, was mit mir los war, und wenn ich es in Worte fassen wollte, klang es irgendwie verrückt. Dann machte ich mir Sorgen und sagte mir, dass ich mir alles nur einbilde und meine Fantasie wieder einmal mit mir durchgeht."
- „Ich war wohl immer ein Einzelgänger und fand Unterhaltungen mit Gleichaltrigen einfach langweilig, das war mir aber damals nicht so bewusst."

Um es gleich vorwegzunehmen: Es gibt nicht *den* klassischen hochsensitiven Menschen. So vielfältig und individuell jedes Individuum der Gattung Mensch ist, so vielfältig stellen sich auch die Erscheinungsform von Hochsensitivität dar. Manche HSM sind sehr schüchtern, ängstlich, zurückhaltend, wirken nervös und labil, andere wiederum können nach außen regelrecht „tough" wirken und sind immer bemüht, die Angelegenheiten von Familie und Freunden zu regeln. Manche kommunizieren auch gerne und finden sogar, dass sie, einmal in Fahrt gekommen, auch zu viel reden. Nach außen und für Außenstehende sind HSM also höchst unterschiedlich, nach innen jedoch nicht.

Anschaulich können Sie sich Hochsensitivität mit Schiebereglern vorstellen, je einen für Intellekt, Reizoffenheit und Sensibilität. Diese Regler sind bei HSM im Vergleich zur Mehrzahl der Bevölkerung einfach etwas mehr in Richtung Maximaleinstellung verschoben. Das muss jedoch nicht immer zwingend um den gleichen Betrag geschehen sein, sodass bei dem einen vielleicht der Regler für die Sensibilität stärker verschoben wurde als der Regler für die Reizoffenheit. Je nach „Einstellung" hat jeder HSM seine eigene Persönlichkeit und diese gilt es zu finden und sich entfalten zu lassen.

Es lassen sich dennoch grundlegende Gemeinsamkeiten feststellen, denn alle HSM nehmen vergleichsweise mehr Informationen auf und verarbeiten diese tiefer. Das macht sie auf der einen Seite besonders empfindsam, auf der anderen Seite aber auch leichter erregbar. Die herabgesetzten Wahrnehmungsschwellen sind dafür verantwortlich, dass hochsensitive Kinder und Erwachsene in Situationen, die für andere Menschen durchaus angenehm sind, schon deutliche Anzeichen einer Überstimulation verspüren. Dies zeigt sich schon in ganz banalen Situationen, zum Beispiel in einem großen Einkaufszentrum. Hier ist es für sensitive Menschen ein Quäntchen zu laut, es sind zu viele Menschen anwesend, zu viele Gerüche liegen in der Luft, es gibt zu viele Geschäfte mit zu großem und buntem Warenangebot, es ist viel zu unübersichtlich und so weiter. Nach einer Weile haben HSM einfach genug und wollen nur noch nach Hause. Dabei muss ihnen die Ursache für das Unbehagen nicht bewusst sein, sie stellen einfach für sich fest, dass sie nicht gerne lange Shoppingtouren unternehmen und vielleicht am liebsten sowieso nur in ein Geschäft gehen, wo man schnell und angemessen bedient wird und schnurstracks fertig ist. Bei Einkäufen, bei denen sie auf sich selbst gestellt sind, haben HSM die Tendenz, erst durch die ganze Stadt zu laufen, um sich einen guten Überblick zu verschaffen, und anschließend erst eine Kaufentscheidung zu treffen. Das kann dann natürlich in einem Geschäft sein, das sie ganz am Anfang besucht haben, aber sie können einfach nicht das Erstbeste nehmen, vielleicht kommt ja auch noch etwas Besseres? Manchmal wird auch einfach gar nichts gekauft und diese HSM tragen die Sachen, die sie geschenkt bekommen haben. Mitunter ist es auch so, dass sie sich aufgrund ihres besonderen Geschmacks die entsprechende Kleidung einfach nicht leisten können und deshalb keine Kaufentscheidung getroffen werden kann.

Ein hochsensitiver Mensch ist vergleichbar mit einem empfindlichen Gerät, das einerseits feinste Veränderungen und Nuancen registriert und aufzeichnet, andererseits jedoch wie ein sprichwörtliches „rohes Ei" behandelt werden muss. Denn diese Sensitivität stellt eine Grunddisposition dar, auf der auch negative Einflüsse der Umwelt leichter ihre Wirkung entfalten können (vgl. Aron 2005; Liss, Timmel, Baxley & Killingsworth 2005). Diese offenere und subtilere Wahrnehmung bezieht sich jedoch nicht nur auf äußere Sinneseindrücke, sondern auch auf innere Reize, wie Gedanken, Fantasien und Befindlichkeiten, denn insgesamt ist der Erlebnisgehalt von Zuständen jeglicher Art intensiver. Der Vergleich mit einem „rohen Ei" ist aus objektiver Sicht, also aus der Sicht anderer Menschen, ein sinnvoller Vergleich, wenngleich sich subjektiv ein völlig anderes Bild ergibt. In sozialen Situationen, wie beim Besuch einer Party, nimmt eine hochsensitive Person gut und gerne das Doppelte dessen wahr, was andere Menschen im gleichen Zeitraum wahrnehmen. Während sich die überwiegende Mehrheit beim Betreten des Raumes einen kurzen Überblick verschafft, um sich anschließend an den Gesprächen zu beteiligen und um sich auch darauf konzentrieren (zu können), läuft unterdessen bei HSM noch ein „ganz anderer Film" ab. Andreas erzählt mir:

„Ich gehe nicht so gerne auf Partys und sogar über Einladungen kann ich mich oft nicht so richtig freuen. Ich nenne sie manchmal im Geheimen auch Massenveranstaltungen, da gibt es nur Essen, Trinken, oberflächliche Gespräche und Langeweile.

Ich rieche erst mal den Raum, wenn ich reinkomme, und dann merke ich, ob die Luft verbraucht oder angenehm ist und ob vorher frisch geputzt worden ist. Ist alles super aufgeräumt und Staub gewischt? Welche Möbel stehen im Raum? Das sagt schon eine Menge über den Bewohner aus, und ich denke darüber nach, wie er wohl so ist. Gibt es Bücher? Wie geht es dem Mann mit dem blauen T-Shirt hinten in der Ecke, frage ich mich? Er sieht gestresst aus und kommt wahrscheinlich gerade von der Arbeit. Da steht ja Klaus; er unterhält sich mit einer Frau, die ich nicht kenne. Die Situation ist angespannt und es sieht so aus, als hätte sie ihren Mann und ihre Kinder zu Hause gelassen. Die beiden haben wohl eine Affäre. Dort ist Karin, warum hat sie mich nicht sofort begrüßt? Habe ich bei unserem letzten Gespräch etwas Falsches gesagt? Ist sie böse auf mich? Christine ist fröhlich und ausgelassen, wie immer, aber ich spüre, dass sie eigentlich sehr unglücklich ist und das tut mir leid. Ich will heute lieber nicht mit ihr reden, was soll ich auch sagen? Ich kann das alles doch nicht ignorieren und so tun, als ob nichts wäre?

Plötzlich stupst mich jemand an und fragt: ‚Hallo, Erde an Andreas ... auch ein Häppchen? Was willst du trinken? Komm schon, nicht so schüchtern. Hey, das ist eine Party und du kriegst mal wieder nichts mit! Weißt du, dass Klaus eine Affäre hat?' Ich lächle und denke dann, klar weiß ich das. Ich unterhalte mich mit den Leuten, höre die Musik, frage mich, ob ich mich richtig verhalte und sie mich mögen? Soll ich sagen, dass ich eine Ahnung von ihren Problemen habe? Ich will helfen, aber wie sage ich das?

Das alles ist ganz schön anstrengend, meistens muss ich früher nach Hause gehen. Es fühlt sich so an, als wenn ich mich aus Höflichkeit gerade so an der Oberfläche noch auf die Gespräche konzentrieren kann und die richtigen Antworten gebe, aber die Gedanken in meinem Kopf sind ganz woanders. Mir ist langweilig, ich will nach Hause und meine Ruhe haben, da fühle ich mich wohler und nicht so einsam wie unter all diesen Menschen."

Diese Schilderung von Andreas macht deutlich, dass HSM in ihrer subjektiven Wahrnehmungswelt viel mehr erleben und verarbeiten müssen. Wenn er von Massenveranstaltungen spricht, dann erlebt er diese Situation auch so, es gehört zu seiner Wirklichkeit und seiner Sicht der Dinge. Das macht ihn jedoch im Vergleich nicht weniger belastbar, sondern er ist sogar mehr Belastungen ausgesetzt, die die anderen Menschen nicht haben. Hinzu kommt noch, dass die vielen Fragen, die er sich selbst stellt, schließlich auch noch beantwortet werden wollen. Das ist anstrengend, denn auch die intensiv erlebte Gefühlswelt verlangt ihren Tribut. Wie soll man nur diese Fülle an Eindrücken und Empfindungen anderen Menschen verdeutlichen?

Von frühester Kindheit an sind HSM mit dieser „geballten Ladung" konfrontiert und führen so eine Art Training durch, egal ob im Kindergarten, in der Schule oder im späteren Berufsleben. Ich gehe davon aus, dass jeder Mensch bei ähnlicher Wahrnehmung und emotionaler Tiefe viel mehr Ruhephasen benötigen würde, weil einfach das entsprechende Training fehlt. Wie Sie sehen, können hochsensitive Menschen aus subjektiver Sicht also *mehr* Belastungen und Stimulation ertragen und sind darum nicht wirklich „Sensibelchen", auch wenn es für die überwiegende Mehrheit den Anschein hat.

Gehen wir aber nun vom Erleben zum Verhalten über, denn HSM agieren und reagieren auch anders als die Mehrzahl ihrer Zeitgenossen. Grundsätzlich ist das Verhaltensrepertoire je nach Stimulationsgrad recht breit gestreut und so kann ein sonst recht reservierter HSM auch wegen augenscheinlicher Kleinigkeiten völlig „aus dem Häuschen" geraten. Grundsätzlich besteht jedoch die Tendenz einer stillen Aufmerksamkeit, die eher zur Reflexion als zum Handeln führt. Zu mir kam einmal ein 15-jähriges Mädchen, das unumwunden sagte: „Ich muss immer so viel nachdenken, deshalb kommen meine Handlungen nicht in Gang."

Diese zwei gegensätzlichen Alternativen, Denken versus Handeln, sind als bevorzugte Reaktionen des Menschen zu verstehen. Denn so, wie wir eine Vorliebe für Rechts- oder Linkshändigkeit haben, so gibt es bevorzugt *Denker* und *Handler*: Anthropologische Forschungen bestätigen dieses Phänomen, das bei allen höher entwickelten Tierarten und auch beim Menschen in einer Verteilung von etwa 1/3 zu 2/3 nachgewiesen werden konnte. In uns

Menschen sind also grundlegende Reaktionsschemata verankert, die in grauer Vorzeit unser Überleben sichern sollten. Die Überlebensstrategie der überwiegenden Mehrheit beschreibt die Tendenz, in neuen und unklaren Situationen dominant und sogar aggressiv mit äußeren Handlungen zu agieren, während die gegensätzliche Strategie darin besteht, zunächst innezuhalten, um zu beobachten und nachzudenken. Dieses defensive Verhalten führt dann oftmals zum Rückzug und nicht zum Angriff oder zur Konfrontation.

HSM in grauer Vorzeit

Stellen Sie sich vor, wie Sie in früheren Zeiten mit einem Kollegen von gegensätzlicher Art durch die Savanne gelaufen wären, um Wasser und Nahrung zu suchen. Sie beide haben schon länger nichts mehr gegessen und getrunken und es wird langsam Zeit, dass etwas passiert. Plötzlich taucht ein Löwe auf und Sie beide haben ein solches Tier noch nie gesehen. Ihr Kollege fackelt nicht lange und greift den Löwen an. Ihnen selbst kommt der Löwe „spanisch" vor und Sie verstecken sich hinter dem nächsten Busch, um die Situation zu beobachten und darüber nachzudenken.

Leider hat sich ihr Gefährte etwas überschätzt und stillschweigend nehmen Sie nun Abschied von ihm. Nachdem der Löwe seinen Hunger gestillt hat, trottet er besänftigt und zufrieden weiter. Allmählich erholen Sie sich von dem Schreck und wagen sich aus Ihrem sicheren Versteck hervor. Ihnen ist klar, dass Sie nun alleine weiter müssen und tatsächlich erreichen Sie nach einigen Stunden wohlbehalten die ersehnte Wasserquelle. Gestärkt und froh, noch am Leben zu sein, wollen Sie der Nachwelt etwas hinterlassen und ritzen „Vorsicht ist die Mutter der Porzellankiste" in einen Stein.

Dies wäre der Idealfall für alle HSM, meistens geschieht jedoch etwas anderes …

Spulen wir die Zeit nochmals bis zu der Stelle zurück, wo Sie und Ihr Kollege auf ein fremdes Wesen treffen. Diesmal ist es kein Löwe, sondern ein gut getarntes Chamäleon, welches Sie jedoch unmittelbar entdecken. Sie stoßen nur einen leisen Furchtschrei aus und springen wie üblich hinter den nächsten Busch. Ihr Gefährte unterdessen wundert sich über Ihr merkwürdiges Verhalten, hält Ausschau nach einem möglichen Grund dafür und entdeckt schließlich auch das Chamäleon. Ohne lange zu zögern, läuft er auf das Tier zu, überwältigt es und schlägt sich den Bauch voll. Sie können nur tatenlos zusehen und hoffen, dass die Wanderung zur Wasserquelle nicht mehr allzu lange dauern wird. Sie und Ihr Kollege setzen also den Marsch durch die Savanne fort, aber plötzlich brechen Sie vor Schwäche zusammen und müssen sich nun Ihrerseits endgültig verabschieden. Ihr Kollege erreicht jedoch problemlos die Wasserstelle und hat ebenfalls ein Mitteilungsbedürfnis. Er ritzt „Wer nicht wagt, der nicht gewinnt" in einen Stein und kann sich gerade noch beherrschen, nicht auch noch „Ich bin der Größte" dazuzuschreiben.

Einige Jahrhunderte später findet ein Forscher mit Namen Charles Darwin den Stein und macht der Welt glaubhaft, dass diese Strategie die einzig Wahre sei und entwickelt daraufhin die **Evolutionstheorie.** Von nun an sind Sie endgültig in Vergessenheit geraten und Ihre Überlebensstrategie gibt es offiziell nicht mehr.

Zum Teil haben Sie dies jedoch selbst zu verantworten, denn Ihres vorsichtigen Naturells wegen haben Sie Ihren Stein versteckt, damit der Löwe ihn nicht findet und Ihr Vorgehen durchschauen kann. Nach einigem Nachdenken, was Sie ja sowieso am Liebsten tun, empfanden Sie es nämlich als „Schnapsidee", so etwas Wichtiges einfach öffentlich zu machen.

Und so warten bis heute eine kleine Anzahl Ihrer Artgenossen noch immer hinter einem Busch auf ein Wunder und hoffen, dass „die anderen" die Beute mit ihnen teilen.

Diese kleine Geschichte wäre aber zu einfach und die Wirklichkeit ist natürlich wesentlich komplexer, doch im Groben könnte es so gewesen sein. Noch heute lassen sich nämlich diese urzeitlichen Überlebensstrategien beobachten, wenn man die verschiedenen Kulturen unter diesem Gesichtspunkt betrachtet. Unsere westliche Gesellschaft steht in vielen Dingen geradezu konträr mystisch geprägten Kulturen gegenüber, wie es zum Beispiel bei östlichen Gesellschaften der Fall ist. Es spricht demnach vieles dafür, die Wurzeln hochsensitiver Menschen dort zu suchen und sich anzuschauen, wo auch heute noch Unterschiede ganz augenscheinlich zutage treten. So wie die Dinge liegen, haben sich wohl zwei große gegensätzliche Gesellschaftsformen nach dem Motto gebildet „Gleich und Gleich gesellt sich gerne" und sich unabhängig voneinander weiterentwickelt. Die Zurückhaltung und das mehrheitlich introvertiert erscheinende Wesen von Asiaten steht der westlichen „Ellenbogen"-Gesellschaft völlig konträr gegenüber, die Extraversion, Selbstdarstellung und eine Macher-Mentalität als Ideal ansieht. Hier wird auch deutlich, dass stille und introvertierte Menschen, die etwa 70 Prozent aller HSM ausmachen, in der westlichen Welt förmlich überrollt werden und nicht zum Zuge kommen. Ähnlich äußerte sich schon der Psychologe Jung, der ganz grundlegend und wesentlich zur Erforschung der Introversion und damit zur Entwicklung des Konzeptes HS beigetragen hat. Es wird in diesem Zusammenhang in einer kleinen Anekdote behauptet, dass er selbst vermutlich in seinem früheren Leben ein sehr aufmüpfiger Chinese gewesen sein musste, den das Schicksal nun als Bestrafung in die europäische Kultur verschlagen hat, damit er lernt, was es heißt, „in einer Horde Wilder" zu existieren. Ob nun die fortschreitende Globalisierung für die Vermischung der Kulturen verantwortlich gemacht werden kann, oder ob es sich um eine ganz natürliche Weiterentwicklung der gegensätzlichen Arten handelt, die nun immer weiter auseinanderzudriften scheinen, kann an dieser Stelle nicht erörtert werden. Wichtig scheint in diesem Zusammenhang einzig und allein die Tatsache, dass es so *ist*.

Zum Abschluss dieser kurzen Einleitung über hochsensitive Menschen möchte ich insgesamt festhalten, dass HSM im Vergleich zu anderen leichter übererregt werden, sich schneller zurückziehen und eher Einzelgänger sind. Sie besitzen jedoch mehrheitlich eine ausgeprägte Intuition und eine lebendige Vorstellungskraft. Ihr Denken ist wesentlich komplexer und das erweckt bei Außenstehenden zuweilen den Eindruck von Langsamkeit. Einfache Aufgaben werden oftmals als schwierig empfunden und manchmal stehen HSM regelrecht „auf der Leitung". In Einzelgesprächen sind alle hochsensitiven Menschen gute und aufmerksame Zuhörer, die darum bemüht sind, eine Lösung für die Probleme anderer Personen aufzuzeigen. „Small Talk" und oberflächliche Themen finden sie jedoch ermüdend und leiden gerade in größeren Gruppen unter dem Gefühl von Einsamkeit. Bemerkenswert ist eine ausgeprägte Sucht nach Harmonie, denn aufgrund ihrer Sensibilität spüren sie als Erste, wenn etwas nicht ganz in Ordnung ist. Sie haben dann das starke Bedürfnis, diesen Zustand so schnell wie möglich zu beseitigen. Bei meinen Gesprächen mit HSM habe ich ebenfalls feststellen können, dass viele nicht gerne telefonieren und eine regelrechte Abneigung dagegen entwickeln können. Manche gehen auch nicht gerne zum Friseur und zögern lange, bevor sie einen Termin machen. Mehrheitlich haben alle HSM einen anderen Sinn für Humor und können partout nicht lachen, wenn die Allgemeinheit über einen Witz oder einen komischen Film völlig aus der Fassung gerät. Sie können sich jedoch über Dinge oder

Situationen amüsieren, die für Außenstehende in diesem Moment gar nicht nachzuvollziehen sind. Manche haben auch ein bemerkenswertes Talent andere Menschen zu imitieren und verschiedene Dialekte nachzuahmen.

In Bezug auf Medikamente können HSM einfach „anders" reagieren, da auch hier die sensorischen Verarbeitungsprozesse „sensibler" verlaufen. Der Zahnarzt einer Klientin behauptet zum Bespiel, sie würde die Betäubungsspritze förmlich inhalieren, weil sie mit normaler Dosis immer noch Schmerzen verspüre, obwohl man doch eigentlich das Gegenteil erwarten würde und eine geringere Dosis an Medikamenten vermutet.

Nicht immer wirkt bei HSM alles intensiver, denn im Fall von Schmerz stillenden Mitteln dauert es unter Umständen länger und der Patient benötigt eine höhere Dosis, um das intensive Schmerzempfinden auszuschalten. Hier steht die „sensible" Wahrnehmung jeglicher Berührung und Behandlung im Vordergrund, nicht die Wirkung des Medikamentes. Das Schmerzmittel wirkt vielleicht sogar recht intensiv, doch es reicht nicht aus, um das ebenso intensive Schmerzerleben auszuschalten! Anders ist es mit Alkohol, denn hier können bereits kleinste Dosen durchschlagende Wirkung haben.

Diese Zusammenfassung ist jedoch nur ein Bruchteil dessen, was einen HSM ausmacht, und ich wurde unlängst in einem Interview am Ende gefragt, wie ich denn hochsensitive Menschen in ein paar Worten beschreiben würde? Leider war ich nicht spontan genug, um auf Anhieb die richtigen Worte zu finden. Ich sagte etwas von „gewissenhaft" und „sensibel", aber erst später fiel mir die richtige Antwort ein, die ich Ihnen hiermit nicht vorenthalten möchte. Auf die Frage, was und wie HSM nun sind, hätte ich sagen sollen „Freigeister", denn damit wäre alles gesagt gewesen.

Testfragen für Erwachsene

1. Mir scheint, dass ich Feinheiten um mich herum wahrnehme.
2. Die Launen anderer machen mir etwas aus.
3. Ich neige zu Schmerzempfindlichkeit.
4. Koffein wirkt sich besonders stark auf mich aus.
5. Ich habe ein reiches, komplexes Innenleben.
6. Laute Geräusche rufen ein Gefühl des Unwohlseins in mir hervor.
7. Kunst und Musik können mich tief bewegen.
8. Ich bin gewissenhaft.
9. Ich erschrecke leicht.
10. Veränderungen in meinem Leben lassen mich aufschrecken und beunruhigen mich.
11. Wenn viel um mich herum los ist, reagiere ich schnell gereizt.
12. Ich bin sehr darum bemüht, Fehler zu vermeiden beziehungsweise nichts zu vergessen.
13. Es nervt mich sehr, wenn man von mir verlangt mehrere Dinge gleichzeitig zu erledigen.
14. Ich werde fahrig, wenn ich in kurzer Zeit viel zu erledigen habe.
15. Ich achte darauf, mir keine Filme und TV-Serien mit Gewaltszenen anzuschauen.
16. An stressigen Tagen muss ich mich zurückziehen können – ins Bett oder in einen abgedunkelten Raum bzw. an irgendeinen Ort, an dem ich meine Ruhe habe und keinen Reizen ausgesetzt bin.
17. Helles Licht, unangenehme Gerüche, laute Geräusche oder kratzige Stoffe beeinträchtigen mein Wohlbefinden.
18. Wenn Menschen sich in ihrer Umgebung unwohl fühlen, meine ich zu wissen, was getan werden müsste, damit sie sich wohl fühlen (wie das Licht oder die Sitzposition verändern).
19. Ein starkes Hungergefühl verursacht heftige Reaktionen, es beeinträchtigt meine Laune und meine Konzentration.
20. Ich bemerke und genieße feine und angenehme Gerüche, Geschmacksrichtungen, Musik und Kunstgegenstände.

21. Als ich ein Kind war, schienen meine Eltern und Lehrer mich für sensibel und schüchtern zu halten..
22. Es zählt zu meinen absoluten Prioritäten, mein tägliches Leben so einzurichten, dass ich aufregenden Situationen oder solchen, die mich überfordern, aus dem Weg gehe.
23. Wenn ich mich mit jemandem messen muss oder man mich bei der Ausübung einer Arbeit beobachtet, werde ich so nervös und fahrig, dass ich viel schlechter abschneide als unter normalen Bedingungen.

Wenn Sie zwölf oder mehr Aussagen mit Ja beantwortet haben, sind Sie wahrscheinlich ein hochsensitiver Mensch. (Testfragen mit freundlicher Genehmigung des mvg Verlags, eines Imprints der FinanzBuch Verlags GmbH)

Jedoch ist kein psychologischer Test so genau, dass Sie Ihr Leben danach ausrichten sollten. Es könnte nämlich auch sein, dass nur wenigen Aussagen auf Sie zutreffen, dafür aber umso stärker und es wäre ebenfalls gerechtfertigt, Sie als hochsensitiven Menschen zu bezeichnen. Das Lesen dieses Buches wird Ihnen dabei helfen, herauszufinden, ob Sie hochsensitiv sind, denn niemand kennt Sie so gut wie Sie sich selbst.

Hochsensitive Kinder

*Hochsensitive Kinder sind
die liebevollen Boten des Universums.*
Antje Gertrud Hoffmann

Der Theorie zufolge sind etwa 15 bis 20 Prozent aller Kinder hochsensitiv. Man kann davon ausgehen, dass sich innerhalb einer Kindergartengruppe oder Schulklasse mit 28 Kindern rein statistisch ungefähr drei bis fünf hochsensitive Kinder befinden. Dies muss nicht immer unmittelbar ersichtlich sein, denn so wie bei Erwachsenen zeigt sich auch die Hochsensitivität bei Kindern in unterschiedlichen Ausmaßen und Ausprägungen.  In den meisten Fällen wird HS vererbt und oftmals erfahren Eltern erst über ihre Kinder von ihrem besonderen Wesen und entdecken ihre eigene Sensitivität in späteren Jahren. Die Vererbung von HS kann auch eine oder mehrere Generationen überspringen, denn vielfach wird auch berichtet, dass zum Beispiel die Groß- oder Urgroßmutter wohl auch hochsensitiv gewesen sein muss. Während die heutigen Eltern in ihrer Kinderzeit vor 20, 30 oder 40 Jahren die allgemeine Reizüberflutung noch einigermaßen kompensieren konnten, werden ihre Kinder heute um ein Vielfaches mehr mit Umweltreizen bombardiert und die Konsequenzen daraus treten offen zutage: Sie führen zu Verhaltensauffälligkeiten im privaten und öffentlichen Bereich und zu keiner Zeit wurden so viele Kinder als gestört oder auffällig diagnostiziert wie heute.

Die Tendenz dazu steigt Besorgnis erregend an und sogar eine Lehrerin äußerte mir gegenüber die Vermutung, dass es wohl in absehbarer Zeit so weit sein werde, dass „normale" Kinder in ihrer Klasse die Ausnahme darstellen würden.

Dies alles gibt Anlass zu großer Sorge und es stellt sich die Frage, was Mutter Natur sich nur dabei gedacht hat? Kann es wirklich sein, dass nach Jahrtausenden der Evolution zum Homo sapiens – was „weiser Mensch" bedeutet –, nun langsam Schluss ist? Bewegt sich die Menschheit auf einen **kognitiven** und kulturellen Endpunkt zu und wird es immer mehr „gestörte" Kinder geben?

Ich persönlich halte diese Thesen für absolut absurd und muss leider feststellen, dass viele Zeitgenossen noch nicht in der Lage sind, hier über den Tellerrand zu sehen. Es ist nämlich vielmehr so, dass sich die Sensitivität per se ebenfalls weiterentwickelt hat und unsere Kinder immer sensitiver werden. Hier wird auch in esoterisch geprägten Kreisen von *Kindern der neuen Zeit* oder *Indigo-Kindern* gesprochen. Die Wahrnehmungsfähigkeit über die Sinnesorgane hat sich im Verlauf der Evolution qualitativ und quantitativ um ein Vielfaches weiterentwickelt und dies betrifft primär das Sehen, Hören, Riechen und Schmecken sowie taktile Reize. Aber nicht nur die sinnliche Wahrnehmung, sondern vor allem auch die Gefühls- und Empfindungswelt hat sich weiter ausdifferenziert und verschafft uns Menschen die Voraussetzungen für einen kognitiven „Quantensprung". Immer vorausgesetzt, wir schaffen es, neue Formen von Intelligenz anzuerkennen, zu fördern und anzuwenden. Mit anderen Worten: Was nützt das Gold im Erz, das an einigen Stellen ganz von selbst den Weg ans Licht gefunden hat und schwach funkelt, wenn keiner es vollständig befreit und für seine natürliche Bestimmung Sorge trägt? Im Falle von Gold würde man von innovativen Technologien sprechen, um das neu entdeckte Metall zu fördern. Man würde komplexere Verfahren entwickeln müssen, um eine entsprechende Nutzung und Anwendung möglich zu machen, aber wie ist es beim Menschen?

Natürlich viel komplizierter, werden Sie nun vermutlich denken, aber genau das Gegenteil ist der Fall. Wir wenden für sensitive Kinder nämlich ganz dogmatisch herkömmliche „Verfahren" an, dies betrifft vornehmlich das Erziehungs-, Bildungs- und Umweltsystem. Wir zwingen Sie, einen „Produktionsprozess" hin zum erwachsenen „normalen" Menschen zu durchlaufen, der für sie absolut nicht geeignet ist. Mehr noch: Wir wundern uns, dass

Gold sich anders als andere Metalle verhält und „aus der Reihe tanzt". Wir wundern uns, dass Gold sich in kein bekanntes Schema pressen lässt, weicher ist, eine höhere Dichte hat und einen höheren Schmelzpunkt. Wir wundern uns, dass Gold kein gewöhnlich hartes und starres Metall ist und halten es deswegen für minderwertig. Wir behandeln Gold mit allen möglichen Mitteln, damit es in unsere gebauten Fabrikationsstätten hineinpasst, anstatt diese zu modernisieren. Wir schaffen es tatsächlich, dass Gold nicht mehr glänzt.

Testfragen für Kinder

Bevor ich Ihnen nun aber weitere Informationen über hochsensitive Kinder (HSK) gebe, ist es günstig, die folgenden Testfragen einmal durchzugehen, denn sie zeigen schon deutlich, worum es hier geht. Bei der Beantwortung der Fragen ist es ganz wichtig, dass Sie möglichst objektiv bleiben. Falls Sie sich bezüglich einer Aussage nicht ganz sicher sind, dann kreuzen Sie sie auch nicht an. Markieren Sie nur Aussagen, die auf ihr Kind im Allgemeinen zutreffen. (Mit freundlicher Genehmigung des mvg Verlags, eines Imprints der FinanzBuch Verlag GmbH.)

Mein Kind ...
1. erschrickt leicht.
2. hat eine empfindliche Haut, verträgt keine kratzigen Stoffe, keine Nähte in Socken oder Etiketten in T-Shirts.
3. mag keine großen Überraschungen.
4. profitiert beim Lernen eher durch sanfte Belehrung als harte Bestrafung
5. scheint meine Gedanken lesen zu können.
6. hat einen für sein Alter ungewöhnlich gehobenen Wortschatz.
7. ist geruchsempfindlich, sogar bei sehr schwachen Gerüchen.
8. hat einen klugen Sinn für Humor.

9. scheint sehr einfühlsam zu sein.
10. kann nach einem aufregenden Tag schlecht einschlafen.
11. kommt schlecht mit großen Veränderungen klar.
12. findet nasse oder schmutzige Kleidung unangenehm.
13. stellt viele Fragen.
14. ist ein Perfektionist.
15. bemerkt, wenn andere unglücklich sind.
16. bevorzugt leise Spiele.
17. stellt tiefgründige Fragen, die nachdenklich stimmen.
18. ist sehr schmerzempfindlich.
19. ist lärmempfindlich.
20. registriert Details (Veränderungen in der Einrichtung oder im Erscheinungsbild eines Menschen etc.).
21. denkt über mögliche Gefahren nach, bevor es ein Risiko eingeht.
22. erzielt die beste Leistung, wenn keine Fremden dabei sind.
23. hat ein intensives Gefühlsleben.

Wenn Sie 13 oder mehr Fragen mit Ja beantwortet haben, liegt die Wahrscheinlichkeit nahe, dass Ihr Kind hochsensitiv ist. Dies kann aber auch vorkommen, wenn Sie nur zwei Aussagen als zutreffend beschreiben würden und diese im Vergleich in besonders hohem Maße ausgeprägt sind.

Wie Sie an der Auswertung der Testfragen schon feststellen konnten, ist es recht schwer, alle HSK „über einen Kamm zu scheren", denn nicht immer müssen alle genannten Faktoren zusammen und in gleicher Ausprägung auftreten. Es ist auch möglich, dass ein einzelner Faktor, zum Beispiel die Geruchswelt, ganz intensiv wahrgenommen wird. Diese Kinder zeigen schon sehr früh, was in ihnen steckt und registrieren zum Beispiel, dass ein normales Brötchen in der Auslage der Bäckerei neben Käsebrötchen gelegen hat, und das „stinkt" für sie so dermaßen, dass sie es nicht essen können. Sie nehmen den Geruch eines einzelnen Sesamkornes wahr, welches sich irrtümlicherweise in die Verpackungstüte des Brotes verirrt hat. Im Kindergarten können sie den Geruch anderer Kinder nicht ertragen und bleiben, so oft es geht, auf Distanz. Besonders HSK mit dieser Art der Umweltwahrnehmung können nur einige wenige, ausgewählte Dinge essen, die ihnen angenehm erscheinen. Für die Eltern ist jeder Tag einfach nur anstrengend, denn sie müssen nicht nur die jeweilige Reizüberflutung eindämmen, sondern auch die emotionalen Bedürfnisse ihres Kindes abdecken. Wahrnehmung kann man nicht abstellen, es sei denn, man zieht sich zurück. Diese notgedrungene Distanz und Isolation des Kindes ist gepaart mit dem Wunsch nach Nähe zu Gleichaltrigen, zu Geburtstagseinladungen und zu unbeschwertem Spiel. Es ist nicht einfach, hier einen Mittelweg zu finden. Hinzu kommt noch die ständige Erklärungsnot der Eltern gegenüber den Erzieherinnen und den anderen Eltern im Kindergarten und im privaten Bereich. Allzu gerne wird ihnen attestiert, dass sie ihr Kind in Watte packen, partout immer eine „Extrawurst" für ihr besonderes Kind haben wollen und es doch wohl übertreiben. Ihr Sohn oder ihre Tochter sollte mal „richtig" erzogen werden und bräuchte jemanden, der durchgreift und diese „Spielchen" nicht mitmacht. Dies alles macht Erziehung zu einem Hochseilakt und hier sind es vor allem auch die Eltern, die Hilfe und Stärkung benötigen.

Unabhängig davon, ob nur die Geruchswelt ganz intensiv wahrgenommen wird, sind die meisten HSK sowieso sehr wählerisch, was Speisen betrifft. Oftmals werden nur wenige, ausgewählte Dinge gegessen, so zum Beispiel Joghurt nur ohne Fruchtstückchen, Brot nur ohne Kruste, das Mittagessen darf nicht zu heiß sein und das Fleisch darf kein Fett haben. Im Ferienlager, auf Geburtstagen oder in größerer Gesellschaft fällt das Essen meist schwer, weil es einfach nicht so schmeckt wie sonst, und die Stimulation durch Umweltreize ist zu hoch, um in Ruhe essen zu können. Manche Kinder wollen am liebsten nur Süßigkeiten essen und ein Butterbrot bekommen sie kaum hinunter. Die Eltern machen sich verständlicherweise große Sorgen darüber, wie sie ihrem Kind die notwendigen Vitamine geben können. Nicht selten wird dann aus

Angst krampfhaft versucht, ein paar Bissen gesunder und nahrhafter Kost zu verabreichen, und es entwickelt sich ein tägliches Drama ums Essen.

Wenn es bei Ihnen so ist, dann kann ich Ihnen nur raten vorerst aufzugeben, denn wenn Ihr Kind etwas nicht mag, dann wird es das garantiert nicht essen. Auch wenn Sie ihren kleinen Sprössling aus lauter Verzweiflung bis zum Abend vor dem Teller mit dem Mittagessen sitzen ließen, es würde sich daran nichts ändern. Sie erreichen weder mit Zwang noch mit gutem Zureden eine wirkliche Besserung, aber ich kann Sie trösten: Es wird mit zunehmendem Alter besser! Und bis dahin ist Ihre Kreativität gefragt: So kann man anstatt Schokolade Pudding anbieten (der enthält viel Milch), anstatt Früchtemüsli Schokomüsli, anstatt Würstchen und Schweinebraten Hähnchen und ein mageres Schnitzel mit Panade. Möhren, Paprika und anderes Gemüse wird lieber roh anstatt gekocht gegessen und kommt vor allem in Sternchen- und Herzchen-Form gut an. Hierzu kann man prima Ausstechförmchen für Weihnachtsplätzchen benutzen und auch das ungeliebte Butterbrot gewinnt dadurch deutlich an Attraktivität. Wenn das Trinken ein Problem darstellt, dann versuchen Sie es mal mit selbst gemachten Eiswürfeln aus Saft. Ein Strohhalm wird in diesem Zusammenhang von Kindern ebenfalls gerne benutzt.

Hochsensitive Kinder haben ihre eigenen Vorlieben und sind selten gute Fleischesser. Einmal stellte sich ein Junge mit folgenden Worten bei mir vor: „Wissen Sie, ich bin Teilzeitvegetarier!" Er amüsierte sich daraufhin sichtlich über sein neu kreiertes Wort und der passenden Beschreibung seines Essverhaltens, das tatsächlich den Nagel auf den Kopf trifft.

Weitere Testfragen zu großen und kleinen Problemen

- Mein Kind ist zu ernst für sein Alter; es sorgt sich um moralische, ethische oder philosophische Fragen. Ist mein Kind vielleicht depressiv?
- Es fummelt ständig an irgendetwas herum. Warum können Dinge einfach nicht in Ruhe gelassen werden?
- Mein Kind weiß viele Dinge, hat jedoch wenig gesunden Menschenverstand. Wie kann man ihm einfachstes Urteilvermögen beibringen?
- Mein Kind ist ein Perfektionist und erwartet zu viel von sich selbst und anderen.
- Es braucht wenig Schlaf, hat extrem lebhafte Träume und auch Albträume.
- Mein Kind ist Bettnässer und Schlafwandler.
- Mein Kind ist sehr sensibel und empfindlich. Wäscheschildchen an Kleidung stören und kratzen. Grelles Licht wird als unangenehm erlebt.
- Mein Kind reagiert im Vergleich mit anderen Kindern sehr emotional und ist leicht frustriert, wenn eine Aufgabe nicht auf Anhieb gelingt. Wir behandeln unser Kind wie ein rohes Ei, um solche Extremsituationen zu vermeiden.
- Mein Kind kann Aufgaben einfach nicht zu Ende bringen. Im Zimmer und auf dem Schreibtisch herrscht das Chaos. Es vergisst ständig etwas.
- Es wirkt oft in sich gekehrt, genügsam. Trotzdem denke ich manchmal an Egoismus, weil sich alles nur um das Kind dreht.
- Mein Kind hat Schwierigkeiten, altersgerechte Freunde zu finden; entweder sucht es sich viel jüngere oder viel ältere Kinder aus.
- Mein Kind stellt viele Fragen und unterbricht andere.
- Es möchte immer fair sein. Mein Kind weint leicht, wenn es etwas Schreckliches im Fernsehen sieht.

- Der Lehrer hält mein Kind für sehr intelligent, aber faul. Es macht keine Hausaufgaben und hat schlechte Noten.
- Auch Kleinigkeiten müssen immer diskutiert werden.
- In einigen Bereichen ist mein Kind sehr gut, in anderen auffallend schlecht, und seine Handschrift ist sehr unleserlich.
- Mein Kind ist ein Tagträumer und verliert und vergisst viel.
- Der Lehrer meint, mein Kind könnte ADS haben.
- Manchmal denke ich, dass mein Kind vielleicht am Asperger-Syndrom leiden könnte.

Wie bei den typischen Problembereichen erwachsener HSM, so stammen auch diese Fragen mehrheitlich aus den neusten Fragestellungen zur Hoch- bzw. Höchstbegabung (vgl. Webb et al. 2005). Sie zeigen Ihnen damit den engen Zusammenhang zwischen Sensibilität, Reizoffenheit und Hochbegabung und demonstrieren die vielen Facetten der Hochsensitivität.

Bevor Sie nun weiter lesen, möchte ich Ihnen die allgemeinen Ausführungen in den weiteren Abschnitten ganz besonders ans Herz legen, denn sie beschreiben das Prinzip, das der Hochsensitivität zugrunde liegt. Je besser Sie als Eltern über dieses Phänomen Bescheid wissen, desto einfacher und liebevoller gestaltet sich die Erziehung und auch die Beziehung zu Ihrem Kind. Vielleicht denken Sie auch dann und wann einmal an sich oder Ihren Partner, denn schon der Volksmund wusste: „Der Apfel fällt nicht weit vom Stamm."

Kinder – wie von einem anderen Stern

*Wie oft habe ich mir gesagt,
dass in einem Kinderherzen viel mehr vorgeht,
als es ahnen lässt ...*

Albert Schweitzer

Je nach Ausprägungsgrad der Hochsensitivität und je nachdem, wie sie sich äußert, können die Fähigkeiten und auch die Schwierigkeiten hochsensitiver Kinder und deren Eltern in den unterschiedlichsten Bereichen liegen. Nicht immer sind Informationen, die über die Sinne aufgenommen werden, gleichstark fein ausgeprägt, sodass das eine Kind vielleicht empfindlich auf visuelle Eindrücke reagiert, während das andere extrem geräuschempfindlich ist.  Nicht selten halten sich HSK im Kindergarten oder im Klassenzimmer sogar die Ohren zu, um sich vor der Reizüberflutung zu schützen. Die andere Möglichkeit besteht darin, sich zurückzuziehen und vielleicht still in einer Ecke zu spielen oder das Geschehen einfach nur zu beobachten. Während dies im Kindergarten noch möglich ist, wird das in der Schule schon schwieriger, aber auch hier sieht man HSK in der Pause oft alleine und mit gesenktem Kopf über den Schulhof gehen, um ein paar Minuten zu reflektieren und Ruhe zu haben.

Wenn das Sehen, Hören, Riechen und Schmecken sowie taktile Reize vom Nervensystem eines hochsensitiven Kindes schneller, feiner und tiefer verarbeitet werden, dann hat dies Auswirkungen auf die gesamte Lebenssituation des Kindes und auch seiner Familie. Die Außenwelt erscheint einem HSK übergroß, überlaut usw. und nimmt den maximalen Raum der Aufmerksamkeit ein. Dies stört die Konzentration ganz empfindlich, sodass Anweisungen und Handlungspläne von der Datenflut hereinströmender

Informationen einfach überlagert werden. Aus diesem Grund ist der rote Faden, die Struktur, für das Kind nicht mehr erkennbar. Es wirkt wie von einem anderen Stern und selbst einfachste Dinge geraten aus dem Gleichgewicht.

So war es auch beim 7-jährigen Marcel, und seine Mutter konnte sich die im Folgenden beschriebene Situation ganz und gar nicht erklären. Sie stellte auch fest, dass sie selbst damit zunehmend schlechter und weniger gelassen umgehen konnte, sodass diese „Kleinigkeit" zu einem ernst zu nehmenden Problem eskalierte.

Marcel und seine Mutter fuhren nämlich nahezu täglich mit dem Auto zum Einkaufen, zu Freunden oder zum Sportverein. Das Auto war immer auf der Straße vor dem Haus geparkt und der Kindersitz von Marcel befand sich auf der Beifahrerseite auf dem Rücksitz des Autos, damit er vom Bürgersteig aus einsteigen konnte. So musste er nicht auf die Straße laufen, um ins Auto einzusteigen. Marcel ging also gewöhnlich mit seiner Mutter aus dem Haus und lief mit ihr das kurze Stück zum Auto, wobei er ihr in immer wiederkehrender Regelmäßigkeit bis zur Fahrertüre auf der Straße folge.

„Marcel, dein Sitz ist auf der anderen Seite! Du weißt das doch! Warum läufst Du mir immer hinter?" Diese Sätze sprach seine Mutter täglich und daraus wurde allmählich: „Mensch Marcel! Ich sag es dir jetzt zum letzten Mal! Dein Einstieg ist auf der anderen Seite! Kapier' es doch endlich und renn' nicht immer auf die Straße!"

Der Junge stand immer neben ihr – wie von einem anderen Stern – und wusste auch nicht recht, wie er auf die Straße gekommen war.

„Er hat mal wieder geträumt", sagte seine Mutter, aber das stimmte in Wirklichkeit gar nicht. Marcel war einfach nur von den Eindrücken gefesselt, die ihn seit Verlassen des Hauses erreichten und auf ihn einströmten. Das Zwitschern des Vogels, die Luft, die noch nach Regen roch, das rote Auto, das gerade die Straße entlang fuhr. „Moment mal, war das vielleicht ein VW?", überlegte Marcel,

„der ist aber ganz schön laut." Und: „Oh da! Die schönen Blumen auf dem Fensterbrett von Mama."

Dies alles war eine große Fülle für Marcel und sorgte für Beschäftigung in seinem Kopf. Die zehn Schritte zum Auto waren schnell gegangen und in der Kürze der Zeit gab es so viel zu entdecken! Seine Mutter war für ihn dabei eine große Entlastung, denn „Mutter" bedeutete Sicherheit, und ihr zu folgen, ohne sich Gedanken um den Weg machen zu müssen, sparte wertvolle psychische Energie. Deshalb war ihm sein eigenes Verhalten in dieser immer wiederkehrenden Situation sehr unerklärlich, denn er wollte seine Mutter eigentlich gar nicht ärgern.

Er fragte sich zunehmend, warum die Zeit immer so schnell vergehen musste, denn sonst hätte er bestimmt daran gedacht, vom Bürgersteig aus ins Auto zu steigen. Er fragte sich auch, warum er immer solche Dinge zu vergessen schien und dies verunsicherte ihn zunehmend. War er wirklich zu dumm, um sich zu merken, auf welcher Seite sein Platz im Auto war? Das war er jedoch ganz sicher nicht, denn andere Dinge konnte er sich wiederum sehr gut merken. Marcel fehlte einfach nur die Ruhe und ein klein wenig mehr Zeit, um alle Reize einzusortieren und zu verarbeiten.

Ruhe nach Veränderungen und wechselndem Input ist für ein hochsensitives Kind äußerst wichtig und ich schlug Marcels Mutter ein kleines Experiment vor: Sie sollte am nächsten Tag eine halbe Stunde vor der geplanten Abfahrt ihren Sohn animieren, ein wenig im Garten zu spielen, und nach Ablauf dieser Zeit sollte sie wie immer mit ihm zum Auto gehen. Wir vereinbarten, dass sie mich später anrufen würde, um mir mitzuteilen, ob sie eine Veränderung beobachten konnte.

Als sie mich erst drei Tage später anrief, war sie überglücklich und hatte ihr kleines Experiment noch ein paar Mal wiederholt, weil sie es zunächst gar nicht fassen konnte: Marcel war von ganz alleine zur richtigen Autotür gelaufen.

Beim Spielen im Garten Zeit hatte er genügend Zeit, sich an die Gegebenheiten draußen zu gewöhnen und alle Reize angemessen einzusortieren. Er fand dort auch die nötige Ruhe, um sein Umfeld nach möglichen Gefahren zu beurteilen. „Vorsicht ist die Mutter der Porzellankiste" ist eine Tendenz, die nahezu allen HSM zu eigen ist. Als dann für ihn – buchstäblich – alles klar war, hatte er auch wieder gedankliche Ressourcen für die alltäglichen Dinge und konnte ganz entspannt die Autofahrt mit seiner Mutter aufnehmen.

Reizüberflutung

Wenn zu viele oder intensiv erlebte Reize auf ein hochsensitives Kind einströmen, dann spricht man von einer sogenannten Reizüberflutung. Oftmals sinken Struktur und Konzentration dann  drastisch ab. Einige Kinder werden durch die Reizüberflutung sehr nervös, wirken fahrig oder bekommen **Tic-Störungen**. Manche reagieren mit Rückzug in die Welt der Gedanken und Fantasien. Sie schalten ab, wie bei einem „Not-Aus"-Knopf und ziehen sich in ihre Innenwelt zurück. Dadurch wirken wie abwesend. Nicht selten treten Bauchschmerzen, Kopfschmerzen, Essstörungen und Fieber auf, wenn Situationen anstehen, die als belastend erlebt werden. Das kommt auch dann vor, wenn Veränderungen anstehen, zum Beispiel der Wechsel auf eine neue Schule. Manches HSK fiebert dann schon ein paar Tage vorher, weil es sich gedanklich schon damit beschäftigt.

> Wie für erwachsene hochsensitive Menschen, so ist auch für hochsensitive Kinder ihr Denken ein „Handeln auf Probe".

Immer wieder müssen sie anstehende Situationen im Geiste durchspielen, um sich so darauf vorzubereiten. Haben sie diese Zeit der Vorbereitung nicht, dann wirken sie unsicher und können mitunter unangemessene Verhaltensweisen zeigen. Ein gutes Beispiel dafür liefern Situationen, die vom normalen Tagesablauf abweichen, zum Beispiel ein Ausflug mit dem Kindergarten oder der Schulklasse oder der Besuch von mehreren Freunden. Hier sind sie dann plötzlich vielen und zum Teil neuartigen Reizen ausgesetzt, die noch nicht durchdacht werden konnten. Die Folgen hiervon sind Unsicherheit, Schüchternheit, sogar Angst, und manches hochsensitive Kind läuft sogar einfach auf die Straße, obwohl die Ampel rot ist. Völlig orientierungslos tun sie Dinge, die sie normalerweise nicht machen würden. Manche Kinder fangen an zu weinen, während andere wie überdreht wirken.

Das Nervensystem eines HSK wird recht schnell erregt und durchaus auch bei Gegebenheiten, die andere Kinder völlig „kalt" lassen. Die Reizschwellen sind herabgesetzt und die Folge einer solchen Überflutung führt dazu, dass das Nervensystem in diesem Moment überlastet ist und anders reagiert, als dies unter üblichen Bedingungen der Fall wäre. Der russische Psychologe Iwan Pawlow nannte diesen Effekt „Transmarginale Hemmung", eine Art „Notfunktion" des Gehirns, die anzeigt, dass hier etwas nicht stimmt.

Während eine leichte Erregung durchaus positive Auswirkungen auf Aufmerksamkeit, Konzentration und Leistung haben kann und das betreffende Kind dadurch zur Höchstform aufläuft, zum Beispiel in einer sportlichen Wettkampfsituation, so kann diese Erregung für ein hochsensitives Kind schon zu viel sein und das genaue Gegenteil passiert. Grafisch dargestellt entsteht eine umgekehrte u-förmige Kurve, die den Zusammenhang des Leistungsverlaufes in Abhängigkeit vom Erregungsniveau beschreibt.

Dieses sogenannte Yerkes-Dodson-Gesetz (Yerkes & Dodson 1908) besagt, dass die Leistung eines Menschen von seinem allgemeinen Erregungszustand abhängt. Bei zu niedrigem Erregungszustand besteht keine Leistungsmotivation, bei zu hohem Erregungszustand kann diese nicht adäquat umgesetzt werden.

Wie aus der Kurve in der Abbildung ersichtlich ist, gibt es einen Punkt, an dem das Maß überschritten wird und danach geht es bildlich gesprochen nur noch „bergab". Dabei spielt es keine Rolle,

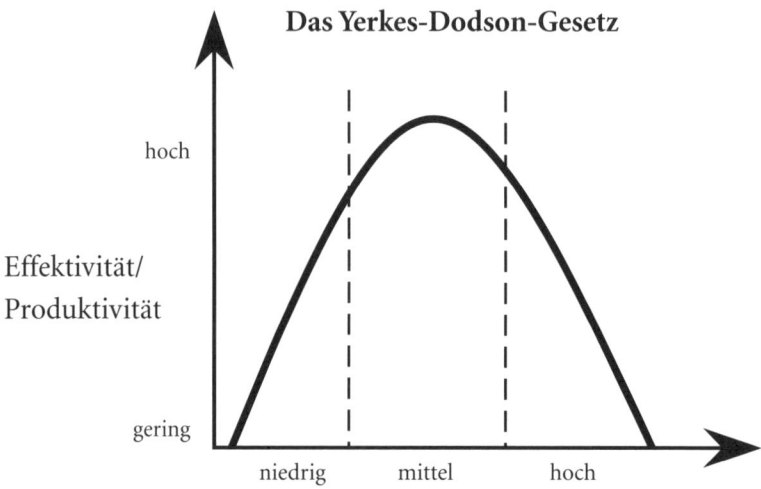

ob es sich um „positive Erregungen", wie Überraschungsgeschenke oder -besuche handelt, oder um „neutrale und negative Erregungen", wie eine Fahrt in einem überfüllten Bus oder aggressive und schmerzhaft wahrgenommene Situationen. Zu viel ist zu viel – deshalb mögen viele HSK keine Überraschungen! Sie können die veränderte und neuartige Situation im Vorfeld nicht gedanklich erkunden und mögliche Gefahren ausschließen. Die Gedanken eines HSK drehen sich nämlich oftmals um die Frage: „Was passiert, wenn …?"

Ganz banale Dinge, zum Beispiel ein Anruf bei einer Freundin, werden im Geiste durchgespielt und das hochsensitive Kind kommt vielleicht zu dem Ergebnis, dass die Freundin nicht da sein könnte. Prompt wird weiter gedacht und die nächste Frage taucht auf: „Was mache ich, wenn sie nicht da ist?" Nun wird über alternative Spielmöglichkeiten nachgedacht, die relativ sicher und wahrscheinlich durchführbar erscheinen. Das kann mitunter sogar bedeuten, den Tag zu Hause zu verbringen.

Hier wird schon ganz deutlich, dass es HSK schwer fällt, einmal begonnene Gedankengänge zu stoppen und Handlungen in Gang zu bringen, deren erfolgreicher Ausgang nicht genau abgeschätzt werden kann. Alle möglichen Handlungsalternativen werden erwogen und dies kann mitunter so weit führen, dass die Kinder vor lauter Denken die Zeit völlig vergessen. Sie „träumen" und entschließen sich – nicht selten zu unpassender Zeit kurz vor dem Abendbrot oder vor dem Schlafengehen – doch noch dazu: „Jetzt rufe ich meine Freundin an und verabrede mich zum Spielen!"

Als Eltern ist man recht verdutzt und manchmal auch enttäuscht, denn das Kind scheint die Uhr nicht zu kennen. Es müsste doch wissen, dass es nun zu spät ist. Wo war es nur wieder mit seinen Gedanken? Aber auch das Kind ist enttäuscht darüber, dass ihm offenbar nichts zu gelingen scheint und die Eltern immer etwas zu nörgeln haben.

HSK möchten im Vorfeld alles durchdenken und mögen deshalb keine plötzlichen Veränderungen, denn das verunsichert sie. Wenn etwas Unvorhergesehenes passiert, dann konnte dies im Vorfeld nicht gedanklich durchleuchtet werden und nicht selten ist das hochsensitive Kind regelrecht geschockt. Stellen Sie sich in diesem Zusammenhang Ihre Reaktion vor, wenn urplötzlich ein Riese vor ihnen stünde, den sie nicht haben kommen sehen! Vermutlich würden auch Sie sich erschrecken und nicht genau wissen, was Sie als Nächstes tun sollen. Lieber weglaufen oder doch höflich guten Tag sagen?

Genau diese Unsicherheit zeigen viele HSK in ganz banalen Situationen. Dies stört die Entwicklung eines gesunden Selbstbewusstseins empfindlich und hier brauchen diese Kinder liebevolle Begleitung. Bei einem Ausflug mit dem Kindergarten oder der Schule ist es für ein hochsensitives Kind leichter, wenn ein bekanntes Gesicht, zum Beispiel die Mutter oder Vater, vielleicht auch Oma oder Opa, als Begleitperson mitfährt. Das gibt den Kindern Sicherheit und Selbstvertrauen.

Ein eindrucksvolles Beispiel für die herabgesetzten Reizschwellen bzw. die leichte Erregbarkeit und Folgen der Überstimulation liefert uns die Geschichte von Lukas, denn Unvorhergesehenes löste bei ihm bis zu seinem 14. Lebensjahr sogar einen Ohnmachtsanfall aus. Das passierte zum Beispiel, wenn er stolperte und hinfiel, aber auch wenn er sich an einer Glasscherbe leicht den Finger verletzte. Einmal war er an seinem Geburtstag innerlich dermaßen stimuliert und aufgeregt, dass er während der Feier just in dem Moment kollabierte, als alle Gratulanten vor ihm standen und ihr Geschenk überreichen wollten. Das war einfach zu viel für den Jungen, obwohl ihm äußerlich davon nichts anzumerken war. Er verhielt sich ruhig und besonnen wie immer, obwohl es innerlich in ihm „gekocht und gebrodelt" haben musste. Es ist für Außenstehende und auch für Eltern nicht leicht, dies immer zu berücksichtigen, weil diese Kinder fast gar nichts nach außen tragen. So ist das gezielte Fragen nach den inneren Befindlichkeiten immens wichtig, damit eine äußere Reaktion oder Artikulation gelernt und aufgebaut werden kann.

Das Sprichwort: „Stille Wasser sind tief" beschreibt meiner Meinung nach recht passend den zum Teil immensen Unterschied zwischen innerem Erleben und der gezeigten äußeren Reaktion. Vielleicht denken Sie dann und wann einmal an dieses Sprichwort, wenn Ihr Kind scheinbar ruhig und gelassen wirkt? Es kann nämlich in diesem Fall durchaus sein, dass es sich in sein Schneckenhaus zurückgezogen hat, um sich vor Überstimulation zu schützen: *Innen* tobt ein Sturm, während sich *außen* nur die stille, ruhige See zeigt.

Das Bedürfnis nach Ruhe

Grundsätzlich spielen bei allen HSM, ob nun Erwachsene oder Kinder, die Gefühls- und Empfindungswelt eine sehr große Rolle. Anschaulich können Sie sich vorstellen, dass im Gehirn ein besonders breiter Zugang zum Emotions- bzw. Empfindungssystem vorliegt, sodass dieses System leichter aktiviert wird. Dieser verstärkte Zugang ist dafür verantwortlich, dass hochsensitive Kinder sensibler, empfindsamer und verletzlicher sind als andere.

Diese besondere Funktion sorgt auch dafür, dass kleinste Veränderungen registriert und diese dann durchdringend, bewusst wie unbewusst, verarbeitet werden. Im Gehirn von hochsensitiven Kindern ist also immer „eine Menge los" und die Neuronen feuern um die Wette, sodass ausreichend Zeit zur Entspannung eingeplant werden muss. Manche Kinder haben eine *aktive Selbststeuerungsstrategie* und ziehen sich von alleine zurück, wenn es ihnen zu viel wird; aber es gibt auch Kinder, die das nicht selbstständig erledigen können. Diese Gruppe hat eine *passive Selbststeuerung* und sie können sich bei Überstimulation nicht von selbst der Situation entziehen, sondern verbleiben in diesem Umfeld, obwohl sie sich unwohl fühlen. Sie kommen einfach nicht auf die „Idee", selbstständig etwas gegen die belastende Situation tun zu können. Hier müssen dann die Eltern einschreiten und den Tag den individuellen Belastungsgrenzen ihres Kindes entsprechend strukturieren. Wenn für nicht-hochsensitive Kinder ein aufregender Tag zu Ende geht und sie aus diesem Grund schnell und „hundemüde" einschlafen, geschieht bei HSK nicht selten das genaue Gegenteil: Sie sind noch dermaßen aktiviert und erregt, dass an ein Einschlafen gar nicht zu denken ist, obwohl auch sie natürlich völlig übermüdet sind. Sie müssen erst ihre „Systeme langsam herunterfahren" und wirken wie aufgedreht bzw. überdreht. So schlafen sie an ruhigen Tagen schneller und besser ein und es ist wirklich sehr wichtig, das Kind nicht täglich von einem zum nächsten „Event" mitzuschleppen. Leider meinen manche Eltern es zu gut und möchten ihrem Kind etwas bieten, deshalb werden regelrechte Veranstaltungsprogramme initiiert und ein Termin jagt den nächsten. Schon in der Grundschule leiden heutzutage viele Kinder unter Stress und haben keine Zeit mehr zum Spielen und für Verabredungen. Nach der Schule gehen sie zum Sportverein, zum Musikunterricht, zu den Pfadfindern, sie werden zum Kino gefahren, dürfen mittags schon Fernsehen schauen oder am Computer spielen; besonders für hochsensitive Kinder ist dies einfach zu viel des (vermeintlich) Guten. Meinen eigenen Kindern ist schon häufiger passiert, dass jemand eine Verabredung mit den Worten abgelehnt hat:

„Nein, diese Woche habe ich keine Zeit zum Spielen, aber vielleicht können wir ja einen Termin für nächste oder übernächste Woche machen?"

Man könnte den Eindruck gewinnen, hier Kontakt zu einem Top-Manager knüpfen zu wollen. Sicherlich gibt es Kinder, die diese Aktivitäten brauchen, weil sie sonst nicht ausgelastet sind, aber die Mehrzahl unserer Kinder kennt leider schon in jungen Jahren die Phänomene Zeitdruck und Stress. All das wird zusätzlich durch öffentliche Diskussionen über frühzeitiges Fördern forciert, sodass es schon Stimmen gibt, Kinder mit drei Jahren einzuschulen. Natürlich lernen Kinder in jüngeren Jahren leichter und es ist gut, sie an verschiedene Bereiche heranzuführen; oftmals aber wird dabei „vergessen", wie wichtig eine unbeschwerte Kindheit für die ganze Entwicklung ist. Kinder müssen also Kind sein dürfen und das bedeutet auch, dass sie lernen müssen, sich selbst zu beschäftigen und einen festgelegten Rahmen zu akzeptieren. Ich wünsche mir, dass wir unsere Kinder nicht ausschließlich unter dem Aspekt einer Leistungsgesellschaft betrachten, in der es häufig nur darum geht, Anlagen zu trainieren. Dabei wird nämlich allzu leicht übersehen, dass der Mensch auch ein emotionales Wesen ist und die Ruhe und Sorglosigkeit der Kindheit braucht, um später im täglichen Leben zu bestehen. Die Kindheit prägt uns in besonderem Maße und wir müssen unseren Kindern diese unbeschwerten Jahre gönnen, in der die Zeit noch still vor sich hin fließt. Beschleunigtes Leben kommt früh genug auf die Kinder zu und stellt besonders in jungen Jahren ein regelrechtes Gift für HSK dar. Hochsensitive Kinder werden etwas später als üblich in die Welt hinausgehen und sie erkunden, denn sie brauchen Ruhe, Nestwärme und Zeit zum Nachdenken. In vertrauter Umgebung und mit Menschen, die sie kennen, wirken hochsensitive Kinder gelöster, aktiver und entspannter. Kommt jedoch auch in diesem Umfeld eine ungewohnte Anforderung oder komplexe Situation auf sie zu, dann kann ihre Reaktion auch völlig unangemessen sein, weil ein Gedankengang nicht zu Ende gedacht werden konnte oder sich viele gleichzeitige Gedanken zu einem „Gedankenknäuel" verwickelt haben. Sie sind eben noch Kinder und ihre kognitive Entwicklung ist längst nicht abgeschlossen, sodass sie erst lernen müssen, mit der inneren Komplexität umzugehen. Manchmal sind sie einfach noch „auf dem falschen Dampfer" und eine mögliche Begabung wird gar nicht erst in Betracht gezogen. Die Hochbegabung ist zwar als Voraussetzung gegeben, doch sie muss sich noch entwickeln und „erwachsen" werden. Einige Kinder sind gezwungen, erst mühsam zu lernen, dass ihre Gedanken mit „Lichtgeschwindigkeit" fliegen und unter Kontrolle gehalten werden müssen, damit ein „klarer Kurs geflogen" werden kann. Auch hält die Schüchternheit, Zurückhaltung und das friedliebende Wesen sie davon ab, das Kommando zu übernehmen und ihre Systeme auf „Los" zu schalten. Sie können sich als Eltern auch vorstellen, dass Ihr kleiner „Rennwagen" seine vielen PS längst nicht kontrollieren kann. Wird es dennoch ausprobiert, dann landet der Flitzer vor lauter Übermut vielleicht im Straßengraben und Angst, mangelndes Selbstvertrauen sowie Zurückhaltung sind die Folgen. Mit zunehmendem Alter kann sich daraus eine Blockade entwickeln, die auch Jürgen vom Scheidt (2005) festgestellt hat. Hier ist frühzeitige Unterstützung immens wichtig, und wenn dies bei Ihrem Kind der Fall ist, dann wählen Sie einen engeren Rahmen, den Sie gemeinsam mit Ihrem Kind festlegen sowie strukturieren und in dem Ihr Kind Erfolgserlebnisse haben kann. So kann es in kleinen Schritten positive Erfahrungen sammeln. Auch hat sich das Erlernen einer Kampfsportart, zum Beispiel Aikidō, als wirksamer Ansatz entwickelt, der Selbstvertrauen, Selbstbewusstsein und Struktur vermittelt.

Es gibt allerdings auch hochsensitive Kinder, die ihre Dinge recht selbstständig erledigen und gut in der Schule sind, aber hier fehlt es häufig ebenfalls an Selbstsicherheit und Durchsetzungsvermögen. Besonders Mädchen zeigen weniger Probleme im schulischen Bereich, aber das Harmoniebestreben und das unbedingte Bedürfnis, geliebt und gemocht zu werden, macht sie verletzlich und unsicher. Jede kleine An- und Zurückweisung wird als Zeichen der Ablehnung bewertet und das macht sie traurig. Reden Sie mit Ihrem Kind auch über solche Dinge und versuchen Sie eine altersgerechte Beschreibung von Hochsensitivität zu geben. Dann kommen vielleicht auch Themen zur Sprache, die Ihr Kind von selbst nicht angesprochen hätte, und es fühlt sich geliebt und verstanden. Erzählen Sie auch etwas von sich und dass Eltern ihr Kind aus Liebe erziehen und nicht, weil sie gerne Verbote aussprechen oder ihr Kind nicht mögen. Das ist besonders wichtig, wenn die Beziehung sowieso schon etwas angespannt ist, denn viele Eltern berichten, dass ein normaler Tagesablauf, wie in anderen Familien, kaum möglich ist. Obwohl ihr Kind so genügsam und friedliebend ist, kann die Erziehung trotzdem anstrengend sein, weil sich paradoxerweise alles nur um das hochsensitive Kind dreht. Ganz alltägliche Dinge fallen diesen Kindern nämlich zum Teil sehr schwer, zum Beispiel Anziehen, Waschen, Schuhe binden und Aufräumen. Alles geschieht nur nach mehrmaliger Aufforderung und dann auch noch im Schneckentempo. Diese Kinder sind verträumt, vergessen und verlieren Dinge und sind doch so verständnisvoll und mitfühlend. Spielen ist für sie ganz wichtig und sie scheinen noch sehr lange Kind sein zu wollen, denn ihre Entwicklung zum Erwachsenen dauert einfach länger. Während man im Allgemeinen davon ausgeht, dass ein Mensch mit 18 Jahren die Kindheit hinter sich gelassen hat, liegt ein HSK gut und gerne zwei bis drei Jahre zurück. Das betrifft zwar nicht unbedingt die kognitive Entwicklung, vielmehr können sie den „Ernst des Lebens" in der Schule nicht begreifen und sind gegenüber ihren Altersgenossen einfach noch jünger, verspielter und verletzlicher. Hochsensitive Kinder erwecken bei Außenstehenden zuweilen den Eindruck, als müssten sie vor der „bösen" Realität des Lebens beschützt werden.

Deshalb werden sie überdurchschnittlich oft als gehemmt oder aufmerksamkeitsgestört diagnostiziert und sind damit gezwungen, unter ihren Möglichkeiten zu bleiben. Je nach Ausprägung der Sensitivität können diese Kinder jedoch ein vertieftes Bewusstsein zwischenmenschlicher Beziehungen und Befindlichkeiten, von Tieren, der Natur und von Energiefeldern haben. Schon früh thematisieren sie ihre spirituellen und geistigen Fähigkeiten und haben Zugang zu archetypischen Bildern und mystischen Weltanschauungen. Sie spielen gerne mit Figuren, die Feen, Zauberer und Engel darstellen und sehen eine Welt, die anderen verborgen bleiben muss.

Dies haben sich auch Hersteller von Computerspielen zunutze gemacht, denn diese können eine besondere Faszination auf HSK ausüben, sodass die Kinder am liebsten den ganzen Tag nur spielen wollen. Der Fernseher hat eine ähnlich magische Anziehungskraft und ich kann Ihnen nur raten, frühzeitig feste Zeiten für solche Dinge festzulegen. Verfahren Sie nach dem „Entweder-oder-Prinzip", das heißt entweder Computerspielen oder Fernsehschauen, aber nicht beides hintereinander. Legen Sie als Eltern auch hier eine Struktur fest, denn Ihr Kind kann in solchen Dingen recht maßlos sein.

Der „5-vor-12"-Stress

Die Wahrnehmung einer komplexeren oder tieferen Realität und der Zugang zu einem erweiterten Bewusstsein lässt hochsensitive Kinder übertrieben im „Hier und Jetzt" erscheinen, aber in Wirklichkeit leben sie in einer Welt aus Reflexion und Zukunft. Die Gegenwart nimmt bei dieser Einteilung nur ein Drittel des Bewusstseins ein und mit „Zukunft" ist hier nicht der morgige Tag oder die nächste Woche gemeint, sondern ein Zeitraum, der viel weiter vorausliegt. Nun muss man aber nicht meinen, dass sie aus diesem Grund langfristige Handlungspläne entwickeln, denn genau das Gegenteil ist der Fall. Diese Gedankenreisen jenseits von Zeit und Raum sind zwar ein gutes „Gehirnjogging" und eine gute Grundlage und Übung für die spätere Entwicklung, andererseits läuft ein Teil davon jenseits des üblichen Bewusstseins ab, sodass sich die kleinen HSK „irgendwo im Nirgendwo" wiederfinden und dann beispielsweise fünf Minuten vor Schulbeginn plötzlich feststellen:

- *„Ach, wir haben heute eine Feier und sollen Kekse und Saft mitbringen."*
- *„Ich bin direkt nach der Schule zu einem Geburtstag eingeladen und brauche noch ein Geschenk."*
- *„Mein Klassenarbeitsheft ist voll und wir schreiben heute eine Arbeit, ich brauche ein neues Heft."*
- *„Ich will nicht zur Schule, weil ich den Zettel verloren habe, den wir heute abgeben müssen."*

Hier werden die Nerven der Eltern ganz schön strapaziert, denn scheinbar alles geschieht „auf den letzten Drücker". Wo ist das Kind nur wieder mit seinen Gedanken? Aus Angst vor diesem „5-vor-12-Stress" avancieren manche Eltern zum Erinnerungs- und Terminmanager ihrer Kinder und hier beginnt eine fatale Entwicklung, die einem Teufelskreis gleicht. Je mehr Sie als Eltern Ihr Kind erinnern, unterstützen und sorgend helfen, je mehr sich Ihr Kind auf Sie verlassen kann, umso mehr kann es sich leisten einfach „abzuschalten". Ein typischer Tag fängt dann schon folgendermaßen an:

„Morgens haben wir immer Stress und ich bin froh, wenn Patrick pünktlich und mit allen Sachen in der Schule ist. Dann muss ich mich erst einmal in Ruhe hinsetzen und durchatmen. Oft schaffen wir es aber nicht rechtzeitig, dann hole ich das Auto schnell aus der Garage und fahre ihn. Manchmal muss ich sogar noch etwas besorgen und bringe es ihm in der Pause.

Er ist bestimmt nicht dumm und er soll doch die Schule schaffen, was soll denn sonst aus ihm werden? Ich kann ihn doch nicht ungewaschen, zu spät und schlampig zur Schule gehen lassen, das fällt doch auf mich zurück. Bestimmt denken dann alle, ich würde mein Kind vernachlässigen."

Hier beginnt ein schwieriger Weg, denn einerseits muss das Kind lernen, dass sein Verhalten und Nicht-Handeln Konsequenzen in der „wirklichen Welt" hat, andererseits braucht es aber noch Unterstützung und Hilfe. Hier gilt es, das richtige Maß zwischen Fördern und Fordern zu finden. Nicht immer ist unterstützendes Verhalten angebracht, denn mit der Zeit fühlt sich das Kind fremdbestimmt und durch nervende Eltern gestört.

„Immer will meine Mutter etwas von mir, kann sie mich nicht einfach mal in Ruhe lassen?"

Wenn der Tag nur noch aus Handlungsanweisungen besteht, dann stehen Eltern meist schon mit dem Rücken an der Wand. Liebevolle Kommunikation scheint nicht mehr möglich zu sein, sonst gerät der Ablauf völlig aus den Fugen. Gutes Zureden – und wenn es nur ein „Beeil dich, sonst kommst du zu spät" ist –, kann auf beiden Seiten das Fass zum Überlaufen bringen. Klärende Gespräche, in denen das Kind Einsicht zeigt und Besserung gelobt, scheinen keine Wirkung zu haben, denn am nächsten Tag ist alles wie weggeblasen. Alles Reden bringt hier nicht die erhoffte Besserung, denn das Kind handelt weiterhin mit viel Eigensinn nach seinem eigenen Takt und die Eltern müssen zusehen, wie sie mitkommen! Dies ist jedoch eine Führungsrolle, die mit „Eltern-Sein" nichts zu tun hat; Mutter und Vater sollten ihr liebevolles Zepter also wieder selbst in die Hand nehmen und ihren Job als „Erinnerungsmanager" kündigen!

Leider lernen mache HSK nur schmerzlich, denn verbal vermittelte Aufforderungen oder dargelegte Konsequenzen erreichen sie nicht vollständig. Die Wahrnehmung stuft derartige Informationen als nicht so wichtig ein, denn Worte stellen ein zu schwaches Aufforderungssignal dar. Das hochsensitive Kind ist es gewohnt, Umweltinformationen tief zu erleben und überall, wo dieser Aspekt fehlt, ist es eben nur „die halbe Miete". Hinzu kommt, dass das Empfinden und Erleben eine primäre Funktion darstellt, denn sie bereichert die Wahrnehmung um ein Vielfaches. So, wie Sie sicherlich Fernsehfilme lieber in Farbe anstatt in Schwarz-Weiß sehen, weil es eher der Wirklichkeit entspricht, so fehlt dem HSK die „Farbe" bei gesprochenen Worten. Es ist ein wesentliches Kennzeichen von Hochsensitivität, diese „Farbe" als primäre Qualität einzustufen, während sie für alle anderen Menschen eine sekundäre Funktion darstellt. Interessant in diesem Zusammenhang sind auch die Ausführungen zum visuell-räumlichen Lernstil, denn dies ist eine weitere Konsequenz daraus.

Sie können sich und Ihrem Kind also viele Worte und Enttäuschungen ersparen, wenn Sie für den nötigen Erlebnisaspekt sorgen. Bei wichtigen Unterhaltungen sollten Sie Ihr Kind zusätzlich berühren oder mal liebevoll „zwicken". Knabbern sie an seinem Öhrchen und flüstern Sie mal direkt hinein. Lassen Sie Ihr HSK seine Termine selbst aufschreiben und wenn es zum Beispiel eine Einladung zum Kindergeburtstag vergisst, dann lassen Sie es vielleicht dabei bewenden. Das tut weh, aber ein Stück weit braucht das Kind diese Erlebnisse, denn es muss am eigenen Leib erfahren, wie es sich *anfühlt*. Es muss *spüren*, dass Nicht-Handeln auch negative Konsequenzen haben kann.

Geben Sie bitte auch nicht mehrere Anweisungen hintereinander, zum Beispiel:

„Geh bitte in dein Zimmer und räum' deine Spielsachen vom Boden auf. Danach musst du noch deine Hausaufgaben machen und vergiss nicht den Elternbrief! Ich habe ihn unterschrieben, du brauchst ihn nur noch einzupacken. Wasch dir aber vorher die Hände!"

Spätestens auf dem Weg zum Kinderzimmer hat Ihr Kind den Großteil bereits „vergessen", weil die Nachrichten gar nicht angekommen sind. Wie durch eine Nebelwand werden die Sätze wahrgenommen und dies hat nichts mit Lautstärke oder Deutlichkeit zu tun. Es fehlt einfach die emotionale Komponente der Nachricht – und damit fehlen die deutlichen Bilder und die Vorstellungen eines Handlungsplanes.

Wenn also etwas erledigt werden soll, dann nehmen Sie am besten die Hände Ihres Kindes und schauen ihm in die Augen. Dann haben Sie die Möglichkeit etwas zu sagen, das ganz sicher „ankommen" wird. Wenn dies getan ist, können Sie zum nächsten Punkt der Tagesordnung übergehen und so weiter. Das Berühren und das Ansehen sind zwar in diesem Moment taktile und visuelle Reize, werden jedoch von Ihrem Kind emotional bewertet und zeigen ihm, dass dies jetzt in dem Augenblick eine wichtige Information ist. Es hat sich auch als erfolgreich erwiesen, um eine kurze Rückmeldung als Bestätigung zu bitten, das heißt Ihr Kind wiederholt zum Abschluss des Gespräches in seinen eigenen Worten das zuvor Gesagte.

Manche Kinder können einem intensiven Blick in die Augen nicht standhalten und vermeiden Augenkontakt, denn auch das dringt zu sehr in ihren persönlichen Raum ein und wird als erregungssteigernd erlebt. Es ist für Ihr Kind in diesem Fall eine große Erleichterung und weniger „stressig", wenn Sie darauf Rücksicht nehmen und ein angemessenes Maß für Nähe und Intensität finden. Ihr Kind wird ihnen durch seine Reaktionen zeigen, wo es sich am wohlsten fühlt. Das hat nichts mit emotionaler Kälte zu tun, ganz im Gegenteil! Ein Handkuss aus einiger Entfernung wird nämlich mitunter genau so gefühlvoll und intensiv erlebt, wie eine Umarmung mit einem Kuss auf den Mund oder die Wange. Hier wird ganz deutlich, dass es fast unmöglich erscheint, pauschale Ratschläge zu geben, denn es geht bei HSK ganz wesentlich darum, den richtigen „Punkt" zwischen optimaler „Erreichbarkeit" und Reizüberflutung zu treffen. Dies ist mitunter ein schmaler Grat, aber leider die einzige Möglichkeit, dem 5-vor-12-Stress beizukommen.

Das Bedürfnis nach Struktur

Es reicht jedoch häufig nicht, dass Aufforderungen in der richtigen Art und Weise an hochsensitive Kinder vermittelt werden. Bleiben wir bei dem Beispiel aus dem letzten Kapitel: „Geh bitte in dein Zimmer und räume auf." Hier unterstelle ich nun, dass die Nachricht „Aufräumen" zwar angekommen ist und Ihr HSK sich auch sofort im Kinderzimmer an die Arbeit macht, aber es sein kann, dass nach etlichen Stunden noch kein wirklicher Erfolg zu sehen ist. Das Zimmer sieht noch genauso aus wie vorher und Ihr Kind hat wieder einmal scheinbar nur gespielt und Ihre Anweisungen nicht ernst genommen. Es tobt nach wie vor das Chaos auf dem Boden, den Regalen und auch im Kleiderschrank. Frust macht sich auf beiden Seiten breit.

Dass es nicht geklappt hat mit dem Aufräumen, liegt vermutlich darin begründet, dass ein beachtlicher Teil aller hochsensitiven Kinder sehr kreativ denkt und eine von außen kommende Struktur benötigt, um solche Dinge zu erledigen. Möglicherweise ist Ihnen als Eltern in diesem Zusammenhang schon aufgefallen, dass Ihr Kind:

– nicht gerne vor einer Gruppe von Gleichaltrigen oder auch Erwachsenen spricht,
– eher in Bildern statt in Worten spricht / denkt,
– leichte Probleme mit der Rechtsschreibung hat,
– manchmal die Zeit vergisst,
– nicht unmittelbar zeigt, was es weiß und kann,
– Schwierigkeiten mit zeitgebundenen Aufgabenstellungen hat,
– eine schlechte Handschrift hat,
– sehr fantasievoll ist,
– schriftliche Aufgaben eher ablehnt,
– ungewöhnliche Lösungen und Antworten gibt,
– besser etwas mündlich statt schriftlich erklären kann,
– mehr Zeit zum Nachdenken braucht, bevor es auf Fragen antworten kann,
– in der Schule viel zu kurze Texte schreibt.

Die oben genannten Faktoren deuten mehrheitlich darauf hin, dass Ihr Kind vermutlich zu der genannten Gruppe von HSK gehört, die vornehmlich in Bildern denkt und lernt.

Wenn also das Chaos in Kleiderschrank oder Regalen tobt, dann beschriften Sie sie einfach! Je nach Alter des Kindes können Sie kleine Zeichnungen oder Fotos benutzen, die Sie aufkleben. Jede Spielzeugschublade, jedes Regal und auch der Kleiderschrank bekommt dann ein kleines Symbol mit den Dingen, die dorthin gehören. Mit beginnendem Schulalter ist es ratsam, allmählich geschriebene Worte zu verwenden, damit die Aufmerksamkeit darauf gelenkt und diese Art der Wahrnehmung trainiert wird. Jedes Ding im Zimmer hat somit einen festen Platz und Ihr Kind muss nicht bei jedem Spielzeug oder Kleidungsstück überlegen, wo wohl der beste Platz dafür vorhanden sein könnte. Im Schrank, zum Beispiel, gibt es dann eine Einteilung mit T-Shirts, Sweatshirts, Sportsachen und Unterwäsche, und Sie werden sehen, dass Ihr Kind sich daran hält (die meisten tun es jedenfalls!). Auch auf den Regalen hat plötzlich alles ein „Zuhause" und Ihr Kind lernt, was Ordnung und Struktur bedeutet.

Vielleicht planen Sie gemeinsam mit Ihrem Kind eine solche „Beschriftungsaktion" und lassen es mitmalen und mitüberlegen, denn dann kann es sich mit der neuen Struktur von Anfang an vertraut machen. Sie können auch gemeinsam einen Einkaufbummel planen und schöne Aufkleber mit den Lieblingsmotiven Ihres Kindes kaufen. Ein solcher Tag sollte etwas Besonderes sein und positive Energien wecken und wenn Ihr Kind keine großen Überraschungen liebt, dann lässt sich dies auch ein paar Tage vorher ankündigen:

„Ich möchte unbedingt etwas mit dir besprechen, denn mir ist etwas Tolles eingefallen! Wie wäre es, wenn wir am Donnerstag deinen Schrank beschriften? Wir müssen dann nicht mehr so viel aufräumen und deine Sachen haben alle einen festen Platz. Wäre das nicht schön, dann haben wir mehr Zeit zum Spielen? Wir müssen uns natürlich auch beide das Versprechen geben, uns daran zu halten. Also, ich verspreche, wenn ich etwas in deinen Schrank lege, dass ich mich an die Einteilung halte, die wir uns gemeinsam ausgedacht haben – und du?"

Das Bedürfnis nach Struktur bezieht sich jedoch nicht nur auf Äußerlichkeiten, sondern auch auf den Entwurf von Handlungsplänen. Tägliche Rituale helfen dabei dem Vielerlei des Tages zu begegnen, sorgen für Entlastung, indem sie eine Richtschnur darstellen, die nicht täglich neu gefunden werden muss. Mit zunehmendem Alter und zunehmenden Anforderungen in der Schule und auch im privaten Bereich werden Kinder jedoch mit Situationen konfrontiert, in denen sie selbst eine Struktur entwickeln sollten. Die Fähigkeit zur Selbstorganisation ist nämlich ein wichtiger Baustein auf dem Weg in ein selbstständiges Erwachsenenalter und HSK brauchen hier gegebenenfalls ein gewisses Maß an Unterstützung.

Wir alle haben unsere kleinen Hilfsmittel, die uns strukturieren und erinnern, ob es nun die Einkaufsliste oder der Terminkalender ist. Schriftliche Dinge zu erstellen und Schritt für Schritt abzuarbeiten, gehört jedoch mitunter nicht zu den bevorzugten Tätigkeiten hochsensitiver Kinder und manchen hilft hier eine digitale Uhr, die eine Alarmfunktion hat. So können wichtige Dinge und Zeiten oder auch Geburtstage eingegeben werden. Anstatt nun als Eltern permanent erinnern und vielleicht auch „nerven" zu müssen, haben sie diesen undankbaren Job einfach an die Uhr abgegeben. Sie erinnert Ihr Kind mit einem kleinen Piepsen an solche Sachen, die sonst leicht in Vergessenheit geraten, und besonders technikbegeisterte Kinder reagieren sehr positiv auf solch eine Unterstützung. Je nach finanzieller Ausgangslage und Alter des Kindes können auch Handys mit umfangreicher Organizer-Funktion verwendet werden. Wichtig ist in diesem Zusammenhang nur, dass Ihr Kind die Daten *selbst* eingibt und das Gerät bedient. Vielleicht können Sie als Einstieg in die „Selbstständigkeit" ein morgendliches Ritual zum Thema „Was sollte und möchte ich heute erledigen?" einführen?

Wenn die Schule zum Drama wird

*Also lautet ein Beschluss,
dass der Mensch was lernen muss.*
Wilhelm Busch

Hochsensitive Kinder brauchen Liebe, Harmonie und Geborgenheit sowie die Bereitschaft ihrer Eltern, einige Dinge eben anders als in „normalen Schafherden" zu bewerten und tun. Das ist weder besser, noch schlechter – es ist eben einfach nur ein wenig anders und zunächst gilt es, eine gemeinsame Basis zu finden, mit der alle Familienmitglieder zufrieden sind. Hier denke ich auch ganz besonders an die Eltern und in den überwiegenden Fällen an die Mütter, die den Großteil der Erziehungsaufgaben übernehmen. Nicht selten äußern sie 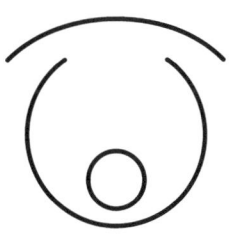 eine regelrechte Verzweiflung darüber, das eigene Kind nicht mehr einfach nur lieben zu dürfen, weil die Umstände dies unmöglich machen, und dies trifft in manchen Fällen ganz besonders auf die Schulsituation zu. Einige HSK sind sehr gut in der Schule, andere bewegen sich im sicheren Mittelfeld, und für manche HSK und ihre Eltern gleicht die Schule mehr einem Albtraum, aus dem sie so schnell wie möglich aufwachen wollen:

- „Als unser Kind zur Schule kam, durfte ich es nicht mehr so lieben wie vorher!"
- „Das Drama fing an, als mein Sohn in den Kindergarten kam!"
- „Ich tue wirklich alles, aber ich drehe mich im Kreis und es wird immer schlimmer!"
- „Ich schaue andere Mütter mit ihren Kindern an und manchmal denke ich, dass ich richtig neidisch bin. Warum ist bei uns alles so schwer? Mache ich etwas falsch?"

– „Ich glaube, andere können gar nicht ahnen, welche Kraft mich all das kostet!"
– „Ich wusste weder ein noch aus und deshalb hielt ich es für besser, wenn sich das Internat um mein Kind kümmert!"

Ausgesprochener Sensibilität auf der einen Seite steht so etwas wie Faulheit und Desinteresse auf der anderen Seite gegenüber, besonders wenn es um Schule und Lernen geht. Mit anderen Worten: Lust und Unlust sowie der Zusammenhang zwischen Emotion und Motivation machen Eltern und Kindern das Leben schwer.

Es gibt zwei Dinge, die Ihr hochsensitives Kind sehr intensiv erlebt: Die Gefühle von Lust und Unlust, die die aktuelle Motivation beschreiben, sowie die Spannbreite von Spaß bis Langeweile, die die emotionale Qualität des aktuellen Zustandes beschreibt.

Während andere Kinder bereitwillig lernen, verschieben hochsensitive Kinder es gerne auf den nächsten Tag oder es wird nur oberflächlich gemacht. Alles andere erscheint wichtiger: Der Computer, Lego, Comics, Playmobil und Barbies ... Dies ist jedoch keine böse Absicht oder Faulheit, denn Ihr Kind erlebt alle Gefühle intensiver, ja, doppelt und dreifach, also auch Lust und Unlust. Andere Kinder haben auch oftmals keine Lust zum Hausaufgabenmachen oder Lernen, sie können dieses Gefühl jedoch ignorieren. Es wird nicht so groß und übermächtig erlebt wie bei HSK. Hochsensitive Kinder können sich einfach nicht gegen ein derartig starkes Gefühl wehren, sie sind ihm nahezu machtlos ausgeliefert. Auch wenn sie lernen oder aufräumen *wollen* und ständig daran denken, geht es dennoch nicht. Das ist für die Kinder frustrierend, denn sie beginnen zu erkennen, dass sie zwar wollen, aber nicht können. Viele fragen sich dann: „Bin ich zu dumm? Warum kann ich das nicht? Bin ich ein Versager?"

Aufgrund seiner Hochsensitivität macht sich Ihr Kind bereits mehr Gedanken als andere und braucht hier die richtigen Antworten, um sein Selbstvertrauen wieder zu stärken. Langsam und nur mühsam kann gelernt werden, damit umzugehen und die Gefühle beiseitezuschieben. Die Kinder müssen begreifen, sich selbst zu disziplinieren und das ist schwierig, denn auch als Erwachsener hat man schließlich manchmal Probleme mit der Selbstdisziplin. Ihr Kind möchte sich einfach nur wohl fühlen bei dem, was es tut, und es hasst Langeweile, dies ist eine typisch menschliche Eigenschaft, die alle betrifft. Bei HSK wird dies jedoch ganz intensiv erlebt und das ist in diesem Fall tatsächlich mehr Fluch als Segen. Erwarten Sie also keine Wunder von Ihrem Kind. Je früher Sie allerdings beginnen, hier Aufklärung zu leisten und eine feste Struktur in den Tagesablauf zu integrieren, umso leichter fällt es Ihrem Kind und umso eher tritt eine gewisse Gewöhnung ein für derartig anstrengend erlebte Dinge.

So hart sich dies jetzt vielleicht anhört, doch Ihr Kind braucht die Vermittlung von Disziplin. Vielleicht stehen Ihnen hierbei „die Haare zu Berge", aber grundsätzlich ist Disziplin ganz und gar nicht negativ zu bewerten. Sicher, im deutschen Sprachraum assoziiert man damit schnell unbedingten Gehorsam, Strammstehen, starre Verhaltensregeln und autoritäre Erziehung, aber so ist der Begriff in unserem Fall ja nicht gemeint. Disziplin bedeutet nämlich auch, vereinbarte Regeln als verbindlich anzuerkennen und einzuhalten sowie selbst gefasste Entschlüsse in die Tat umzusetzen, auch wenn es schwer fällt und die nötige Lust dazu fehlt.

Hochsensitive Kinder brauchen eine Erziehung voller Liebe, Kraft, Disziplin und Aufmerksamkeit – und vor allem auch gewürzt mit einer guten Portion Humor. Die Lehrerin Alexandra Golon, die an der *Rocky Mountain School* für hochbegabte Kinder im amerikanischen Colorado unterrichtet, gibt folgende Tipps für Eltern von Kindern, die vornehmlich in Bildern und mithilfe der rechten Gehirnhälfte denken:

„Die rechte Gehirnhälfte liebt Absurdes und blüht bei schrägem Humor regelrecht auf. Warum also sollte man dies nicht nutzen? Ein albernes Lied oder mit ungewöhnlichem Akzent gesungen, spricht visuell-räumlich denkende Kinder sofort an

und zwingt sie förmlich zum Mitmachen. Bei mir zu Hause sprechen wir über Hausarbeiten oder Dinge, die nicht gerne getan werden immer mit einem britischen oder australischen Akzent. Sofort verfallen meine Kinder in vielfältige Spötteleien und Wortspiele, während sie quasi nebenbei ihre Aufgaben erledigen. Jeder findet es albern und blöd, aber es funktioniert! Motivierende Hintergrundmusik und Tanzen funktionieren ebenfalls wunderbar, sogar bei langweiligen Tätigkeiten wie Staubsaugen. Es geht einfach besser, wenn die Beatles dazu ein Liedchen schmettern. Es gibt viele kreative Wege, Ihre Kinder für Hausaufgaben und die Schule zu begeistern, Sie müssen nur herausfinden, was funktioniert und dann darf der Spaß beginnen. Mit meinen Schülern zum Beispiel singe ich die erforderlichen Aufgaben, wie es die Marines beim Training machen. Das bereitet nicht nur allen große Freude, sondern die Aufgaben, Formeln und Regeln werden auch gelernt und gemerkt."

Humor ist bei der Motivation Ihres Kindes sehr wichtig und ganz nebenbei kann er auch Ihnen viele Dinge erleichtern, den mitunter stressigen Tag zu meistern. Das ist jedoch nicht mit Gleichgültigkeit zu verwechseln oder einer Haltung im Sinne von „alles auf die leichte Schulter nehmen", es hilft einfach nur ein wenig dabei, nicht alles gleich so verbissen zu sehen. HSK können sich im Allgemeinen herrlich über sich selbst amüsieren, wenn sie zum Beispiel morgens aus dem Haus gehen und immer noch ihre Hausschuhe an den Füßen haben, vorausgesetzt, Sie als Eltern sehen das genauso und tadeln Ihr Kind nicht sofort in dieser Situation.

In diesem Zusammenhang haben auch in Aussicht gestellte Belohnungen nicht den gewünschten Effekt:

- *„Wenn du dich morgen ganz alleine anziehst und an alles denkst, was du für die Schule mitnehmen musst, dann bekommst du eine Überraschung von mir."*

- „*Wenn du dein Zimmer jetzt ordentlich aufräumst, dann kaufen wir dir ein neues Spielzeug!*"
- „*Für jede 3 bekommst du fünf Euro, für jede 2 bekommst du zehn Euro und für jede 1 gibt es noch einen Extra-Bonus obendrauf!*"
- „*Wenn du das jetzt machst, darfst du anschließend Fernsehen schauen!*"

Auch Bestrafungen scheinen keine Wirkung zu zeigen: „Wenn ich dich morgen noch einmal daran erinnern muss, hole ich deinen PC aus dem Zimmer und du darfst nicht mehr spielen!" Der Grund: HSK lassen sich nur ungern **extrinsisch** (von außen kommend) motivieren. Wenn also derartige Versuche im Sande verlaufen, dann legt Ihr Kind mehr Wert auf **intrinsische** (von innen kommende) Motivation und Sie können die „üblichen" Strategien getrost vergessen. Der Schriftsteller Antoine de Saint-Exupéry beschrieb das Prinzip intrinsischer Motivation mit folgenden Worten:

> „*Wenn Du ein Schiff bauen willst,*
> *so trommle nicht Männer zusammen,*
> *um Holz zu beschaffen, Werkzeuge vorzubereiten,*
> *die Arbeit einzuteilen und Aufgaben zu vergeben,*
> *sondern lehre die Männer die Sehnsucht*
> *nach dem endlosen weiten Meer!*"

Auch hier wird wieder, wie beim Humor, ganz deutlich, dass das positive Gefühl bzw. die Emotionen stimmen müssen. Alles, was als „langweilig" eingestuft wird, was keine Sehnsucht oder „Lust" erzeugt, kann nur schlecht in die Tat umgesetzt werden. Hilfreich sind hier geleitete Kleingruppen, die eine Mischung aus Hausaufgaben- und Lernhilfe mit Themen der Selbstreflexion verbinden. Vor allem die Großeltern können gute Hilfestellung leisten und sind nach meinem Dafürhalten die beste Unterstützung für Ihr Kind hinsichtlich Schule und emotionaler Entwicklung, da die familiäre Bindung ein Umfeld von Vertrauen und Liebe schafft, das außenstehende Personen unter Umständen nicht adäquat aufbauen können. HSK neigen dazu, ihr Potenzial vornehmlich in vertrauten Situationen und bei Menschen zu zeigen, die sie gut kennen. Dann wirken sie gelöster und entspannter. Manchmal lohnt es sich auch, über alternative Schulformen nachzudenken, wie über eine Waldorfschule, Montessorischule oder eine andere Schulform in freier Trägerschaft.

Tipps für Grundschullehrer im Umgang mit visuell-räumlich denkenden HSK

Mache HSK können schon lesen, bevor sie in die Schule kommen, denn sie haben es sich selbst in ihrer eigenen Art und Weise beigebracht. Ihnen fehlt jedoch noch die sinngemäße Bedeutung der Worte und sie benötigen eine positive Rückmeldung des Lehrers, wenn sie mit Begriffen herumspielen und neue Verknüpfungen ausprobieren. Viele haben Probleme mit der **Lautiermethode**, denn sie können ein Wort nicht in einzelne Laute zerlegen und wieder zusammensetzten. Sie lernen ganzheitlich und können die Regeln und Wortstämme nur intuitiv spüren oder erahnen. Mit ein wenig Übung können Sie jedoch einfache Lautierregeln lernen.

In puncto Rechtschreibung ist es wichtig, jedes Wort in unterschiedlichen Farben und großen Buchstaben auf einen Zettel zu schreiben. Die Tafel reicht hier nicht aus, denn diese kann das Kind nicht anfassen (taktile Berührung). Das Kind wird das Wort ansehen, die Augen schließen, um es zu visualisieren, anschließend mit dem Mund (laut oder nur leise mit Mundbewegungen) nachsprechen und dann aufschreiben. Erwarten Sie nicht, dass das HSK Wörter von der Tafel korrekt abschreiben kann oder ein Diktat fehlerlos schreibt.

– Das Kind sollte einen Sitzplatz in den vorderen Reihen im Klassenzimmer haben, um Ablenkungen zu vermeiden.

- Mündliche Tests oder Fragen, die nicht zeitgebunden sind, werden oftmals besser bearbeitet.
- Wenn die Handschrift dem Kind Probleme bereitet, dann wäre es wünschenswert, andere Möglichkeiten für das Kind zu finden, seine Kompetenzen zu zeigen.
- Eine kleine Pause bei verbal vermittelten Unterrichtsinhalten sollte eingeplant werden, damit das visuell-räumlich denkende Kind das Gesprochene visualisieren kann.
- Musik und Rhythmus erleichtern das Lernen.
- Gedächtniskarten, sogenannte Mind-Maps, erleichtern das Lernen.
- Die Vielfalt von Schülern und von kreativem oder „ungewöhnlichem" Denken ist etwas, das man genießen und honorieren sollte.

In Anlehnung an Freed & Silverman (1993)

HSK und die Suche nach dem Sinn

Neben der intensiv erlebten Gefühlswelt gibt es noch einen weiteren Faktor, der für Ihr hochsensitives Kind recht typisch ist und der mit zunehmendem Alter immer mehr an Bedeutung gewinnt: Es ist der Sinn, der immerfort und überall erkannt werden will. Für HSK muss alles einen Sinn haben, denn dies ist die Wiege ihrer Motivation. Finden sie keinen Sinn in den Dingen, dann bewegen sie sich nicht!

HSK haben also rein theoretisch kein Problem mit dem Können, sondern mit dem Wollen. Ihr Wille lässt sich zunehmend nur über den Sinn aktivieren und wird dieser nicht erkannt, dann kommt auch nichts in Gang. Vielleicht ist Ihr Kind der Meinung, dass Aufräumen keinen Sinn ergibt, weil doch morgen die Spielsachen wieder hervorgeholt werden müssen? Vielleicht ist Ihr Kind der Meinung, dass die Unterrichtsinhalte in der Schule sinnlos sind? Möglicherweise sind ihm auch Verhaltensweisen anderer Kinder schleierhaft, weil der Sinn einer solchen Aktion fehlt? Es kann aber auch sein, dass Ihre gut gemeinten Ratschläge für Ihr Kind keinen Sinn ergeben.

Es lohnt sich also, über den Sinn zu sprechen, aber es ist ratsam, sich nicht ständig auf endlose Diskussionen einzulassen. Versuchen Sie auch, Ihrem Kind zu verdeutlichen, dass Kinder im Allgemeinen noch lernen müssen, den Sinn zu erkennen, und dass Erwachsene in vielen Dingen mehr Weitblick besitzen. Nicht immer muss man auf den Sinn warten, sondern man darf den Eltern vertrauen und an die Richtigkeit ihrer Anweisungen glauben. Der Sinn ist nämlich zuweilen recht tückisch und zeigt sich erst ganz zum Schluss, sodass man ihn nicht auf Anhieb sehen kann. Hier kann Ihr Kind auch von kleinen Geschichten profitieren, die Sie ihm erzählen, und vielleicht ist es Ihnen ja auch schon passiert, dass Sie auf den ersten Blick eine negative Erfahrung gemacht haben, die im Nachhinein doch recht positiv war und ihren Sinn hatte?

In diesem Zusammenhang werde ich auch oft gefragt, wie und in welcher Form Eltern über Hochsensitivität mit ihren Kindern sprechen sollten? Soll das Kind wissen, dass es hochsensitiv ist? Dies ist natürlich zunächst eine Frage des Alters der betreffenden Kinder, und ich tendiere eher dazu, hier vorsichtig vorzugehen. Alles, was nämlich mit der Vorsilbe „Hoch-", „Höchst-" oder „Hyper-" versehen ist, ob nun Begabung, Sensibilität, Erregbarkeit oder Empathie, kann das Gefühl einer Außenseiterrolle hervorrufen. Möglicherweise denkt Ihr Kind dann, es sei nicht ganz „normal" und mit ihm stimme etwas nicht. Ich benutze derartige Steigerungen recht ungern und rede als Einstieg lieber von einer Art Wahrnehmungsbegabung, die nicht alle Menschen haben. Der eine kann sehr gut schwimmen und gehört auch im Sportunterricht zu den Besten, der andere spielt besonders gut ein Musikinstrument und der nächste kann die Gefühle anderer Menschen recht gut einschätzen. Es besteht also ein Unterschied, ob über Hochsensitivität per se gesprochen wird, oder über die jeweilige

Wahrnehmungsfähigkeit. Manche HSK sind Synästhetiker und nehmen Zahlen gleichzeitig farbig wahr. Die Fünf ist zum Beispiel rot und die Neun ist grün. Musik kann ebenfalls farbig wahrgenommen werden oder es werden Farben mit einer bestimmten Temperatur verknüpft, zum Beispiel lauwarmes Gelb. Einige hochsensitive Kinder können Energiefelder anderer Menschen sehen und diese erscheinen dann ebenfalls farbig. In verschiedenen esoterischen Lehren wird dies auch als „Aura" bezeichnet. Einige HSK hören Stimmen, andere berichten, dass sie wüssten, was andere Leute wirklich denken, und manche fragen auch ganz direkt: „Meinst du, ich habe Zauberkräfte?"

Ich halte es für sehr wichtig, über die jeweiligen Wahrnehmungen Ihres Kindes zu sprechen, damit Ihr Kind hier Klarheit erhält und weiß, dass das völlig in Ordnung ist. Ein Stück weit ist dies ja auch etwas ganz Besonderes und vermittelt ein positives Selbstwertgefühl, denn das ist für hochsensitive Kinder immens wertvoll.

Die Froschkönige im Glas

Es gibt eine Gruppe von hochsensitiven Kindern, die sich wie kleine Froschkönige in einem Glas verhalten. Sie sind eigensinnig und verfahren nach dem „Lustprinzip", sie möchten am liebsten immer nur spielen, gerne auch am PC. Sie scheinen in ihrer kleinen Welt gefangen zu sein, und davon handelt die folgende Geschichte. Lesen Sie sie Ihrem Kind doch einfach vor; viele HSK lernen durch Geschichten und nicht immer müssen  Unterhaltungen problemorientiert verlaufen. So haben Sie Gelegenheit, einen ganz anderen und stressfreien Zugang zu Ihrem Kind zu bekommen, besonders dann, wenn der Alltag und die Schule als belastend erlebt werden.

Es war einmal ein kleiner Frosch, der saß in einem hohen Glas und schaute in die weite Welt durch seine fast unsichtbaren Gefängniswände, die ihn von der Außenwelt trennten. Er sollte ein Wetterfrosch sein, wie fast alle seiner Artgenossen, und in seinem Glas stand eine kleine Leiter, auf der er je nach Wetterlage hoch- und runterklettern konnte. Das tat er jedoch mitnichten, denn er war ein sehr eigensinniger Frosch. Er fühlte ganz instinktiv, dass er hier nicht hineingehörte, dies war nicht seine Welt und seine Bestimmung, denn er konnte etwas, was bei allen anderen nur für Kopfschütteln sorgte:

Er konnte „über den Glasrand hinaus" denken und auch ziemlich gut hüpfen, aber schaffte es nie, über den Rand des Glases zu springen, denn es war sehr hoch und zudem noch mit einer dünnen Platte bedeckt. Als er älter wurde, brannte es lichterloh in ihm, denn seine innere Stimme wurde immer stärker und schrie fortwährend:

„*Weg, du musst hier weg. Du musst raus! Du bist ein Froschkönig!*"

Viele Menschen schauten sich das Glas mit dem Wetterfrosch an, aber erkannten verständlicherweise den verwandelten Prinzen nicht. Der benahm sich auch wirklich immer seltsamer, denn er tat nur das, wozu er Lust hatte. Ein Großteil des Tages verbrachte er damit, über das Hüpfen nachzudenken und hin und wieder, wenn es ihn überkam, machte er einen großen Satz in Richtung Ausgang und stieß sich den Kopf. Darauf angesprochen erwiderte er:

„*Alles andere ergibt keinen Sinn!*"

Man stellte ihn mit seinem Glas in eine Ecke, denn keiner wusste, was man mit ihm anfangen sollte, und es fand sich auch niemand, der ihn mitnahm. Auch seine Kameraden waren schon längst fort und hatten zum Teil hervorragende Anstellungen in der Wetterwarte bekommen. Nur unser kleiner Froschkönig hatte nichts gelernt und wurde mit den Jahren immer einsamer.

Eines Tages kam eine Prinzessin des Weges, die aussah wie eine Elfe. Sie klopfte an das Glas und sagte:

„Hallo, mein Froschkönig! Was machst du da drin? Komm raus, damit ich dich küssen kann und du mein Prinz wirst! Mein Königreich wartet schon so lange auf dich. Ich komme aus dem Elfenland, das kannst du von hier aus nicht sehen, aber glaube mir, es existiert."

Müde schaute der Inhaftierte die wunderschöne Prinzessin an und sagte schließlich:

„Ich kann nicht raus. Ich kann nicht gut genug hüpfen. Lass mich in Ruhe und geh!"

Die Prinzessin ließ sich jedoch nicht so leicht entmutigen und entgegnete ihm:

„Du bist wirklich starrsinnig und dumm. Warum nimmst du nicht die Leiter und kletterst nach oben?"

Nun wurde es dem Frosch fast zu viel:

„Schon wieder jemand, der mich auf die Leiter schicken will, auf die alle steigen! Nein, ohne mich. Das ist langweilig, mühsam und dauert zu lange. Außerdem bin ich dafür irgendwie nicht gemacht, ich kann das nicht! Ich bin ein Denker und ein Hüpfer und kann nicht klettern, weißt du? Sprosse für Sprosse nach oben zu gehen, bringt im Übrigen nichts, denn mein Glas ist mit einer Platte verschlossen. Also, was soll das?"

Die Prinzessin aus dem Feenland machte einen tiefen Seufzer und ihr wurde klar, dass sie da einen schwierigen Fall vor sich hatte. Ihr blieb nichts anderes übrig, als ihr ganzes Können einzusetzen und sie sagte mit fast weinerlicher Stimme:

„Ach, könntest du mir nur glauben. Ich weiß, das Gehen auf den Sprossen fällt dir schwer und du denkst, du kannst es nicht. Aber glaube doch, du schaffst das. Dies ist der beschwerliche Weg, den alle Froschkönige zu gehen haben. Auch wenn du vielleicht mal abrutschst, lass dich nicht entmutigen! Die Qual lohnt sich, denn wenn du einmal oben bist, dann kannst du

einen großen Hüpfer machen! Der Deckel deines Glases wird dadurch fortgestoßen und du bist frei!"

Ungläubig schaute der Frosch aus seinem Glas, sollte es wirklich so einfach sein? Dann müsste er von allem Abschied nehmen, was bisher sein Ein und Alles war, von seinen Gedanken über das Hüpfen und vom Unsinn der Leiter. Aber gerade das war doch seine Welt! Sollte er nun so tun, als wäre er ein Wetterfrosch, wie alle anderen? War das die Lösung, um dem gläsernen Gefängnis zu entfliehen und ein Froschkönig zu werden?

HS oder ADHS/ADS?

Ist ADHS/ADS eine andere Bezeichnung für Hochsensitivität?

Wenn sich alles gleicht, zählt der Unterschied.

Kurt Brugger

Dies ist eine berechtigte Frage, denn beide Phänomene liegen tatsächlich eng beieinander, sodass auf den ersten Blick nicht ganz klar ist, was zu wem gehört und ob es überhaupt einen Unterschied gibt. Die augenscheinlichen Gemeinsamkeiten betreffen zwar weniger die hyperaktive Variante des Aufmerksamkeitsdefizit-Syndroms ADHS, aber es gibt ja auch die stillere, in sich gekehrte Variation, nämlich ADS. ADS wird auch als hypoaktive Form des Aufmerksamkeitsdefizit-Syndroms bezeichnet und diese erfährt in Forschung und Öffentlichkeit etwas weniger Beachtung als das „Zappelphilipp-Syndrom", wenngleich auch hier eine zunehmende Diskussion zu beobachten ist. Dies könnte auch damit in Zusammenhang stehen, dass man üblicherweise nicht mehr davon ausgeht, dass ADHS/ADS nur im Kindesalter vorkommt und sich mit zunehmendem Alter „auswächst", sondern sich vielmehr auch auf das Erwachsenenalter erstreckt. Hier sind es dann die Erwachsenen, die sich in Internet-Foren, Blogs, regionalen Vereinen und Selbsthilfegruppen zu Wort melden und engagieren, sodass auch ADS in den letzten Jahren mehr und mehr an Aufmerksamkeit und Bedeutung gewinnt.

Zum Einstieg in die Fragestellung, ob und wie sich der Zusammenhang zwischen HS und ADHS/ADS zeigen kann, finden Sie hier zunächst einige Testfragen, die typische Symptome des Aufmerksamkeitsdefizit-Syndroms thematisieren.

Symptome der Unaufmerksamkeit

– Beachten Sie häufig Details nicht? Machen Sie Flüchtigkeitsfehler?
– Fällt es Ihnen schwer, konzentriert an einer Sache zu arbeiten?
– Sind Sie manchmal scheinbar unaufmerksam?
– Fällt es Ihnen schwer, Anweisungen zu befolgen und Ihren Pflichten nachzukommen? (Aber nicht, weil Sie Anweisungen nicht verstehen oder Ihren Pflichten prinzipiell nicht nachkommen wollen?)
– Wirken Sie zerstreut und desorganisiert?
– Sind Sie manchmal vergesslich?
– Fallen Ihnen Routineaufgaben, zum Beispiel Telefonieren oder die Erledigung von Papierkram schwer?
– Sind Sie sehr sensibel?
– Haben Sie wenig Selbstbewusstsein?
– Könnten Sie rein theoretisch Ihre Dinge viel besser erledigen?

Symptome der Hyperaktivität

– Wippen Sie mit den Füßen, trommeln Sie mit den Fingern oder winden Sie sich auf dem Stuhl herum?
– Können Sie nur schwer sitzen bleiben, auch wenn es erforderlich ist?
– Sind Sie innerlich unruhig, fühlen Sie sich getrieben?
– Reden Sie viel?
– Fällt es Ihnen schwer, zufrieden zu sein?
– Liefern Sie manchmal Dinge ab, die Sie viel besser hätten machen können?

Symptome der Impulsivität

– Platzen Sie häufig mit einer Antwort heraus, bevor Ihr Gegenüber seinen Satz beendet hat?

– Unterbrechen Sie häufig andere Personen oder haben Sie öfters den Drang, so etwas zu tun?
– Mögen Sie riskante Tätigkeiten?
– Sagen Sie manchmal etwas, was Ihnen später leidtut?

Wie Sie vielleicht selbst schon beim Durchlesen der Fragestellungen feststellen konnten, trifft immer „irgendetwas" auf die eigene Person zu und es fällt schwer, eindeutige Abgrenzungen vorzunehmen. Vermutlich hat jeder Mensch schon einmal Situationen erlebt, in denen er nicht ganz so aufmerksam war, den Drang erlebt hat, sein Gegenüber zu unterbrechen, oder ungeduldig mit den Füßen gewippt hat? Ist es gerechtfertigt, dann unmittelbar von ADHS/ADS zu sprechen?

Sicherlich nicht und bevor hier meines Erachtens vorschnell eine Bewertung vorgenommen wird, lassen wir es zunächst einmal dabei bewenden und schauen uns daher näher an, was genau sich hinter ADHS/ADS überhaupt verbirgt.

Zum Aufmerksamkeitsdefizit-Syndrom

Die Aufmerksamkeitsdefizit-/Hyperaktivitätsstörung (ADHS) bzw. das Aufmerksamkeitsdefizit-Syndrom ohne Hyperaktivität (ADS) sowie die damit einhergehenden Symptome sind seit Jahren Gegenstand wissenschaftlicher Forschung. In jüngster Zeit ist allerdings eine Zunahme der Diskussion in der Fachöffentlichkeit und auch in unserer Gesellschaft zu verzeichnen, denn die spezifischen Verhaltensauffälligkeiten bei ADHS/ADS gehören zu den häufigsten Vorstellungsanlässen in Erziehungsberatungsstellen, kinderpsychotherapeutischen und kinderpsychiatrischen Praxen, sozialpädiatrischen Zentren und kinderpsychiatrischen Kliniken. Die übliche Medikation bei ADHS/ADS mit Methylphenidat stieg im Zeitraum zwischen 1993 und 2008 nach Auskunft der Bundesopiumstelle auf mehr als das 40-fache an und die Tendenz ist weiter Besorgnis erregend steigend.

Das Phänomen ADHS/ADS ist in aller Munde und auch Lehrkräfte, die dieser Diagnose anfangs sehr kritisch gegenüberstanden, sind in jüngster Vergangenheit eher geneigt, abweichendes Verhalten ihrer Schüler mit dem Aufmerksamkeitsdefizit-Syndrom zu erklären. Die Psychologen Döpfner und Lehmkuhl (2002) stellen fest, dass es gegenwärtig wohl kaum ein anderes Thema aus dem Bereich der psychischen Störungen gibt, über das in Fachkreisen und der Gesellschaft so emotionalisiert und gegensätzlich diskutiert wird.

Dabei reicht die Spannbreite der Diskussionen im Hinblick auf die möglichen Ursachen von ADHS/ADS von anfänglichen Annahmen einer Hirnschädigung und möglichen Fehlfunktionen, über Defizite der Aufmerksamkeitsspanne und mangelnde Verhaltenshemmung, bis hin zu Vermutungen darüber, dass nur noch ein passendes Störungsbild für die Medikamente Ritalin und Co. gefunden werden musste. Ritalin wurde nämlich lange vor der offiziellen Diagnose ADHS/ADS entwickelt und kritische Stimmen merken an, dass die Pharmaindustrie diesen Anwendungsbereich mehr als dankbar aufgenommen und forciert hat. Welche Erklärung man auch immer zurate zieht, der Umstand, dass die Forschung noch kein einheitliches Konzept und eine angemessene Theorie entwickeln konnte, löst zu Recht Unsicherheit und Ängste aus. Immer wieder wird auch auf die positiven Aspekte des Phänomens ADHS/ADS hingewiesen, hier vor allem im Bereich Kreativität. Weiterhin beschäftigen sich die unterschiedlichsten Fachdisziplinen mit dem Phänomen, sodass der eine nicht recht weiß, wovon der andere redet. Ärzte, Neurologen, Psychologen, Analytiker, Pädagogen, Politiker, Anthropologen, Pharmakologen, Schulbehörden und Krankenkassen – jeder hat aus seinem Blickwinkel etwas dazu zu sagen und immer erscheint ADHS/ADS in einem anderen und damit in einem neuen Licht.

Die in den derzeit gültigen internationalen Klassifikationssystemen ICD-10 und DSM-IV auch als Hyperkinetische Störungen (HKS) definierten Kernsymptome sprechen von einer Beeinträchtigung der Konzentration und Daueraufmerksamkeit, von Störungen der Impulskontrolle und der emotionalen Regulation sowie von **fakultativ motorischer** Hyperaktivität. Die Diagnose ADHS/ADS sieht vor, dass die Problematiken vor dem siebten Lebensjahr und situationsübergreifend auftreten sowie sich über einen Zeitraum von wenigstens sechs Monaten erstrecken. Je nach Ausprägung der drei Kernsymptome unterscheidet das DSM-IV drei unterschiedliche Typen von ADHS/ADS:

1. *Mischtypus:* sowohl Unaufmerksamkeit als auch Hyperaktivität und Impulsivität in einem für das Alter nicht angemessenen Ausmaß
2. *Hyperaktiv-Impulsiver Typus:* vorwiegend motorische Unruhe und störendes, situationsunangepasstes Verhalten, „Zappelphilipp"
3. *Unaufmerksamer Typus:* zeigt wenig Aktivität (hypoaktiv), „Träumerchen"

Eine ärztliche Vorstellung und Diagnose wird in den meisten Fällen mit Beginn des Schulalters gestellt, obwohl die ersten Symptome bereits im Säuglingsalter auftreten. Die betroffenen Kinder zeigen schon früh Merkmale der Unausgeglichenheit, Ess- und Schlafprobleme sowie ein erhöhtes psychophysiologisches Aktivitätsniveau. Als weiteres Kennzeichen einer später diagnostizierten ADHS/ADS gelten starke emotionale Schwankungen, gereizte Grundstimmung, mangelndes adaptives Verhalten sowie reduziertes Durchhaltevermögen in Spielsituationen (Barkley 1998; Döpfner et. al. ebd.).

Die vielfältigen Problematiken, ebenso wie die motorische Hyperaktivität und fehlende oder mangelhafte soziale Kompetenz, treten jedoch erst während der gesteigerten Anforderungen innerhalb der Schulsituation deutlich zutage. Dann verschärft sich die Situation meist gravierend. Die erhöhten Anforderungen an einen strukturierten Handlungs- und Tagesablauf sowie die geringe Aufmerksamkeitsspanne und das impulsive Verhalten begünstigen Schulversagen, mangelnde Freundschaften, geringes Selbstbewusstsein und auch Aggressivität und verminderte emotionale Belastbarkeit.

Mittlerweile schreibt die Theorie die genannten Problematiken auch Erwachsenen zu, wenngleich hier vielseitige Kompensationsmechanismen entwickelt werden können, sodass auf den „ersten Blick" nicht zu erkennen ist, dass es sich hier um ADHS/ADS handelt. Die Störung hat sich versteckt und maskiert und eine Hyperaktivität und/oder Impulsivität zeigt sich in anderen Ausdrucksformen wie riskantem Fahrverhalten oder Glücksspiel. Die Symptome der Aufmerksamkeitsdefizite bleiben jedoch meist bestehen, werden aber überspielt und von Außenstehenden gar nicht so gravierend wahrgenommen. Innerhalb der Familie kommt es jedoch zu massiven Problemen und hier leiden vor allem auch die Partner.

Insgesamt konnte festgestellt werden, dass von ADHS/ADS Betroffene häufiger zum Beispiel die Schule vorzeitig abbrechen, seltener ein abgeschlossenes Studium erreichen, weniger soziale Kontakte haben, in der Arbeitswelt oft nicht die erforderliche Leistung bringen und vermehrt von Depressionen und Angststörungen betroffen sind (Barkley, 1997).

ADHS/ADS tritt also nicht nur isoliert auf, sondern wird nach Angaben des eingetragenen Vereins *ADHS Deutschland* mit folgenden Begleiterscheinungen aufgelistet:

— Lese-Rechtschreib-Störung, bis zu 30 Prozent der Fälle
— Rechenstörung, bis zu 30 Prozent der Fälle
— Tic-Syndrom (Tourette), etwa 10 bis 20 Prozent
— Autismus, in 6 Prozent der Fälle

- Zwänge
- hohe Unfallrate (durch unüberlegtes Handeln)
- Störung des Sozialverhaltens und oppositionelle Verhaltensweisen (und daraus resultierend eine höhere Rate von Straffälligkeit und Schulabbrüchen)
- Schlafstörungen

ADS: Eine Klasse für sich

> *You may say I'm a dreamer.*
> *But I'm not the only one.*
> *I hope someday you'll join us,*
> *and the world will be as one.*
> John Lennon

Allgemein werden zwei Typen von ADHS/ADS klassifiziert, einmal mit und einmal ohne Hyperaktivität/Impulsivität. Es hat sich zum Teil eingebürgert, hier die Bezeichnung ADHS für den hyperaktiven/impulsiven Typus zu benutzen und ADS für das „Träumerchen" bzw. den hypoaktiven Typus. Das „H" steht dabei für Hyperaktivität.

Grundsätzlich genießt der „Zappelphilipp" in Forschung und Öffentlichkeit mehr Beachtung, als die stille und in sich gekehrte Variante des „Träumerchens". Barkley (1997), ein international führender Wissenschaftler auf diesem Gebiet, geht sogar davon aus, dass es sich hier nicht um zwei Subtypen *einer* Störung handelt, sondern er vermutet grundlegendere, genetisch determinierte Ursachen. Wie im Allgemeinen üblich, bezieht auch er seine Aufmerksamkeit und seine Forschungen eher auf den hyperaktiven-impulsiven Typus. Wir werden uns jedoch im Folgenden eher mit dem „Stiefkind" beschäftigen und verschaffen uns zunächst einmal einen kurzen Überblick, was mit ADS überhaupt gemeint ist.

Der Begriff ADS bezeichnet eine Störung der Aufmerksamkeit und dies führt leicht zu Missverständnissen und Fehlinterpretationen, da der Terminus etwas unglücklich gewählt wurde. Es handelt sich bei diesem **„Syndrom"** im weitesten Sinne nicht um ein Defizit der Aufmerksamkeit, sondern um eine vermehrte Aktivierung der Aufmerksamkeit. Die Aufmerksamkeit folgt zahlreichen äußeren und inneren Reizen, zum Beispiel auch Gedanken und Empfindungen, sodass hier eher von einer mangelnden Steuerung oder Fähigkeit zur selektiven Aufmerksamkeit gesprochen werden sollte. Die Reizoffenheit und hohe Sensibilität macht Betroffene leicht ablenkbar, neugierig, aber auch reiz- und beeinflussbar. Rossi (2001) vermutet, dass die herabgesetzten Wahrnehmungsschwellen dafür verantwortlich sind, dass alle Betroffenen sensorisch leicht überflutet und daher meist chronisch überfordert sind. Sie können ihre Erlebnisse und Sinneseindrücke nicht angemessen in den psychischen Prozess integrieren. Die permanente Reizüberflutung lässt sie übermäßig im „Hier und Jetzt" bleiben.

Gemeinsamkeiten und Abgrenzungen

Aus eigenen Arbeiten (Trappmann-Korr 2008) und nach Durchsicht der Literatur gehe ich davon aus, dass es vier Typen von ADHS/ADS gibt: zwei „echte" und zwei Typen, die leicht mit dem Aufmerksamkeitsdefizit-Syndrom verwechselt werden können und eigentlich Hochsensitivität darstellen. Diese Klassifikation erklärt die gegensätzlichen Meinungen zu ADHS/ADS: Auf der einen Seite stehen die Kritiker, die das Syndrom vehement bestreiten und sogar als „ADHS/ADS-Märchen" bezeichnen, auf der anderen Seite stehen die Befürworter, die um Akzeptanz und angemessene Förderung Betroffener kämpfen.

Schaut man sich die Beschreibungen der positiven und negativen Aspekte des Aufmerksamkeitsdefizit-Syndroms genauer an, dann fällt zunächst eine gigantische Gemengelage auf. Hier wurde nämlich alles, was man so an Auffälligkeiten finden konnte, in einen Topf geworfen und ein Etikett mit der Aufschrift ADHS/ADS draufgeklebt. Wie kann es sonst sein, dass auf der einen Seite von Hypersensibilität gesprochen wird und auf der anderen Seite gleichzeitig von oppositionellem und sozial unangepasstem Verhalten? Auch Webb et. al. (2005) vertreten die Ansicht, dass es bei der Diagnose leicht zu Verwechslungen und Fehleinschätzungen kommen kann und die Symptome sich auch mit Auffälligkeiten der Hochbegabung bzw. Hochsensitivität decken. Sie gehen davon aus, dass vor allem Hochbegabte auffallend oft mit der Diagnose ADHS/ADS versehen werden. Im Folgenden widmen wir uns also nicht vordergründig dem „echten" Aufmerksamkeitsdefizit-Syndrom, sondern der Hochsensitivität, die wiederum eng mit Hochbegabung in Zusammenhang steht.

Zum Beispiel zeigen hochbegabte Kinder nur in speziellen Situationen, wie in der Schule, eine geringe Aufmerksamkeitspanne, Langeweile und Tagträume, während Kinder mit ADHS/ADS diese Verhaltensauffälligkeiten in *allen* Situationen zeigen. Manche Hochbegabte scheinen in der Schule die absoluten „Looser" zu sein, können sich aber auf der anderen Seite den Ablauf komplexester Videospiele merken. Allzu schnell wird hier dann von ADHS/ADS gesprochen, oder, bei einer aufmerksameren Diagnose, von ADHS/ADS gepaart mit Hochbegabung. Leider ist besonders in diesem Fall in der Öffentlichkeit wenig bekannt, dass bisher bei der Diagnose ADS (ohne Hyperaktivität) die Abgrenzung zur Hochbegabung nicht eindeutig gezogen werden konnte. Die Fachwelt weiß also nicht genau, was es nun ist: Hochbegabung oder ADS? Um aus diesem Dilemma zu entfliehen, hat man folglich postuliert, dass es wohl ADS gepaart mit Hochbegabung geben *muss*.

Dass dies jedoch nicht möglich sein kann, sagt schon der gesunde Menschenverstand. Wer einen Test zur Hochbegabung mit überdurchschnittlicher Bravour meistert, wie es nach allgemeinen Schätzungen nur bei drei Prozent der Bevölkerung möglich ist, kann kein Aufmerksamkeitsdefizit haben. Ein solcher Intelligenztest ist in der Regel an ein enges Zeitfenster geknüpft, sodass hier sogar ein überdurchschnittliches Konzentrationsvermögen vonnöten ist, aber doch auf keinen Fall ein Defizit!

Es liegt also nahe, andere Ursachen für schwankende Konzentrationsleistungen in Betracht zu ziehen, denn man könnte den Eindruck gewinnen, dass die Diagnose ADHS/ADS allzu gerne bei Phänomenen herangezogen wird, die wegen ihrer Komplexität nicht auf Anhieb zu erklären sind. So gibt es mittlerweile eine ganze Anzahl von Autoren, die ebenfalls im Zweifel darüber sind, ob es eine Hochbegabung in Verbindung mit ADS geben kann. Sie fordern eine sorgfältigere Diagnose (vgl. Brackmann 2005; Zeevaert-Saenger, Stapf, Freeman 2004; Rossi 2001; Webb et. al. ebd.).

Ich möchte Ihnen in diesem Zusammenhang ein praktisches Beispiel geben:

Die kleine Pia ist eine gute Läuferin und holt mit Leichtigkeit beim Sportfest immer den ersten Platz, da sie die Schnellste an ihrer Schule ist; sie ist sogar schneller, als Kinder aus höheren Klassen. Beim Lauftraining im Sportunterricht gehört sie allerdings immer zum Schlusslicht der Gruppe und daraufhin wird ihr ein Defizit in der Koordination ihrer Beinmuskeln attestiert. Ist beides wirklich möglich? Kann die schnellste Läuferin der Schule ein Defizit in der Koordination ihrer Beinmuskeln haben?

Ich denke nicht, dass diese Diagnose zutrifft, um nicht zu sagen, eine solche Diagnose ist glatter Unsinn. Nach meinen Untersuchungen ist das Phänomen ADS mit Hochbegabung nämlich keine Frage der Konzentration, sondern der Motivation – und diese wird leider noch viel zu oft rein kognitiv betrachtet. Motivation ist jedoch wesentlich emotional geprägt, besonders wenn es um sensible und auffallend begabte Menschen geht (vgl. Roeper, 2003).

Schauen wir uns zunächst einmal an, warum es ein „echtes" und „unechtes" ADHS / ADS geben soll. Dazu muss ich nun Ergebnisse vorwegnehmen, die erst später hier im Buch thematisiert werden (vgl. S. 127): Es geht um den analytischen Wahrnehmungsstil und entsprechend um den auditiv-sequenziellen Denk- und Lernstil versus den holistischen Wahrnehmungsstil und das visuell-räumliche Denken und Lernen, beides in Verbindung mit BIS (Behavioral Inhibition System) und BAS (Behavioral Activation System), und darum, was Reizoffenheit dabei bewirkt. Zur Verdeutlichung habe ich Ihnen zunächst einmal diese vier Komponenten in Form einer Matrix in Beziehung gesetzt.

	Analytischer Wahrnehmungs- und Denkstil	Holistischer Wahrnehmungs- und Denkstil
BIS **Verhaltens-** **hemmsystem**	„echtes" ADS	„unechtes" ADS Hochsensitivität
BAS **Verhaltens-** **aktivierungssystem**	„echtes" ADHS	„unechtes" ADHS Aktive Form der Hochsensitivität „High-Sensation-Seeker"

Reisen auf der Datenautobahn

Wir wissen, dass die Mehrheit unserer Bevölkerung einkommende Informationen analytisch verarbeitet und unser Schulsystem ist genau darauf ausgerichtet. Man kann sich das so vorstellen, dass unser Gehirn einer Landkarte gleicht und die hereinströmenden

Wahrnehmungsdaten irgendwo an ihrem richtigen Platz bzw. Ort auf der Landkarte ankommen müssen. Bekommen wir die Aufgabe 2 + 2 = ? gestellt, dann müssen wir bei 4 ankommen. Der analytische Wahrnehmungs- und Denkstil sucht die kürzeste und schnellste Verbindung zwischen zwei Punkten, fährt also immer auf der Autobahn, schnell, sicher und effizient. Wir wissen jedoch auch, dass eine Minderheit einen holistischen Wahrnehmungs- und Denkstil hat. Hier führt die Strecke über Landstraßen, Sehenswürdigkeiten und vielleicht ist die Autobahn ja auch gar nicht die beste Strecke? Vermutlich kommt die Fragestellung bei ihrer Reise auf der inneren Datenautobahn später am Zielort an, hat aber eine Menge erlebt und gesehen. Mit anderen Worten, die Denkprozesse waren kreativ und bestrebt, eine vollständige Karte anzufertigen und zu speichern. Das braucht natürlich seine Zeit und hier erklärt sich auch, warum hochsensitive Kinder oftmals schulische „Spätzünder" sind und Erwachsene selten spontan reagieren können. Immer muss ALLES überprüft werden, Autobahnen *und* Landstraßen! Hinzu kommt noch, dass Autobahnen monoton und langweilig sind, wohingegen Landstraßen eine Fülle tiefer Eindrücke liefern können. Während ein analytischer Denker schnell und effizient ist, kann ein holistischer Denker mehr transportieren und sich mit der Zeit eine detaillierte Karte schaffen, die aus komplexen Wegen neue Autobahnen baut. Mit anderen Worten: Der holistische Denker geht neue Wege und ist schöpferisch tätig. Das er sich dabei in jungen Jahren zuweilen verfährt und auf einem Acker im Niemandsland endet, liegt auf der Hand.

Kommen wir nun zur nächsten Komponente, der Reizoffenheit, denn sie verstärkt die oben genannten Effekte um ein Vielfaches. Trifft also Reizoffenheit auf einen analytischen Stil, dann gibt es Probleme mit der Datenverarbeitung, denn das für ADHS / ADS typische Chaos im Kopf entsteht. Man kann sich auch vorstellen, dass Reizoffenheit unseren schnellen Fahrer auf der Autobahn noch schneller fahren lässt und die Landschaft und die anderen Fahrzeuge nur so an ihm vorbeifliegen und er fast gar nichts erkennen kann. Der holistische Denker ist hingegen noch mehr bestrebt, wirklich alle Wege, auch Feldwege und Trampelpfade, zu erkunden und vielleicht sogar neue Möglichkeiten des Reisens zu schaffen. Er ist zwar selbst immer ein wenig verwundert, dass er erst so spät am Zielort ankommt, aber er kann die Landschaft nicht einfach ungesehen an sich vorüberziehen lassen. Zuweilen braucht er dann eine Steuerung von außen, um sein eigentliches Ziel nicht aus den Augen zu verlieren.

BIS und BAS zeigen uns die gegensätzlichen Reaktionspräferenzen des Menschen. Nehmen wir an, unsere Fragestellung aus obigem Beispiel ist bei beiden Denkern am Zielort angekommen und das Ergebnis $2 + 2 = 4$ liegt vor. BAS-Typen können es nicht abwarten, endlich das Ergebnis mitzuteilen, für sie war die Reise auf der Datenautobahn Mittel zum Zweck und manchmal geben sie sogar zwischendurch eine Art Bericht ab, wo sie sich gerade befinden. Ihre Motivation liegt einzig und allein darin begründet, ein Ergebnis (und wenn es nur ein Zwischenergebnis ist) zu präsentieren, also eine Reaktion zu zeigen. Es geht darum, zu handeln, etwas zu tun, auf Teufel komm raus!

BIS-Typen ist die Präsentation des Ergebnisses nicht so wichtig und am liebsten würden sie noch einmal eine Ehrenrunde drehen. Für sie ist das Reisen auf der Datenautobahn nicht nur Mittel zum Zweck, denn sie genießen ihr Tun. Es geht für sie nicht darum, *irgendetwas* zu tun, sondern sie wollen das *Richtige* tun. Viele kleine Reaktionen zu zeigen, ist nicht ihr Ziel, denn sie würden am liebsten alles komprimieren und nur eine finale und effektive Handlung zeigen. Handeln ist für sie anstrengend, darum sollte es möglichst ideal, sicher und tief durchdacht sein.

Auch hier verstärkt Reizoffenheit diese Verhaltenstendenzen und BAS-Typen verhalten sich impulsiv und hyperaktiv, während BIS-Typen in Lethargie verfallen und in ihren Gedanken versinken. Beim „Zappelphilipp" kommt also stärker das Verhaltensaktivierungssystem BAS zum Tragen, beim „Träumerchen" eher das Verhaltenshemmsystem BIS. Beides ergibt die „echten" Formen von ADHS/ADS, den hyperaktiven/impulsiven und den hypoaktiven Typus (Quay, 1997). *Aber Achtung:* Das kann nur im Fall eines analytischen Wahrnehmungs- und Denkstils möglich sein!

Liegt demgegenüber ein holistischer Wahrnehmungs- und Denkstil vor, dann handelt es sich um Hochsensitivität in den jeweiligen Ausprägungen. Hier zeigt sich dann eine stille und zurückhaltende Variante oder eine aktivere Ausprägung in Form des sogenannten „High Sensation Seeker". In der Literatur wird der „High Sensation Seeker" (HSS) als Person charakterisiert, die das Gaspedal voll durchdrückt und gleichzeitig mit dem anderen Fuß auf der Bremse steht. Zuckerman (1979) definiert „Sensation Seeking" als „eine Verhaltensdisposition, die gekennzeichnet ist durch das Bedürfnis nach abwechslungsreichen, neuen, komplexen Eindrücken und Erfahrungen und der dazugehörigen Bereitschaft, physische und soziale Risiken in Kauf zu nehmen" (Burst 1999, S. 159).

HSS verfügen über eine hohe Reizsuchetendenz, denn sie können eine Fülle von Daten parallel verarbeiten. Das Schlimmste, was einem HSS passieren kann, ist Langeweile; darum sind sie ständig auf der Suche nach neuen Reizen einer bestimmten Qualität. Einmal gemachte Erfahrungen werden intensiv durchlebt und gespeichert und wirken daher nicht mehr interessant. Der HSS fühlt sich sogar innerlich getrieben, obwohl er sich von seinen Aktivitäten ausruhen und erholen muss. Dieser Typus liebt oftmals riskante Aktivitäten, wechselnde sexuelle Erfahrungen, Drogen-, Alkohol- und Nikotinkonsum.

Über die „normale" Variante der Hochsensitivität, die natürlich auch zuweilen Aspekte von HSS beinhalten kann, geht es im weiteren Verlauf des Buches, diese soll hier nicht gesondert aufgeführt werden.

Die überwiegende Mehrheit aller hochsensitiven Menschen hat einen holistischen Wahrnehmungs- und Denkstil, gehört zu den BIS-Typen und benötigt nicht ständig neuartige und aufregende

Situationen. Sie bevorzugen ein eher ruhigeres Leben, wenngleich geistige Monotonie als langweilig und wenig befriedigend erlebt wird.

Zum Abschluss dieses Kapitels über „echtes" ADHS / ADS im Zusammenhang mit Hochsensitivität hoffe ich, dass ich Ihnen die Gemeinsamkeiten und Abgrenzungen verdeutlichen konnte. Wie Sie vermutlich erkannt haben, liegt beides nahe beieinander und erfordert eine sorgfältige diagnostische Abklärung. Weiterhin verwundert es aus diesem Grund auch nicht, dass Kriterien, die auf ADS schließen lassen, auch für Hochsensitivität zu passen scheinen. Nachfolgend finden Sie noch einmal ein paar typische Merkmale dafür:

– Tagträumer und „zerstreuter Professor",
– Unaufmerksamkeit, leichte Ablenkbarkeit, geringe Motivation,
– chaotisch, desorganisiert, wenig Strategie,
– Eigensinn,
– sehr sensibel (oftmals übersensibel?),
– geringes Selbstwertgefühl,
– introvertiert, wenig soziale Kontakte, Small Talk fällt schwer,
– mangelndes Arbeitsverhalten, theoretisch wäre viel mehr zu erwarten,
– Aufgaben werden nicht zu Ende gebracht,
– Schwankungen zwischen himmelhoch jauchzend und zu Tode betrübt,
– Depressionen, Tics, Lernschwächen.

Auch nach einer im Jahr 2002 durchgeführten Profilstudie der Charité Berlin in Kooperation mit dem *Bundesverband Arbeitskreis Überaktives Kind* zum Thema ADHS / ADS gaben Eltern von diagnostizierten Kindern als häufigste positive Zuschreibungen für ihre Kinder folgende Werte an, die nach meiner Ansicht darauf schließen lassen, dass überdurchschnittlich viele hochsensitive Kinder fälschlicherweise mit der Diagnose ADS versehen werden:

- sensibel (76 %)
- neugierig (68 %)
- ausgeprägter Gerechtigkeitssinn (67 %)
- fantasievoll (64 %)

Während beim „echten" Aufmerksamkeitsdefizit-Syndrom Kinder und Erwachsene von einer Medikation profitieren, so ist eine Behandlung mit Medikamenten, die unter das Betäubungsmittelgesetz fallen, für HSM ein sträflicher Fehler. Ich erspare mir an dieser Stelle weitere Kritik und hege die Hoffnung, dass wir in absehbarer Zeit aufhören, vor allem unsere Kinder mit Psychopharmaka ruhig zu stellen, damit sie im System „funktionieren".

> **Hochsensitivität schließt sowohl die Diagnose ADS als auch (insbesondere) ADHS kategorisch aus!**

Geschichte und Hintergründe zur Hochsensitivität

HS: Ein neues Phänomen?

*Der Zweifel ist der Beginn der Wissenschaft.
Wer nichts anzweifelt, prüft nichts.
Wer nichts prüft, entdeckt nichts.
Wer nichts entdeckt, ist blind und bleibt blind.*

Teilhard de Chardin

Vielleicht fragen Sie sich jetzt, warum Sie bisher noch nichts von hochsensitiven Menschen gehört haben? Kann es möglich sein, dass sie plötzlich „vom Himmel fallen" und nun immer mehr davon auftauchen?

Nein, ganz so ist es nicht, denn Hochsensitivität ist kein spezifisch neues Phänomen. Es wurde und wird innerhalb der psychologischen Forschung vielfältig untersucht und diskutiert, nur unter anderen Namen und einer eher pathologischen Sichtweise. Am Anfang stand der Zweifel der amerikanischen Wissenschaftler Aron und Aron über die Richtigkeit der bisherigen Erkenntnisse  und 1999 veröffentlichte eine Fachzeitschrift ihre wissenschaftliche Arbeit mit dem Titel „Sensory processing sensitivity and its relation to introversion and emotionality" (zu Deutsch etwa: Sensorische Verarbeitungssensitivität in Zusammenhang mit Introversion und Emotionalität). Damit hatten die Wissenschaftler Neuland betreten und schufen den Begriff der Hochsensitivität. Es folgte ein ungeahnter populärwissenschaftlicher Siegeszug in den Vereinigten Staaten, denn Betroffene könnten sich mit dieser Beschreibung und Erklärung ihrer Persönlichkeit in doppeltem Sinne wieder-finden. Manche HSM erfahren ein plötzliches Gefühl der Erleichterung, da sie nun endlich wissen, was wirklich mit ihnen los ist und warum sie sich seit ihrer frühsten Kindheit so ganz anders als andere gefühlt haben. In diesem Zusammenhang berichten Betroffene:

> „Ich komme mir vor, als wäre ich plötzlich aufgewacht. Jetzt ist mir alles verständlich und klar, warum habe ich das vorher nicht so gesehen? Es tut gut zu wissen, dass es noch viele andere gibt, die so sind wie ich."

Manchmal ist dieses „Erwachen" aber auch mit Unsicherheit und Ängsten verbunden, denn das bisherige Weltbild fällt wie ein Kartenhaus in sich zusammen und wird förmlich auf den Kopf gestellt. Erfahrungsgemäß dauert es immer ein Weilchen, bis sich dieser Prozess der Wandlung wieder stabilisiert. Nehmen Sie in diesem Falle entsprechende Beratungsangebote wahr, entweder von Selbsthilfegruppen oder ausgebildeten Psychologen.

Elaine N. Aron spricht nicht umsonst von *Highly Sensitive Persons* (*HSP*); und die damit verbundene Empfindsamkeit ist dafür verantwortlich, dass HSM solche neuen Erkenntnisse über die eigene Psyche nicht auf die leichte Schulter nehmen können, sondern zunächst einmal tief durchdenken müssen. Das ganze bisherige Leben wird dann einer Neubewertung unterzogen, denn es erscheint unter dem Aspekt der Hochsensitivität in einem neuen Licht. Das kann manchmal sogar recht schmerzvoll sein und manche berichten, dass sie eine Zeit hatten, in der sie viel geweint haben. Aber nicht nur das bisherige Leben wird einer Neubewertung unterzogen, sondern auch die Zukunft wird infrage gestellt. Hier ist es vor allem wichtig, die positiven Aspekte der Hochsensitivität zu akzeptieren und zu stärken.

Für die psychologische Forschung ist diese veränderte Sichtweise auch nicht leicht zu akzeptieren, denn bisher wurde nicht die Hochsensitivität per se betrachtet, weil es die Bezeichnung ja noch gar nicht gab, sondern es wurden vorwiegend die negativen Auswirkungen bzw. Folgen untersucht. Bei ungünstigen Umweltbedingungen zeigen HSM dann zum Beispiel eine ausgeprägte Introversion, scheinbar angeborene Schüchternheit, eine soziale **Angststörung**, **Vermeidungsverhalten**, **Schizotypie**, **Schizophrenie**, **Neurotizismus** und **psychosomatische Beschwerden**. Diese

Phänomene wurden demnach zu einem Zeitpunkt Gegenstand der Forschung, als „das Kind schon in den Brunnen gefallen war", und hier verbergen sich auch die zentralen Denkfehler. Dies betrifft zum einen die Kausalität, also die Frage nach Ursache und Wirkung, und zum anderen die Tatsache, dass es einen fundamentalen Unterschied in der Persönlichkeit des Menschen gibt, vergleichbar mit Yin und Yang. Wir Menschen unterscheiden uns grundlegend darin, wie wir auf die Umwelt reagieren und wie aktiv oder passiv wir uns nach außen hin zeigen. Wir haben bestimmte Vorlieben, zum Beispiel innere oder äußere Reaktionen, und diese Vorlieben sind von Geburt an fest in uns verankert. Auch Shakespeare hatte diesen Unterschied schon erkannt, als er schrieb: „You, this way. We, that way".

Betrachtet man die Hochsensitivität aus diesem Blickwinkel, dann ist es völlig normal, dass HSM zuweilen anders reagieren, als es die Mehrheit der Bevölkerung tut. Werden nur die äußeren Gegebenheiten in Betracht gezogen und im Falle ungünstiger und belastender Umweltbedingungen „nur" die aus der Überbelastung entstandenen Symptome behandelt, ohne die wahre Ursache einer ausgeprägten Sensitivität zu erkennen, dann kann keine wirklich helfende Maßnahme, und sei es nur eine Beratung, Erfolg versprechend greifen.

Lassen Sie mich das zunächst mit einem anschaulichen Beispiel verdeutlichen, wir kommen in den folgenden Abschnitten immer wieder darauf zurück, denn die Problematik ist wegen ihrer Komplexität nicht in ein paar Worten zu erklären.

Gibt es diesen Ferrari auch als Kombi?

Stellen Sie sich vor, ein Formel-1-Auto der Marke Ferrari wird nur im Stadtverkehr für kurze Fahrten zum Einkaufen verwendet und vorwiegend in Tempo-30-Zonen gefahren. Der Besitzer stellt vom ersten Tag an fest, dass der Ferrari unrund läuft und ein Defizit in der Belastung aufweist, weil man mit ihm keine Lasten bzw. Einkaufstüten und auch nur eine weitere Person transportieren kann. Nach kurzer Zeit stellen sich technische Defekte ein und am Schluss verabschiedet sich der Motor.

Der Fahrer reklamiert verständlicherweise das Modell und eine unabhängige Untersuchungskommission kommt zu dem Schluss, dass Autos der Marke Ferrari erhebliche Mängel aufweisen und im Vergleich mit anderen Modellen weniger einsetzbar, belastbar und unverhältnismäßig schnell kaputt gehen. In dieser Art argumentierte auch die psychologische Forschung in Hinblick auf HSM; was dabei jedoch übersehen wurde, ist die Tatsache, dass es sich bei dem Fahrzeug um ein Formel-1-Auto handelt – und nicht um einen Kombi. Es ist Aron und Aron zu verdanken, dass sie im übertragenen Sinne gesagt haben: „Halt, stopp. Seht ihr denn nicht, dass es sich dabei um einen Formel-1-Wagen handelt? Ihr vergleicht Äpfel mit Birnen und unterstellt der Birne, sie habe ein Defizit im Apfel-Sein!"

Natürlich gibt es auch gute Gründe für derartige Annahmen, denn dies liegt in der Hauptsache daran, dass der Vergleich zwischen Ferrari und Kombi im Stadtverkehr vorgenommen wurde.

Begibt man sich aber auf eine Rennstrecke, dann verhält es sich genau umgekehrt. Hier sind nämlich normale Autos weniger belastbar, führen zu schlechteren Ergebnissen in der Geschwindigkeit und scheiden vermutlich nach etlichen Runden unter Vollgas aufgrund technischer Mängel und vielfältiger Defekte aus dem Rennen. Wenn wir also die Perspektive wechseln, ist die Schlussfolgerung, dass Ferraris zu häufige Defekte haben, schlichtweg falsch, und die Argumentation stimmt nicht mehr. Es hängt also immer mit der Position und Sichtweise des Betrachters bzw. Psychologen zusammen, und es kommt ganz entscheidend darauf an, welcher Rahmen gewählt wurde. In der Sprache der Wissenschaft bedeutet dies, dass ein anderes Paradigma zugrunde gelegt wurde. Ein Paradigma ist also der Rahmen, in dessen Grenzen wir Sachverhalte betrachten und bewerten. Die westliche Wissenschaft beruht ihrer Natur nach auf dem Rahmen des „Stadtverkehrs", sie sieht die „Rennstrecke" gar nicht, und sie ist in diesem Sinne blind und in ihrem eigenen Paradigma gefangen.

Vielleicht fragen Sie sich jetzt, welches Paradigma und welche Bewertung des Phänomens Hochsensitivität denn nun richtig ist? Wir haben festgestellt, dass sowohl die eine als auch die andere Position auf ihre Art richtig sind, doch sie vertragen sich eben nicht und in gewissem Sinne schließen sie sich aus. Wie können wissenschaftliche Ergebnisse richtig sein und doch gleichzeitig falsch?

Die Lösung dieses Dilemmas besteht zunächst in der Erkenntnis, dass alles relativ ist (sogar die Zeit) und vom Auge des Betrachters abhängt. Es kommt also, grob gesagt, immer darauf an, wer, wo, wann, wie, was und auch ob jemand überhaupt etwas betrachtet. Für unseren Fall würde die Kunst also darin bestehen, ein drittes Paradigma zu finden, in dem beide Sachverhalte richtig oder kompatibel sind. Man muss sich also auf die Suche nach einem neuen Rahmen begeben, in unserem Falle wäre das eine Mischung aus Rennstrecke und Stadtverkehr.

So weit ist die psychologische Forschung jedoch noch nicht, denn im Moment stellt es sich so dar, dass lediglich eine Handvoll

Stimmen darauf hinweißen, dass eine Medaille zwei Seiten hat und man sich der Hochsensitivität auch aus einer anderen Perspektive nähern kann. Dann erscheint sie nämlich nicht als Defizit, ADS-Syndrom oder gar als psychopathologischer Zustand. In den meisten Fällen kommen diese Stimmen aus der Praxis, also von ganz unten, wenn wir uns auf der „Rankingliste" der Wissenschaft befinden. Bleiben wir bei dem Beispiel der zwei unterschiedlichen Fahrzeuge, dann könnte man sagen, den Mechanikern – also den Psychologen in ihren Praxen – ist bei der Reparatur des Formel-1-Wagens etwas Außergewöhnliches aufgefallen und sie haben die spezielle Leistungsfähigkeit dieser fortgeschrittenen Technologie erkannt (vgl. Hoffmann 2002; Brackmann 2005; Hartmann 2000; Orloff 2004).

Bevor sich nun die Wissenschaft dieser Thematik jedoch umfangreich annimmt, können erfahrungsgemäß noch Jahre ins Land gehen, in denen der Irrtum in Ruhe weiterleben kann. Dies war beispielsweise auch bei dem Konzept der Introversion der Fall, das einen wesentlichen Grundbaustein der Hochsensitivität darstellt. Als der Psychoanalytiker C.G. Jung seinerzeit über Introversion schrieb, galt er bestenfalls als Enfant terrible der Wissenschaft und seine Nähe zur Mystik drückt ihm bis zur heutigen Zeit den Stempel der Unwissenschaftlichkeit auf, auch wenn seine Lehren mehr und mehr Anerkennung finden. Er war eben seiner Zeit voraus, wie viele HSM es ebenfalls sind. Erst als der Psychologe Hans-Jürgen Eysenck umfangreiche Studien, Messungen und Berechnungen anstellte, war das Konzept der Introversion salonfähig und gilt heute als wissenschaftlich gut abgesichert und bestätigt. Die Gründe für diese verspätete Einsicht liegen oftmals in der vermeintlichen Unvereinbarkeit von Mystik und Wissenschaft oder, wie in unserem Fall, von dem Paradigma der Rennstrecke im Vergleich zum Stadtverkehr.

Die zwei Arten

*Wir müssen lernen,
entweder als Brüder miteinander zu leben
oder als Narren unterzugehen.*

Martin Luther King

Wir Menschen unterscheiden uns auf eine ganz fundamentale Art und Weise. Anthropologen sprechen davon, dass sich zwei gegensätzliche Überlebensstrategien entwickelt und durchgesetzt haben. Man könnte aber auch genauso gut vom männlichen und weiblichen Prinzip sprechen, denn diese Gegensätzlichkeit ist universell. Es ist das kosmische Prinzip, auf dem unser ganzes Universum beruht. Mit anderen Worten: Wenn es das eine gibt, muss es auch das andere geben. Dabei spielt es keine Rolle, ob wir von schwarz oder weiß, Materie und Antimaterie, Denken und Handeln, BIS und BAS, Frau und Mann oder Feuer und Wasser reden, denn jedes Teil ist durch sein Gegenteil bedingt.

Dieses Buch lebt von dieser Gegenüberstellung, denn es soll Ihnen die andere Seite der Medaille zeigen. Es ist diejenige Seite, die nicht ganz so offensichtlich zutage tritt und dadurch meist im Verborgenen bleibt. Sie zeigt sich beim Menschen in seinen grundlegenden Funktionen, also bei der Wahrnehmung (Input), dem Denken (Datenverarbeitung) und bei den Reaktionen (Output).

„Denker" und „Handler"

In der Hauptsache lassen sich zwei Arten von Menschen unterscheiden, ich habe der Einfachheit halber diese beiden Typen „Denker" und „Handler" genannt und folgende Tabelle verdeutlicht die weit reichenden Zusammenhänge, die erst in späteren Kapiteln deutlich werden. In ähnlicher Weise nennt Hartmann

(2000) diese beiden Persönlichkeitstypen „Jäger" und „Farmer". Jäger besitzen die Fähigkeit, sofort Entscheidungen zu treffen und sie in die Tat umzusetzen (Impulsivität). Farmer hingegen sind eher ruhig und besonnen und gehören zu den Menschen, die „fünfmal überlegen", bevor sie etwas tun (Reflexivität).

Denker	Handler
Vermehrte BIS-Aktivität	Vermehrte BAS-Aktivität
Rechte Gehirnhälfte, weibliches Prinzip	Linke Gehirnhälfte, männliches Prinzip
Yin	Yang
Östliche Philosophie und Kultur	Westliche Philosophie und Kultur
Eher holistischer Wahrnehmungsstil	Eher analytischer Wahrnehmungsstil
Eher Introversion	Eher Extraversion
Innere Reaktionen	Äußere Reaktionen
Komplexe Problemlösungskompetenz, kreatives Denken, Intuition	Traditionelle Intelligenz / IQ, akademische Intelligenz
Vermehrte Emotionen, intensive Erlebniszustände	Emotionen spielen eine untergeordnete Rolle, rationales Denken
Anfälligkeit für psychische Störungen	„Robuste" Natur

Betrachtet man die Geschichte der menschlichen Entwicklung, dann spricht vieles dafür, dass der Ursprung beider Arten einerseits in der westlichen Kultur und andererseits in der östlichen Kultur und in mystisch geprägten Gesellschaften, wie der der Indianer, zu finden ist. In der Sprache der östlichen Philosophie wird der westliche Kulturkreis von einer Überbetonung der Yang-Aspekte oder männlichen Aspekte menschlicher Persönlichkeit dominiert, die Aktivität, rationales Denken, Konkurrenzkampf, Aggressivität usw. beinhalten und als Ideal angesehen werden. Im Gegensatz dazu ist die östliche Kultur eher geistig geprägt und betont die Yin-Aspekte oder weiblichen Formen der Persönlichkeit, die als intuitiv, religiös, mystisch, okkult oder psychisch beschrieben werden können. Diese Yin-Attribute sind jedoch in der westlichen Welt stets unterdrückt worden und spiegeln die Situation von HSM wieder, wie sie sich zurzeit darstellt.

Die beschriebenen Gegensätze sind allerdings nicht nur zwischenmenschlicher Natur, sondern auch *im* Menschen fest verankert, denn wir haben sowohl eine männliche als auch eine weibliche Seite in uns. Es ist jedoch von entscheidender Bedeutung, welche Seite überwiegt bzw. zu welcher Seite wir wie stark tendieren. Man kann sich das bildlich als eine Art Waage vorstellen, die zu einer Seite ausschlägt und über unsere Persönlichkeit entscheidet. Hier wird die Art und Weise festgelegt, wie wir bevorzugt wahrnehmen, denken und handeln und wo, wie gesagt, unsere Wurzeln liegen.

Der Psychologe Gray konnte die dafür verantwortlichen Systeme nachweisen, er nannte sie „Behavioral Inhibition System" (BIS) beziehungsweise Verhaltenshemmsystem und „Behavioral Activation System" (BAS) beziehungsweise Verhaltensaktivierungssystem.

Verhaltensaktivierungssystem BAS

Beginnen wir mit dem Verhaltensaktivierungssystem (BAS), denn es löst zielgerichtetes Verhalten aus und zwar als äußere Reaktion. Dies kann Verhalten in Form von Sprache sein, einer Armbewegung oder das Zugehen auf ein Objekt. Immer wenn äußeres Verhalten aktiviert wird, wird inneres Verhalten (z. B. Denken) gehemmt und umgekehrt.

Wir Menschen *funktionieren* im Allgemeinen nach diesem recht einfachen Mechanismus, denn unser Nervensystem reagiert auf erregende und hemmende Faktoren, die darüber entscheiden, ob Reize weitergeleitet und damit wahrgenommen werden oder nicht. Stellen wir uns BIS und BAS als eine Instanz vor, die von eintreffenden Reizen durchlaufen werden muss: Hier wird bewertet, verteilt und aussortiert.

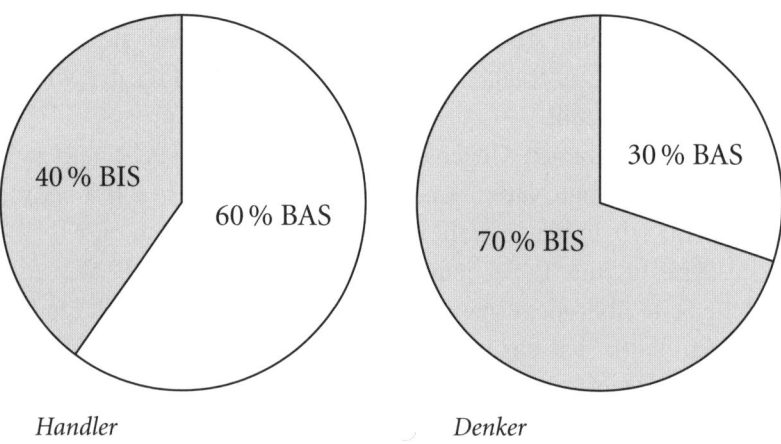

Handler　　　　　　　　　Denker

Jeder Mensch hat BIS- und BAS-Anteile in sich, es kommt nur auf die Verteilung an, wie in der Abbildung dargestellt, und diese ist von Mensch zu Mensch verschieden. So lassen sich überwiegend BIS-Typen und überwiegend BAS-Typen ausmachen. Theoretisch kann das Zusammenspiel von Verhaltensaktivierungssystem und Verhaltenshemmsystem in jeder denkbaren Kombination vorkommen, in der Summe müssen es jedoch immer 100 Prozent sein. Allein die Kombination von 50:50 bildet dabei eine Ausnahme, diese Menschen sind vermutlich ständig hin und her gerissen und verfallen leicht in Extreme, weil sie sich nur schwer entscheiden können, ob sie nun denken oder handeln sollen. Man darf jedoch nicht den Fehler machen, sich diese Anteile als absolute und starre Größen vorzustellen, sondern lediglich als Tendenz oder Grundeinstellung. Je nach Situation kann auch ein BIS-Typ wie ein

BAS-Typ reagieren oder etwas anschaulicher ausgedrückt: Auch ein „Denker" kann handeln und ein „Handler" kann denken!

Das Verhaltensaktivierungssystem BAS ist dafür verantwortlich, dass eintreffende Reize mit einer äußeren Reaktion beantwortet werden, seinem Namen nach aktiviert es demnach Verhalten. Das BAS reagiert jedoch nicht auf alle eintreffenden Reize, sondern nur auf diejenigen, die Belohnung oder ganz neutral keine Bestrafung signalisieren. Es hält also Ausschau nach subjektiv angenehmen Reizen und beantwortet sie mit positiven Gefühlen und Annäherung. Diese Reize werden bevorzugt weitergeleitet und lösen zielgerichtetes Verhalten aus. Das begünstigt eine Mentalität, bei der die Umwelt vermehrt durch die „rosarote Brille" gesehen wird. Bedrohliches, wie Gefahr oder negativ besetzte Reize, werden weniger beachtet, da sie nicht weitergeleitet werden. Menschen mit einer gesteigerten BAS-Aktivität reagieren oftmals impulsiv, ohne Rücksicht auf Verluste, oder sie begeben sich leicht in gefährliche Situationen. Dies konnte Gray bei neurotischen Extravertierten nachweisen, das heißt Reizoffenheit und Erregung verstärkt dieses Verhalten. Hier liegt auch die Verbindung zu ADS mit Hyperaktivität beziehungsweise Impulsivität. Insgesamt ist die Grundstimmung bei „Handlern" positiver besetzt, sie nehmen viele Dinge nicht so ernst und verfahren oftmals nach dem Prinzip: „Es wird schon gut gehen." Das erweckt den äußeren Eindruck, als seien sie furchtlos und risikobereit. In Wirklichkeit liegt es aber vielmehr daran, dass sie handeln „müssen" und Gefahr oder mögliche negative Konsequenzen nicht wahrgenommen werden.

Verhaltenshemmsystem BIS

Dem gegenüber steht das Verhaltenshemmsystem BIS. Es hemmt zwar äußeres Verhalten, aktiviert dafür aber inneres Verhalten. Im Gegensatz zu vorherigen Ausführungen reagiert dieses System auf Reize, die unbekannt, Bestrafung oder Nichtbelohnung signalisieren. BIS-Typen *scannen* regelrecht ihre Umgebung nach möglicher

Gefahr und sind ständig in Alarmbereitschaft. Das macht sie oftmals übervorsichtig und sie kommen nicht so leicht aus ihrem Versteck oder ihrem sicheren Beobachtungsposten hervor. Erst wenn sie ganz sicher sind, das nichts passiert, nähern sie sich. Da man das aber zum Beispiel bei unbekannten Reizen oder erst recht bei Bedrohungen nicht immer eindeutig bewerten kann, bleiben sie lieber im Verborgenen und zeigen keinerlei äußere Aktivität. Ihre Mentalität ist eher ernst und sorgenvoll, da bevorzugt Reize weitergeleitet werden, die bedrohlich erscheinen. Davon wird oftmals die gesamte Stimmung eingefärbt und nur in vertrauten, „sicheren" Situationen können sie ein unbekümmertes und entspanntes Wesen zeigen. Hochsensitive Menschen gehören in der Hauptsache diesem Typus an, und das bedeutet, dass ihr äußeres Verhalten gehemmt wird. Die Dominanz dieses Verhaltenshemmsystems bedeutet jedoch nicht, dass Verhalten im Allgemeinen gehemmt wird, denn dafür wird ja das innere „Verhalten" aktiviert. Insofern ist dieser Ausdruck auf den ersten Blick etwas irreführend. Es gehört zu den Grundsätzen der modernen Psychologie, dass jeder Reiz eine Reaktion auslöst; in diesem Fall ist es eine innere Reaktion, die für Außenstehende nicht unmittelbar zu beobachten ist. Mit innerem „Verhalten" ist hier das Denken in seinen vielfältigen Formen und eine Aktivierung der Aufmerksamkeit gemeint, denn Erwachsene und Kinder des BIS-Typus machen sich im Verhältnis viel mehr Gedanken. Sie sind eher „Denker" als „Handler". Denker zeigen nach außen eine passive Vermeidung und stoppen ihr äußeres Verhalten, bis sie die gesamte Situation durchdacht haben. Schon Sigmund Freud bezeichnete das Denken als Probehandeln, das heißt, Denker probieren im Geiste die einzelnen Handlungsschritte und deren Konsequenzen aus, ohne sich dabei die Mühe machen zu müssen, alles mit einer äußeren Aktivität zu tun. Tatsächlich fällt es BIS-Typen schwer, äußeres Verhalten zu zeigen, insbesondere in neuen und unklaren Situationen.

Auch hier verstärkt Reizoffenheit diese Verhaltenstendenz und wir können in diesem Fall von Hochsensitivität und in einigen

Fällen auch von ADS (ohne Hyperaktivität) sprechen. Das, was einen ADHS-Betroffenen nach außen hyperaktiv macht, macht einen sogenannten ADS-Betroffenen nach innen hyperaktiv. In diesem Zusammenhang wird auch von innerer Unruhe berichtet und dem Gefühl, getrieben zu werden.

Die speziellen Reizpräferenzen des BIS-Systems machen einen hochsensitiven Menschen zuweilen recht unflexibel, das zeigt sich besonders bei großen Veränderungen, wie einem Umzug. Das kann einen HSM regelrecht aus der Bahn werfen, denn anstatt neugierig und aktiv das neue Territorium zu erkunden, müssen sie mit der neuen Wohnung oder dem neuen Haus erst einmal „warm werden", bevor sie sich wohlfühlen können. Es dauert immer ein Weilchen, bis sie dann aus ihrem Schneckenhaus herauskommen und auch Kontakte zu den Nachbarn aufnehmen. Grundsätzlich ist jede neue Situation, wie ein spontaner Besuch eines Freundes oder ein plötzlicher Termin, der wahrgenommen werden muss, von einer solchen körperlichen Unflexibilität begleitet. Hochsensitive Menschen müssen sich zunächst gedanklich auf eine neue Situation einstellen und sich damit befassen (Denken ist Probehandeln!), sonst ist es ihnen nur sehr schwer und widerwillig möglich, zu handeln. Es versetzt sie regelrecht in Stress und sie können vor einem Termin, der beispielsweise um 17 Uhr stattfindet, nur schlecht ihre Zeit bis dahin mit anderen Dingen verplanen und bis zuletzt ausnutzen, denn der Termin um 17 Uhr beschäftigt sie gedanklich schon lange vorher. Sie brauchen diese Ruhe, um sich darauf vorzubereiten. Feste Termine und Verabredungen machen HSM deshalb nervös, weil sie wissen, dass etwas ansteht, worauf sie sich vorbereiten müssen. Gerade bei unliebsamen Terminen, zum Beispiel bei einem Zahnarztbesuch, sind sie vorher „kaum zu etwas zu gebrauchen". Es beschränkt sie natürlich auch in ihrer Freiheit, denn hochsensitive Menschen sind Freigeister. Sie fühlen sich am wohlsten, wenn ihr Geist frei und ungezwungen arbeiten kann und sie das tun können, wonach ihnen gerade der Sinn steht.

Vor-Denken und Nach-Denken

Wir haben bisher über die Notwendigkeit des „Vor-Denkens" gesprochen, aber ebenso wichtig ist die Zeit zum „Nach-Denken". Eine subjektiv angenehme Situation kann oftmals nicht in dem Augenblick angemessen genossen werden, in dem sie stattfindet, sondern erst im Nachhinein. Das liegt zum einen daran, dass *Denker* bevorzugt in ihrem Kopf, d. h. in der Innenwelt ihr Zuhause und ihre Realität haben, zum anderen können sie erst während der Zeit der Reflexion die Tiefe und Komplexität der aufgenommenen Reize erleben und erfassen. Zum Beispiel kann für einen HSM eine einstündige Fahrradtour in einer schönen Landschaft so viel „Material" beinhalten, dass dies einen gedanklichen Vorrat für gut und gerne vier Stunden darstellt. Für nicht-hochsensitive Menschen ist unter Umständen die Fahrt nach dem Ausflug vorbei und für weitere Denkprozesse nicht weiter relevant. Ungestört können anschließend weitere Informationen aufgenommen werden, ohne dass ein „Nach-Denken" und „Nach-Erleben" erforderlich wäre.

Abschließend möchte ich noch ein paar Worte über „Denker" und „Handler" sagen, denn beide Arten sind wichtig für unsere Gesellschaft. Das Ziel des Denkers liegt gewöhnlich darin, jedes Problem in seiner Komplexität zu erkunden und mit *einer* richtigen Handlung am Ende des Denkprozesses zu beantworten. Dabei gehen Denker vorsichtig und gründlich vor und nicht selten fühlen sich nahestehende Menschen dadurch vor den Kopf gestoßen, da sie die scheinbaren Gedankensprünge, ungewöhnlichen Antworten und spontanen Handlungen nicht nachvollziehen können. Es kommt für sie „aus dem Nichts", denn sie können den inneren Prozess des Nachdenkens nicht verfolgen. Denker sind nicht in der Lage, andere Menschen an ihren Gedanken teilhaben lassen, weil sich ihr Denken vorwiegend in Bildern und Gefühlen abspielt.

Demgegenüber besteht das Ziel des Handlers darin, Probleme sofort praktisch anzugehen und sich Schritt für Schritt vorzuarbeiten. Dabei können sie den Außenstehenden „mitnehmen", das heißt die Gedanken und Handlungen sind sofort nachvollziehbar. Diese Strategie findet in unserer Gesellschaft wohlwollende Zustimmung und Bewertung, denn Attribute, wie „offen und ehrlich", „versteckt nichts, hält sich nicht bedeckt", „schafft etwas", „geht die Dinge an", „ist ein Macher und lamentiert nicht lange herum" haben gerade in der Berufswelt einen guten Klang.

Bei näherer Betrachtung haben jedoch beide Strategien Schwächen und stoßen an ihre natürlichen Grenzen. Die theoretischen Vorstellungen können nicht das praktische Tun ersetzen, denn in der Praxis tauchen oftmals Probleme auf, die die Theorie nicht vorhersehen kann. Andersherum läuft ein Handeln ohne Plan oder nach „Schema-F" zuweilen in die verkehrte Richtung. Ein salomonisches Urteil dieser beiden Gegensätze formulierte der Psychologe Kurt Lewin, indem er sagte: „Praktisch ist eine gute Theorie".

Beide Seiten können also voneinander lernen und sollten in gegenseitigem Verständnis zusammenarbeiten. Es geht für jeden Einzelnen in unserer Gesellschaft nicht darum, perfekt zu funktionieren, sondern vielmehr das innere und äußere Gleichgewicht zu finden. Das folgende Kapitel über Introversion und Extraversion geht auf diese Polarität noch etwas genauer ein.

Introversion und Extraversion

Ihre Persönlichkeit, Ihr Charakter oder Temperament kennzeichnet die relativ zeitstabile Summe Ihrer Eigenschaften. Es ist davon auszugehen, dass die Mehrzahl der HSM (ca. 70 Prozent) introvertiert ist, und gleichermaßen bildet die Gruppe der Introvertierten die Mehrzahl der Hochbegabten. Weiterhin geht man davon aus, dass mit steigender Intelligenz auch der Grad der Introvertiertheit ansteigt. Die Wahrscheinlichkeit, dass ein introvertierter HSM hochbegabt ist, ist also sehr hoch. Die Mehrzahl derjenigen, die mit dem Aufmerksamkeitsdefizit-Syndrom ohne Hyperaktivität (ADS) diagnostiziert wurden, sind ebenfalls introvertiert. Nun darf man allerdings nicht den Fehler begehen, einen einfachen Rückschluss von der Persönlichkeit auf eine mögliche Hochbegabung zu unternehmen, wenngleich die Wahrscheinlichkeit auch, wie gesagt, recht hoch ist. Wir kommen immer wieder auf diesen Aspekt zu sprechen, da er für das Selbstverständnis und das Selbstvertrauen hochsensitiver Menschen sehr wichtig ist.

Nun besteht unsere westliche Gesellschaft mehrheitlich aus extravertierten (auch extrovertierten) Persönlichkeiten und introvertierte Menschen gehören zu einer Minderheit in unserer Kultur. Zwischen beiden Persönlichkeitstypen bestehen große Unterschiede und die folgende Tabelle stellt wesentliche Aspekte gegenüber.

Introvertierte Menschen ...	Extravertierte Menschen ...
bekommen Energie von innen heraus.	bekommen Energie durch Interaktion mit anderen Menschen.
sehen die innere Welt aus Ideen, Verstehen und Bedeutung als wahre Welt.	sehen die äußere Welt aus Menschen und Dingen als wahre Welt.
sind voller Ideen und abstrakten Erfindungen, schwierig zu verstehen, oft schüchtern.	sind voller Handlung und praktischer Leistung, leicht zu verstehen, oft gesellig.
haben ein öffentliches und ein privates Selbst.	sind öffentlich und privat die selbe Person.
sind intensiv und leidenschaftlich, neigen dazu, Gefühle zu unterdrücken.	sind mitteilsam und weniger leidenschaftlich, lassen Gefühle heraus, um zum nächsten überzugehen.
fühlen sich durch andere Menschen ausgelaugt, brauchen Zurückgezogenheit.	fühlen sich durch andere Menschen mit Energie gefüllt, fühlen sich durch Alleinsein ausgelaugt.

Introvertierte Menschen ...	Extravertierte Menschen ...
haben wenige enge Freunde.	freunden sich leicht mit vielen Menschen an.
sind still in größeren Gruppen, manchmal ängstlich, stehen nicht gerne im Mittelpunkt.	sind freimütig in Gruppen, gehen Risiken ein.
können sich sehr stark konzentrieren, wenn eine Sache ihr Interesse geweckt hat.	können einfach abgelenkt werden, behalten jedoch ihr persönliches Ziel im Auge.
proben im Geiste, bevor sie sprechen, brauchen Zeit, um Entscheidungen zu treffen.	denken laut, treffen schnelle Entscheidungen.
lernen durch Beobachtung, leben das Leben erst, wenn sie es verstanden haben.	lernen durch Tun, verstehen das Leben, nachdem sie es gelebt haben.
gehen vom Überlegen zum Tun und zurück zum Überlegen.	gehen vom Tun zum Überlegen und zurück zum Tun.

Tabelle in Anlehnung an Silverman 1993

Die Hauptinteressen von Extravertierten liegen in der Außenwelt, sie schätzen spontanes Verhalten, Geselligkeit und Partys. Introvertierte sind demgegenüber mehr an ihrer Innenwelt interessiert, sie ziehen ein ruhiges Leben vor, sind eher passiv und nachdenklich und leben in der Welt ihrer Gedanken und Ideen. Jeder Mensch hat in dieser Hinsicht bestimmte Vorlieben, aber die Ausprägungsgrade dieser Tendenzen können sehr unterschiedlich sein und unter Umständen extreme Ausmaße annehmen. Zum Beispiel kann die Introversion offen zutage treten und für jedermann ersichtlich sein, oder sie zeigt sich nur in abgeschwächter Form. Es kann aber auch sein, dass der Introvertierte stets bemüht ist, sich der Allgemeinheit anzupassen und „mit dem Strom zu schwimmen". Manche HSM fragen sich, ob eine ausgeprägte Introversion vielleicht eine Form von Autismus ist oder auf einem autistischen Spektrum liegt. Hier bestehen jedoch ganz große Unterschiede, denn Autisten haben Schwierigkeiten mit der Wahrnehmung der Gefühlswelt, was ja im Falle von Hochsensitivität genau umgekehrt ist. Gemeinsamkeiten zwischen beiden Phänomenen beziehen sich also nur auf das äußere Erscheinungsbild in Bezug auf die Introversion, also auf das „in-sich-gekehrt-Sein".

Ein wichtiger Faktor bei der Unterscheidung der beiden Persönlichkeitstypen ist die Energiequelle. Extravertierte erhalten Antrieb und Energie durch andere Menschen und durch Dinge, die außerhalb ihrer selbst liegen, denn sie fühlen sich einsam, wenn sie nicht mit anderen in Kontakt stehen. Zum Beispiel ist ihr Akku nach dem Besuch einer Party erst richtig aufgeladen und sie haben das Bedürfnis, direkt die nächste Veranstaltung aufzusuchen. Introvertierte hingegen bekommen ihre Energie durch Distanz, sie benötigen geistige und räumliche Privatsphäre, denn sie beziehen ihre Energie von innen heraus. Sie gehen daher lieber Einzelbeschäftigungen nach, lesen viel, stöbern im Internet und mögen es still und ruhig. Erst dann kann sich ihr Akku richtig aufladen und sie können wieder für eine gewisse Zeit in Kontakt mit anderen Menschen treten. Wenn Introvertierte ständig der Außenwelt ausgesetzt sind, raubt ihnen das nahezu allen Antrieb und jede Energie, denn sie fühlen sich nicht nur matt und leer, sie sind es auch.

Ein weiterer Unterschied besteht darin, dass Extravertierte eine einschichtige Persönlichkeit haben, denn sie sind im Allgemeinen in der Öffentlichkeit und im Privaten dieselben. Sie neigen dazu, ihre privaten Gedanken anderen Menschen auch mitzuteilen. Introvertierte Persönlichkeiten haben hingegen ein öffentliches Selbst und ein zweites, privates Selbst. Dieses private Selbst, die Innenwelt, wird regelrecht von der Außenwelt abgeschirmt und geschützt, sodass oftmals sogar der eigene Partner keine Kenntnis davon erhält und gar nicht weiß, wie der andere wirklich ist. Werden Introvertierte beleidigt oder verletzt, dann zeigen sie es nach außen nur sehr schwach oder auch gar nicht, denn sie haben die Tendenz sich nach innen abzuschirmen. Sie bauen eine innere, unsichtbare Mauer auf und der andere wird sie dadurch nicht mehr tief erreichen können. Meist ist das dem Gegenüber nicht bewusst, denn dies ist äußerlich kaum wahrnehmbar und besonders für eine extravertierte Persönlichkeit kaum nachzuvollziehen. Die innere Distanz kompensiert die ihnen entgegengebrachte „Aggression" und in gewisser Weise laben sich Introvertierte an dem Geheimnis ihrer unsichtbaren Rache.

Introvertierte Menschen müssen lernen, kompetent in der Außenwelt zu bestehen, denn ihr wirkliches Wesen liegt innerhalb ihres Kopfes beim Nachdenken. Natürlich können auch Extravertierte gut nachdenken, aber sie werden selten die Tiefe und Komplexität eines Introvertierten erreichen. Es fällt introvertierten Persönlichkeiten sehr schwer, aus sich heraus zu gehen, und sie versuchen Probleme zu lösen, indem sie diese in Gedanken immer wieder durchgehen. Extravertierte lösen ihre Probleme, indem sie mit anderen Menschen darüber sprechen und an die Öffentlichkeit gehen, denn es fällt ihnen schwer, diese Dinge mit sich selbst auszumachen.

Das etwas andere Extrem: Der INFP

Neben den beiden gegensätzlichen Persönlichkeitstypen Extraversion und Introversion gibt es noch weitere Unterscheidungen, sodass sich in der Bevölkerung insgesamt 16 verschiedene Typen identifizieren lassen. Die klassische Typenlehre wurde von C.G. Jung entwickelt und von den Psychologinnen Myers und Briggs auf ein wissenschaftliches Fundament gestellt. Der Myers-Briggs-Type-Indikator (MBTI®) gilt als gut bestätigt und ist vor allem in den USA ein beliebtes Instrument zur Persönlichkeitsanalyse. Eine Testung gibt Ihnen Aufschluss darüber, welche grundsätzlichen Neigungen Sie haben und wie sie sich auf Ihr Denken und Verhalten auswirken.

Der erste Buchstabe kennzeichnet, woher Sie Ihre Energien beziehen: **I**ntroversion – **E**xtraversion

Die nächste Funktion beschreibt, wie Sie Ihre Umwelt wahrnehmen: **S**ensing (Wahrnehmung über die Sinne) – i**N**tuitive Wahrnehmung

Wie treffen Sie Entscheidungen? **T**hinking (Denken / analytische Beurteilung) – **F**eeling (Fühlen / gefühlsmäßige Beurteilung)

Diese Unterscheidung beschreibt Ihren grundsätzlichen Stil: **J**udging (Urteilen / drängt auf Entscheidung) – **P**erceiving (Wahrnehmen / auf „Input" eingestellt)

Dem INFP kommt dabei eine Sonderstellung zu, denn dieser Typus steht in ständigem Kontakt mit seiner Innenwelt, er ist vielleicht derjenige, der sich am stärksten nach innen wenden kann und gleichzeitig seine „Antennen" immer ausgefahren hat. Aus diesem Grund gehören viele empathische HSM zum Typ INFP. (Mehr zum Thema Empathen finden Sie ab S. 261.) Das klassische Gegenteil in dieser Hinsicht ist der ESTJ, denn er steht in ständigem Kontakt mit der Außenwelt und drängt darauf, schnelle Entscheidungen zu treffen. Nach Keirsey (1990) kommt der INFP nur sehr selten vor, er geht davon aus, dass nur etwa ein Prozent der Bevölkerung diese Persönlichkeit besitzt.

Der INFP gehört zu den Träumern und seine grundlegenden Werte bestimmen das Leben. Ein INFP sucht nach dem Idealen und vergisst zuweilen darüber, sein eigenes Leben und Wohlbefinden. Diesen Menschen ist es wichtig, andere in Harmonie zusammen zu bringen und auf ein lohnenswertes Ziel auszurichten, dabei spielen finanzielle und persönliche Vorteile kaum eine Rolle. Sie sind sehr kreativ und suchen ständig nach neuen Ideen und Möglichkeiten, um ihre gefühlte, ideale Vorstellung zu erreichen. Leider treten sie aus diesem Grunde nur sehr selten in Aktion, denn sie bewegen sich nur, wenn *ihnen* etwas wichtig ist und richtig erscheint. Dann können sie sich allerdings regelrecht festbeißen.

INFPs haben ein sehr sanftes Temperament und einen wundervollen Sinn für Humor, den sie der Außenwelt leider viel zu selten zeigen. Sie werden von anderen gerne übersehen und sind etwas schwierig kennen zu lernen, da sie ihr innerstes Selbst sehr gut abschotten und selbst vertrauten Personen nicht zeigen, was in ihnen steckt und wer sie wirklich sind. Sie fühlen sich am wohlsten, wenn die äußere Welt mir ihrer Vorstellung von Perfektionismus übereinstimmt.

Als Kinder leben sie sehr in ihrer Innenwelt und schaffen sich eine eigene Traumwelt, die oftmals mit Märchen und Mythen angefüllt ist. Sie sind auch diejenigen, die mehr in und mit ihrem Computerspiel leben als mit der Außenwelt. Sie verbringen den Tag mit Traumreisen, die Themen beinhalten, die ihnen gerade wichtig sind. Eltern machen sich oftmals große Sorgen, ob ihr Kind noch Kontakt zur Realität hat. INFPs vergessen und verlieren Dinge, die ihnen nicht so wichtig sind und die in ihrer reichen Innenwelt keinen Platz haben. Wenn sie sich allerdings von einem bestimmten Themenbereich angesprochen fühlen, dann zeigen sie ihre hohe Begabung. Sie sind häufig sehr sprachbegabt und können auch wundervolle Texte oder Gedichte schreiben. Als Kinder gehen sie schon früh in Büchern und Gedanken „verloren" und wirken äußerst reserviert in Situationen, die neu für sie sind.

Als Jugendliche entscheiden sie schön sehr früh, was für *sie* wichtig und wertvoll ist und lassen Eltern und andere Menschen nicht an ihren Gedanken teilhaben. Es fällt ihnen schwer, um Hilfe zu bitten, da sie immer denken, nur sie allein könnten das Problem lösen. Manchmal fehlen ihnen aber auch die geeigneten Worte, um sich mitzuteilen, denn sie können ihre Gefühle nicht auf Anhieb in Worte fassen und einordnen. Deshalb lernen INFPs schon sehr früh, was es heißt, ganz alleine mit den eigenen Gedanken zu sein, und sie lernen auch, sich mit dieser Isolation zu arrangieren, sodass es ihnen unter Umständen gar nicht besonders auffällt, dass sie ihre Schwächen und Sorgen, besonders geliebten Menschen gegenüber, nicht zeigen.

In der Phase zwischen Kindheit und Erwachsenenalter können sie eine durchaus rebellische Phase haben und das kann sich in ihrer Kleidung, aber auch in der Art und Weise niederschlagen, wie sie mit Normen und althergebrachten Werten umgehen. Sie reagieren teilweise „allergisch" auf Sätze, wie: „Das haben wir schon immer so gemacht!", oder: „Das macht man so." Dann können sie sich in lebhafte Diskussionen stürzen und sogar ihr Gegenüber aufgrund ihrer Eloquenz relativ schnell matt setzen. Im Allgemeinen haben INFPs wenige gute Freunde, mit denen sie entspannt und offen umgehen und ihr wundervolles Wesen zeigen, denn sie treffen allzu selten auf ihresgleichen. Sie werden jedoch von ihren Freunden sehr gemocht, da sie in jeder Hinsicht interessante Persönlichkeiten sind, die die Welt aus einer ungewöhnlichen Perspektive sehen. Das sanftmütige Wesen eines INFPs darf allerdings nicht darüber hinwegtäuschen, dass auch sie sehr entschlossen und verbissen arbeiten können, wenn sie sich einmal etwas in den Kopf gesetzt haben. Sie sind bereit für eine Idee oder für eine Überzeugung bis an die Grenze der eigenen Existenz zu gehen, das jedoch wird von Außenstehenden meist nicht wahrgenommen. Wegen ihrer Sanftmütigkeit können sie ihre Ziele meist nicht direkt angehen, das wäre zu aggressiv, deshalb müssen sie immer auf Umwegen auf ein Ziel zusteuern. Meist schaffen sie es, ihre Träume und Vorstellungen zu realisieren, auch wenn es länger dauert und meist den Anschein erweckt, dass der Zufall ihnen hier zur Seite gestanden hätte.

In der Schule lernen diese Kinder bevorzugt flexibel, also nicht nach starren Regeln. Dabei ist das Verhältnis zur Lehrperson sehr wichtig und sie brauchen einen Pädagogen, der sie persönlich wichtig nimmt und ihre Einzigartigkeit zu schätzen weiß. Sie haben zwar Kontakte zu ihren Mitschülern, aber nicht übermäßig. Am liebsten lernen und vergraben sie sich in Themen, die *ihnen* wichtig sind; dies kann mitunter in eklatantem Gegensatz zum Lehrplan stehen. Wenn sie jedoch ihre Aufmerksamkeit auf etwas gerichtet haben, dann fällt ihnen das Lernen leicht und sie eignen sich ein großes

Hintergrundwissen an. Ihre Kreativität lässt sie jedoch zuweilen den richtigen Rahmen verlassen und manchmal liegen sie, vor allem in jungen Jahren, einfach „daneben". Mangelnde Gründlichkeit und sorgsames Beachten von Details bei für sie unwichtigen Dingen macht ihnen in der Schule das Leben schwer. INFPs brauchen Lehrer, die ihr einzigartiges Wesen verstehen und entsprechend geschult sind. Dann können sie zeigen, was in ihnen steckt.

Wegen ihrer Seltenheit haben INFPs Schwierigkeiten, den idealen Partner zu finden und auch die Berufswahl fällt ihnen nicht leicht. Oftmals haben sie eine derart ideale Vorstellung im Kopf oder aber nur ein Gefühl davon, das in der Realität nicht anzutreffen ist. Sie probieren vieles aus und gehen ihren Lebensweg nicht „gerade", bis sie nach langem Hin und Her vielleicht ein bequemes Plätzchen für sich gefunden haben. INFPs brauchen Harmonie in Einklang mit ihren persönlichen Werten und verabscheuen Triviales und „kleingeistiges" Denken. Sie leben meist recht zurückgezogen, können jedoch, wenn sie wollen, charmant und unterhaltsam sein. Ihren Sinn für Humor und ihr offenes, beeindruckendes Wesen zeigen sie jedoch nur recht selten und ausschließlich dann, wenn es ihnen gefällt. Der Partner, mit dem sie in Einklang zusammenleben, kennt die Extreme der tiefen, träumerischen Versunkenheit und auch den mitreißenden Esprit, den sie versprühen können.

Diese Menschen brauchen ein persönliches Ziel, das jenseits von Kommerz und Wettbewerb liegt, denn Einzigartigkeit ist ihre Maxime. Wenn ihr Beruf nicht in Einklang mit ihren persönlichen Werten steht und ihnen abverlangt, nur im Sinne des Profites zu agieren, werden INFPs krank. Rückblickend möchten sie ein lohnendes Leben geführt haben, das sich wesentlich von dem der breiten Masse unterschieden hat. Oftmals verspüren sie im Alter den Drang zu reisen und wünschen sich Zeit für eine Fülle von Aktivitäten. Die Familie nimmt mit zunehmendem Alter eine Sonderstellung ein, denn INFPs können im Ruhestand Geselligkeit, Besuche und Treffen sehr genießen.

Unternehmen könn(t)en von der Kreativität und Loyalität eines INFPs sehr gewinnen, denn ihr sanftmütiges Wesen ist immer um Harmonie bemüht und Konkurrenzdenken liegt ihnen fern. Sie sind in der Lage, die größeren Zusammenhänge zu betrachten, zuweilen jedoch auf Kosten von Details, denn es ist ihnen wichtiger, dass die große Richtung stimmt und in Einklang mit grundsätzlichen Werten steht. Arbeit muss ihnen Spaß machen, aber sie muss vor allem *sinnvoll* sein.

INFPs stehen nicht gerne im Rampenlicht und können sich schlecht darstellen, denn sie erwarten von anderen, dass ihr wundervolles Wesen von alleine erkannt wird. Sie können regelrecht verlegen sein, wenn sie die Aufmerksamkeit auf sich ziehen, und verkaufen sich daher lieber unter Wert. Sie bauen darauf, dass man ihre Stärken mit der Zeit schon noch erkennen wird. Sie hassen Bürokratie und Aggression und können unter solchen Bedingungen nicht arbeiten. Sie brauchen bei der Arbeit viel Privatsphäre und Zeit zur Reflexion und übernehmen nur widerwillig Führungsaufgaben, denn es fällt ihnen schwer, andere Menschen zu kritisieren.

Die Perfektion und Harmonie eines INFPs wird leider selten erkannt, denn sie spiegelt sich nach außen hin selten in einem aufgeräumten Schreibtisch wieder und zeitweise wirken diese Menschen recht unorganisiert. In ihrem Inneren jedoch lieben sie Ordnung, aber ihre Fähigkeit zu komplexen Gedankenprozessen hindert sie zuweilen daran, dies auch nach außen zu zeigen. Immer muss alles auf dem Schreibtisch parat sein, denn die Gedanken beschäftigen sich immerfort mit allem. Aufzuräumen erscheint sinnlos und kostet viel zu viel Zeit. Auch die Frage, welche Dinge momentan unwichtig sind und beiseite geräumt werden können, ist für sie schwer zu beantworten. All das sind schwierige Entscheidungen für einen INFP, die er gerne vertagt. Wenn er jedoch Dinge für unwichtig hält, dann schenkt er ihnen auch keine Beachtung und kann sie problemlos „links" liegen lassen.

INFPs fällt es schwer, eine Arbeit für beendet zu erklären, da immer noch etwas verbessert werden könnte. Manchmal beenden sie ihre Arbeit auch gar nicht, da sie das Ergebnis schon lange vor ihrem geistigen Auge sehen und das tatsächliche Beenden in der Realität erscheint ihnen gar nicht so wichtig. Für sie ist die wirkliche Welt etwas Geistiges in ihrem Kopf, die Außenwelt hat nur einen sekundären Status.

INFPs bevorzugen Tätigkeiten, die die Welt zu einem besseren Ort für alle Menschen macht. Man findet sie zum Beispiel als Berater, Lehrer, Künstler, Journalisten, Psychologen, religiöse Erzieher, Sozialwissenschaftler, Sozialarbeiter, Schriftsteller, Theologen, Juristen und in vielen anderen Berufen, wo Gerechtigkeit und Werte sowie helfende Elemente zu finden sind.

Analytischer und holistischer Wahrnehmungsstil

Die Psychologen Aron und Aron stützen sich bei ihrer theoretischen Entwicklung des Konstruktes Hochsensitivität wesentlich auf Arbeiten von Eysenck (Introversion vs. Extraversion) und Gray (BIS vs. BAS), die ich in den vorangegangenen Abschnitten erläutert habe. In meiner eigenen Arbeit konnte ich einen weiteren wesentlichen Faktor isolieren, der sich auf den Wahrnehmungs- und Denkstil von HSM bezieht. Ich halte die folgenden Studien nicht nur wegen ihrer kulturübergreifenden Seltenheit für sehr wichtig, sondern auch für das Gesamtverständnis hochsensitiver Menschen und ihrer ganz besonderen Art, die Welt zu sehen.

Die Forscher Nisbett und Miyamoto (2005) sowie Chua, Boland und Nisbett (2005) fragten sich, ob es nicht vielleicht auch Unterschiede in Bezug auf den Wahrnehmungsstil zwischen Asiaten und Menschen aus dem westlichen Kulturkreis gibt. Vermutlich war den aus Asien kommenden Psychologen aufgefallen, dass sie im Gegensatz zu Amerikanern andere Dinge wahrnahmen und andere Fragen stellten. Sie untersuchten gemeinsam in sogenannten kulturübergreifenden Studien den Einfluss gegensätzlicher Kulturen auf den Prozess der Wahrnehmung. Tatsächlich konnten sie nachweisen, dass Amerikaner – im Gegensatz zu Asiaten – einen völlig anderen Wahrnehmungsstil bevorzugen. Amerikaner, die als „Prototypen" der westlichen Kultur gelten und in der Mehrheit ein ausgeprägtes BAS-System haben, gehören demnach hauptsächlich der Gattung „Handler" an (vgl. Amelang & Bartussek 1990) und zeigen mehrheitlich einen kontextunabhängigen und analytischen Wahrnehmungsstil. Das bedeutet, dass sie sich auf ein augenscheinlich wichtiges Objekt konzentrieren (können) bzw. ihre Aufmerksamkeit darauf richten und eine klare Trennung zwischen wichtigen und unwichtigen Dingen vornehmen. Amerikaner halten also Ausschau nach einem hervortretenden oder -stechenden Objekt und schenken der Umgebung nahezu keine Aufmerksamkeit. Sie erinnern sich an die Geschichte des Ferraris, der im Stadtverkehr mit einem Kombi nicht mithalten konnte? Dies ist ein typisches negatives Beispiel dafür, was passiert, wenn man den Kontext nicht beachtet. Eine wirkliche Einschätzung von Fahrzeugen kann nämlich nur dann erfolgen, wenn die Umgebung mit einbezogen wird, in welcher der Wagen getestet wurde.

Asiaten hingegen ist es wichtiger, die Gesamtsituation zu erfassen. Sie haben mehrheitlich einen holistischen oder ganzheitlichen Wahrnehmungsstil, und dabei ist es kennzeichnend, zunächst keine Auswahl hinsichtlich der Wichtigkeit einzelner Objekte zu treffen. Menschen aus asiatischen Kulturen schenken der Umgebung des hervortretenden Objektes mehr Aufmerksamkeit und somit kommt es ihnen wesentlich auf die Beziehung, das heißt auf die Dynamik zwischen den Dingen an. Aus diesen Ergebnissen schlossen die Wissenschaftler, dass es nicht *die* einheitliche Wahrnehmung gibt, die bei allen Menschen gleich ist, sondern dass es vielmehr zwei gegensätzliche Arten gibt, die eng mit Aufmerksamkeit, Konzentration und Denkstil in Verbindung stehen. Asiaten, die eher zu den Denkern gehören, sehen im Vergleich zu Amerikanern die Welt also sprichwörtlich mit anderen Augen. Zeigt man demnach beiden ein Foto von einem Tiger in einem Wohnzimmer, dann würden – überspitzt formuliert – Amerikaner spontan und begeistert sagen: „Das ist ein schöner, großer Tiger", während Asiaten nach kurzem Überlegen nachdenklich fragen würden: „Was macht dieses Tier in einem Wohnzimmer? Wie kommt es da hin? Gibt es Menschen, die mit einem Tiger zusammenwohnen? Ist das nicht gefährlich?"

Diese gegensätzlichen Wahrnehmungs- und Denkweisen finden sich auch bei hochsensitiven Menschen im Vergleich zur überwiegenden Mehrheit der Bevölkerung. Dass Hochsensitivität eng mit dem asiatischen Wesen in Verbindung steht, wurde schon in den vorangegangenen Kapiteln erläutert. Weitere Studien belegen, dass Asiaten weniger in vorgegebenen Kategorien und mithilfe formaler Logik denken, sondern vielmehr geneigt sind, aus der Gesamtsituation die richtigen Schlüsse zu ziehen (Choi, Koo und Choi 2007; Nisbett, Peng, Choi und Norenzayan 2001). Sie interpretieren die einzelnen Elemente aus dem Gesamtbild, setzen sie zueinander in Beziehung und betrachten eben nicht nur einzelne Dinge als ursächlich. Probanden aus westlichen Kulturkreisen dachten eher in Kategorien bzw. Schemata, richteten ihre Aufmerksamkeit auf das primäre Objekt und nutzten Regeln und formale Logik. Weiterhin konnten die Forscher nachweisen, dass Amerikaner geneigt waren, menschliches Verhalten auf Persönlichkeitseigenschaften zurückzuführen und die jeweilige Situation nicht mit in Betracht zogen, während Asiaten eher den Kontext beachteten, indem das betreffende Verhalten auftrat. Hier wird deutlich, dass HSM mehrheitlich verständnisvoller und toleranter reagieren, jedoch wird dies allzu oft als Schwäche interpretiert. Gerade bei Kindern tritt diese Eigenschaft ganz offen zutage und so haben sie es oftmals schwer, sich in der Schule durchzusetzen.

Was ist denn nun die Besonderheit und „Schwäche" des holistischen Wahrnehmungsstils, werden Sie sich vermutlich fragen? Die Antwort ist recht einfach, denn es geht – wie im obigen Beispiel mit dem Tiger –, um die Frage nach dem *Warum* oder *Wieso*.

HSM suchen die Umgebung nach Hinweisen ab, die diese Fragen beantworten können. Zum Beispiel fragt ein hochsensitives Kind, das auf dem Schulhof von einem anderen angegriffen oder beleidigt wird: „Warum macht er das?" „Habe ich etwas falsch gemacht?" „Ist er vorher auch geärgert worden und deshalb etwas aggressiv?" „Hat er eine schlechte Note bekommen und hat er Angst oder ist er wütend?"

HSM können die Aggression nicht einfach nur als Aggression nehmen und entsprechend darauf reagieren (so wie es die überwiegende Mehrheit der Menschen in unserer Kultur tut), denn das wäre ihrer Überzeugung nach ein Verhalten ohne Sinn. Sie überlegen und suchen nach dem Sinn des Ganzen und sind nicht deswegen oftmals Opfer von **Mobbing** und **Bullying**. Um es nochmals zu betonen, Kinder und Erwachsene mit dieser Art der Wahrnehmung wollen *verstehen*, sie möchten hinter die Dinge blicken, das Motiv erkennen. Sie wollen verstehen, *warum* und *wieso*, das betrifft sowohl ihr eigenes Verhalten, als auch das Verhalten von anderen Personen sowie Sachverhalte. Schon Schopenhauer kannte dieses Phänomen und schrieb dazu:

> *„Zum Beispiel fassen wir die schlechte Handlung eines Menschen ins Auge, so werden wir ihn verdammen;*
>   *hingegen, bloß die Not, die ihn dazu bewogen, betrachtend, ihn bemitleiden;*
>   *die Vernunft erwägt jedoch beides und führt zu dem Resultat, dass er durch angemessene Strafe gebändigt, eingeschränkt, gelenkt werden müsse."*

Die Schwäche vieler HSM ist demnach ihr Mitleid. Dies ist jedoch eine ebenso einseitige Betrachtungsweise wie im angeführten Zitat die Verdammnis. Hier führen nur beide Aspekte zusammen genommen zu einer objektiv richtigen, das heißt vernünftigen Beurteilung. Die Vernunft muss allerdings von HSM schmerzlich gelernt werden, denn sie verlangt die Einbeziehung des „Bösen" in uns. Es ist nicht immer leicht, das Nachvollziehen des (hintergründigen) Motivs des Gegenübers teilweise zu ignorieren und so zu handeln, wie es für die eigene Existenz und Akzeptanz in unserer Gesellschaft vonnöten ist.

Gerade hochsensitive Menschen sollten sich vor Augen führen, dass auch sie von anderen nicht absichtlich falsch eingeschätzt werden, denn die Mehrheit kann das *Warum* und *Wieso* nicht erkennen. So beurteilen Menschen mit einem analytischen Wahrnehmungsstil die Reaktionen von HSM gerne als zu langsam und schließen womöglich auf mangelnde kognitive Fähigkeiten. Sie können natürlich nicht wissen, dass zunächst eine Fülle von Daten gesammelt wird und solange keine Reaktion erfolgt, bis der gesamte Input verarbeitet worden ist. Auch sind HSM nicht sonderlich an Reaktionen interessiert, sondern wollen zunächst einmal die Hintergründe verstehen und die Situation in ihrer Ganzheitlichkeit begreifen. Für sie ist es wichtiger, eine finale und richtige Handlung zu zeigen, als kleine Reaktionsschritte zu gehen.

Mitunter wartet das Leben im Alltag jedoch nicht auf holistisch denkende HSM, denn bis sie sich manchmal entschieden haben, stehen schon zwei bis drei weitere Entscheidungen in Warteschlange. Sie kommen sich dann oftmals vor, als würden sie nicht mehr mithalten können. Schnelle Entscheidungen in einer immer beschleunigteren Welt, wo Zeit- und Termindruck sowie Flexibilität an der Tagesordnung liegen, versetzen HSM permanent in Stresssituationen und am Ende eines Tages fühlen sie sich regelrecht ausgelaugt. Depressionen, Erschöpfungszustände, Verlust von Selbstbewusstsein und sogar Burn-out sind typische Folgen davon.

Ich hoffe, dass Sie nun für sich selbst erkennen können, dass es nicht an Ihren niedrigen Belastungsgrenzen liegt, dass Sie sich zuweilen sogar fremdbestimmt vorkommen, sondern an der für Sie typischen Weise die Welt wahrzunehmen.

Wenn die Außenwelt wie unter einer Lupe vergrößert betrachtet werden kann und jedes Ding von allen Seiten beleuchtet wird, dann muss diese Perspektivenvielfalt zunächst einmal sortiert werden, um den großen Zusammenhang zu verstehen. Nichts kann einfach so hingenommen werden, ohne es zu hinterfragen und tief zu durchdenken: „Vielleicht gibt es ja noch eine andere Lösung? Einen besseren Weg?" „Warum muss man immer alles gleich machen, nur weil die anderen es sagen?" „Warum wird immer auf Entscheidungen gedrängt, obwohl die Umstände noch nicht zu Ende gedacht sind?" Dies alles löst Unsicherheit und Unmut aus, aber auch bei denjenigen, die nicht so sind, denn HSM können sich manchmal nur schlecht entscheiden und eine Arbeit für beendet zu erklären.

Reizoffenheit: Kennzeichen einer neuen Entwicklungsstufe?

Jeder sieht, was du scheinst.
Nur wenige fühlen, wie du bist.
　　　　　Niccolò Machiavelli

Hochsensitive Menschen haben im Vergleich deutlich herabgesetzte Wahrnehmungsschwellen bzw. niedrige Reizschwellen, sie sind reizoffener. Analoges gilt für Diagnosen wie ADS mit und ohne Hyperaktivität, Dispositionen für Schizotypie oder Psychotizismus und Ängstlichkeit (Rammsayer, Lubow, Gibbons & Braunstein-Bercovitz 2000).

Bisher ist die Theorie davon ausgegangen, dass die Fähigkeit, Wichtiges von Unwichtigem zu trennen, gestört ist und die Wahrnehmungsfilter eine Fehlfunktion haben. Den betroffenen Erwachsenen und Kindern wird eine Filterschwäche diagnostiziert und diese wiederum wird dafür verantwortlich gemacht, dass sie sich eben nicht (ausschließlich) auf einen Aspekt ihrer Umwelt konzentrieren können und von Eindrücken förmlich überflutet werden. Diese Bewertung ist jedoch sehr einseitig: Es gibt für mich keinen Zweifel, dass Reizoffenheit per se ein Kennzeichen einer neuen Entwicklungsstufe des Menschen darstellt und ich werde Ihnen nachfolgend die Gründe für meine Theorie darlegen. Für eine Bewertung kommt es wesentlich darauf an, welchen Menschentyp („Denker" versus „Handler") Reizoffenheit betrifft und welcher Wahrnehmungsstil vorliegt. Als Einstieg gebe ich Ihnen zunächst einmal einen kurzen Überblick über die menschliche Wahrnehmung und wie sie „funktioniert".

Wahrnehmung, Filter und Konzentration

Der Mensch ist im Allgemeinen kein guter „Wahrnehmer". Vielleicht sind Sie jetzt ein wenig erstaunt über diese Aussage, aber ich möchte Ihnen verdeutlichen, dass die Welt objektiv ganz anders aussieht, als wir sie sehen. Stellen sie sich vor, wir könnten radioaktive Strahlung, Rundfunkstrahlung und Gammastrahlung sehen und wahrnehmen, dann würde die Welt um uns herum völlig verändert erscheinen. Was aber ist dann die Wirklichkeit? Sieht die Erde in der Realität ganz anders aus und unterliegen wir einer gigantischen Täuschung? Es fällt wirklich schwer dies zu akzeptieren, denn wir können uns nicht vorstellen, dass die Dinge nicht so sind, wie sie scheinen.

Schauen Sie sich die Abbildung auf Seite 134 an, denn sie verdeutlicht diese Tatsache und zeigt das elektromagnetische Spektrum des Lichts. Nur ein verschwindend geringer Ausschnitt, nämlich zwischen etwa 380 Nanometern (nm) und 750 nm, ist für den Menschen sichtbar. Alles andere, man könnte auch sagen das meiste, liegt sprichwörtlich im Dunkeln. Wir Menschen sind

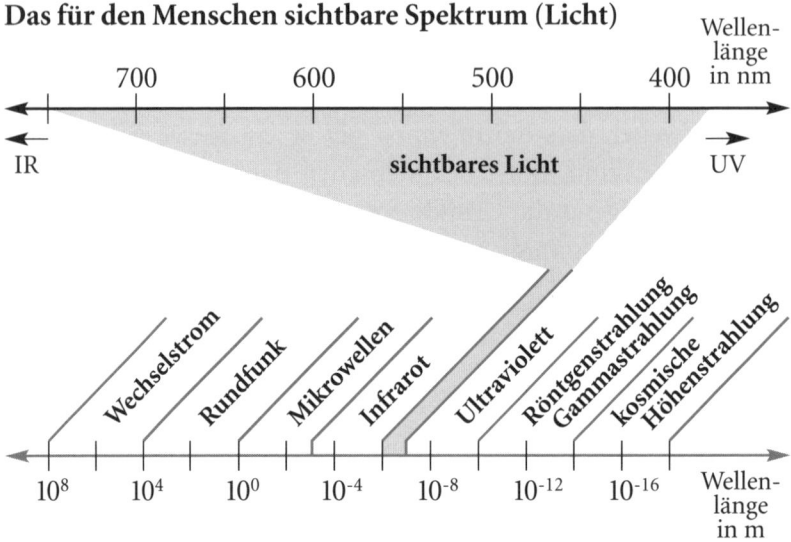

jedoch nicht ganz unbeholfen, denn wir haben Geräte entwickelt, die jenseits unseres menschlichen Spektrums stellvertretend für uns wahrnehmen. Würden wir Menschen, theoretisch betrachtet, alles um uns herum wahrnehmen können, würde sich, wie gesagt, nicht nur unser gesamtes Bild von der Welt ändern, sondern wir hätten die Wirklichkeit mit aller Wahrheit und Weisheit gefunden, mithin das letzte Geheimnis der Dinge.

Vielleicht existieren in ferner Zukunft einmal Menschen mit solchen Fähigkeiten, aber bis dahin sind unserer Wahrnehmung durch den Aufbau unserer Organe ganz natürliche Grenzen gesetzt. Dies fungiert bereits als eine Art eingebauter Filter. Das reicht jedoch bei Weitem nicht aus, denn wir werden auf Ebene der Sinnesorgane ständig mit Reizen aller Art bombardiert und diese Reizflut würde die menschliche Verarbeitungskapazität völlig überlasten. Die Natur hat uns deshalb mit weiteren Filtern ausgestattet, denn sie sind immens wichtig für unsere Aufmerksamkeit und Konzentration. Die Aufmerksamkeit selbst ist maßgeblich an der nötigen Reizselektivität beteiligt, sodass Wahrnehmung und Aufmerksamkeit nahezu identisch sind. Die Fähigkeit „unwichtige"

Dinge auszublenden und die Aufmerksamkeit auf „Wichtiges" zu lenken und zu konzentrieren, kann man sich bildlich als Lichtkegel vorstellen. Nur diejenigen Reize, die sich in diesem Lichtkegel befinden, werden ins Bewusstsein gerückt und erkannt.

Bei einem holistischen Wahrnehmungsstil wandert dieser Lichtkegel eben nicht nur auf das eine, „wichtige" Objekt, sondern bewegt sich auch in der Peripherie und sucht den Kontext nach Informationen ab. Es ist somit nur natürlich, dass dies zunächst eine Konzentration ausschließt, weil eine derartig ganzheitliche Wahrnehmung eben nicht anders „funktionieren" kann. Wenn also von Reizoffenheit, Wahrnehmungsstörung und mangelnder Konzentrationsfähigkeit gesprochen wird, so muss auch immer der Wahrnehmungs-, Denk- und Reaktionsstil berücksichtigt werden. Bei einer solch differenzierten Betrachtungsweise ist Reizoffenheit per se zunächst einmal als neutral, als Phänomen unserer Zeit anzusehen und erst in einem nächsten Schritt ist für die Bewertung entscheidend, welchen Menschentyp es betrifft. Im Falle eines analytischen Wahrnehmung- und Denkstils, bei dem „Wichtiges" von „Unwichtigem" getrennt wird und die gesamten Hintergrundinformationen ausgeblendet werden, überwiegen eher die negativen Auswirkungen, weil das Gehirn es nicht gewohnt ist, eine Fülle von Daten gleichzeitig zu verarbeiten und miteinander zu verknüpfen. Durch die Reizoffenheit wird das Gehirn überflutet und es erscheint kaum möglich, eine sinnvolle Auswahl hinsichtlich der Wichtigkeit von Objekten zu treffen. Die gesamte Ordnung der Wahrnehmung kommt durcheinander und es ist nach meinen Untersuchungen gerechtfertigt, hier von Filterschwäche und sogar von ADHS/ADS zu sprechen. Dies bedarf jedoch einer sorgfältigen Abklärung.

Im Falle eines holistischen Wahrnehmungs- und Denkstils (Hochsensitivität) ist eine negative Beurteilung jedoch nicht gerechtfertigt, wie die folgenden Kapitel zeigen werden Bei einem hochsensitiven Menschen liegt keine Filterschwäche vor, sondern der Filter der Aufmerksamkeit = Wahrnehmung ist einfach nur anders eingestellt, denn der „Schalter" für die Grundeinstellung steht auf *Holistisch* und nicht auf *Analytisch*.

Ein holistischer, d. h. ganzheitlicher Wahrnehmungsstil erklärt auch das schnelle Umschalten der Aufmerksamkeit (Ablenkbarkeit), denn das passiert nur, wenn sich etwas in der Umwelt verändert und dies wird unmittelbar registriert. Das kann im Fall von HSM schon bei kleinsten Begebenheiten passieren, die für andere Menschen als völlig unwichtig eingestuft werden, weil sie sich in der Peripherie abspielen. Diese Veränderung muss trotzdem deutlich wahrnehmbar sein und hängt normalerweise von der Andersartigkeit des Reizes ab, aber im Wesentlichen von den personenspezifischen Reizschwellen. Da bei HSM diese Reizschwellen niedriger „eingestellt" sind, schaltet die Aufmerksamkeit auch bei kleinsten Hinweisreizen um und minimale Veränderungen in der Umwelt werden registriert. Andere Autoren sprechen in diesem Zusammenhang wiederum von ADHS / ADS und einem „überhüpfenden" Wahrnehmungsstil. Wenn für die überwiegende Mehrheit in unserer Gesellschaft ein Umschalten der Aufmerksamkeit nur durch sehr deutliche Hinweisreize erreicht werden kann, zum Beispiel durch lautes Hupen eines Autos, so reicht bei HSM eine leichte Veränderung der Geräuschkulisse seitens der Umwelt völlig aus. Dies kann durch ein leises, herannahendes Motorengeräusch, durch das Zwitschern eines Vogels oder durch ein sich im Wind bewegendes Blatt an einem Baum geschehen. Ob diese Dinge jedoch als unwichtig bewertet werden, steht naturgemäß auf einem anderen Blatt und wird erst nach eingehender Prüfung entschieden. Auf jeden Fall nähert man sich der Realität mit einer derartig fein eingestellten Wahrnehmung, wie eingangs schon erörtert. Hochsensitive Menschen sind also näher dran an der Wirklichkeit und dies stellt unzweifelhaft eine Weiterentwicklung der menschlichen Wahrnehmungsfähigkeit dar. Dasjenige, was dabei als Störfaktor oder als „Schwäche" wirkt, hängt nur sekundär mit Wahrnehmungsfiltern zusammen, denn es ist die Zeit, die wieder einmal für Verwirrung sorgt. Für hochsensitive Menschen ticken die Uhren einfach anders, denn aufgrund der Fülle von Daten brauchen sie einfach länger, eine Situation, andere Personen oder Sachverhalte zu erfassen. Dieses „Mehr-an-Zeit" und die daraus resultierende Langsamkeit existiert jedoch nur aus der Sicht anderer Personen, die diese Art der Wahrnehmung nicht haben.

Dennoch sollen hier auch die negativen Auswirkungen einer derart feinen Wahrnehmung dargestellt werden, denn bei ständig neuem und wechselndem Input wird der einmal gefasste Handlungsplan empfindlich gestört. Arbeiten werden unter Umständen nicht zu Ende gebracht, weil ständig Störfaktoren dazwischenfunken. Dadurch ist es anstrengend bei der Sache zu bleiben, denn die Fülle an Daten muss auch verarbeitet, integriert und bewertet werden. Ein HSM wird beim Autofahren deshalb nicht das Radio voll aufdrehen und das Fenster herunterkurbeln oder sich einer angeregten Unterhaltung widmen, denn das würde die Konzentration auf den Straßenverkehr empfindlich stören. Überhaupt sollte bei allen Tätigkeiten, die Konzentration erfordern, zum Beispiel beim Lesen und Lernen, darauf geachtet werden, mögliche Störquellen so weit wie möglich auszuschalten. Dieses Ausschalten passiert bei weniger sensitiven Menschen ganz automatisch, es ist ungefähr so, als würden sie ständig eine Sonnenbrille tragen und dadurch vor (Licht-) Reizen geschützt. HSM müssen sich diese Sonnenbrille bei Bedarf „manuell" aufsetzen und selbst Sorge dafür tragen. Die Idee, dass da etwas nicht stimmen kann und „manuell" eine menschliche Funktion nachgebessert werden muss, ist zwar bei isolierter Betrachtungsweise nicht von der Hand zu weisen, relativiert sich jedoch, wenn die Hintergründe beleuchtet werden. Weiterhin wurden die **pathologischen** Vorstellungen einer Filterschwäche dadurch untermauert, dass Neurologen Abweichungen im Zusammenspiel der verschiedenen Neurotransmitter im Gehirn feststellten. Dies alles passte zu den theoretischen Vorstellungen eines Filtersystems (sogenanntes „Flaschenhalsmodell"), das jedoch durch neuere kognitionspsychologische Ergebnisse weitgehend abgelöst wird. Aktuelle Untersuchungen gehen nämlich davon aus, dass die

Verarbeitungskapazität (Intelligenz) eine wesentliche Rolle spielt. Dies alles führt zu der Frage, ob Filter und ihre Funktionen über unseren Input bzw. unsere Wahrnehmung bestimmen, oder ob all das von unserem Intellekt geregelt und bestimmt wird?

Diese theoretische Kontroverse erinnert zuweilen an den Streit, was wohl zuerst da war: das Huhn oder das Ei? Ungeachtet der Tatsache, dass ich nicht den Anspruch erhebe, das letzte Wort in dieser Angelegenheit sprechen zu wollen, so ist es für unsere Zwecke völlig ausreichend, dem Beispiel des Psychologen William Stern und seiner Konvergenztheorie zu folgen: Demnach ist zunächst beides relevant, Filter und Intelligenz, und da wir hier von Kognitionen sprechen, schließt dies eine sogenannte unspezifische Erregung aus. Wenn HSM mehr Input wahrnehmen können, dann bedingt dies, dass sie auch mit entsprechender Verarbeitungskapazität (Intelligenz) ausgestattet sein müssen, und es ergibt keinen Sinn, weiterhin von einer Reizfilterschwäche zu reden.

> *Basta.*
> Gerhard Schröder

Nähert man sich der Reizoffenheit nämlich aus der Perspektive der Intelligenz, so zeigen Forschungen zur latenten Hemmung, die den Menschen vor Reizüberflutung schützen soll, dass reizoffene Personen, bei denen die latente Hemmung reduziert war, siebenmal kreativer waren als die Probanden der Vergleichsgruppe (Carson, Higgins und Peterson 2003). Die Kreativen ließen sich jedoch bei gestellten Aufgaben auch leichter ablenken und wirkten dadurch unkonzentriert. Die Wissenschaftler aus Harvard stellten also fest, dass Reizoffenheit auf der einen Seite mit psychischen Problemen und auf der anderen Seite mit „high levels of creativity" (ebd., S. 505) in Zusammenhang steht. Schon der Psychologe Wilhelm Lange-Eichbaum bezeichnete im Jahr 1928 dieses Phänomen als „Genie und Wahnsinn". Als wesentliches Kennzeichen hierfür fand er eine „auffallende Labilität und Empfindlichkeit des Seelenlebens und eine recht beträchtliche Anfälligkeit für Psychosen, Neurosen und Psychopathien" (zit. nach Kriz et. al. 1987, S. 183).

Keine Rose ohne Dornen

Das Dilemma um Reizoffenheit und Intelligenz ist jedoch gar nicht so verwunderlich und kompliziert, wie uns die Wissenschaft hat glauben machen wollen, denn die Natur bietet eine Fülle von Beispielen für dieses Phänomen. Aber hier beurteilt der Mensch wesentlich toleranter und differenzierter; nur wenn es um ihn selbst geht, unterliegt er zuweilen einer fatalen Fehleinschätzung, Wissenschaft hin oder her.

So beurteilen wir in der Pflanzenwelt die Rose nicht etwa danach, wie verbreitet oder anpassungsfähig sie ist, sondern wie selten und „schwierig" es ist, sie zur Blüte und zu voller Schönheit zu bringen. Wir verwenden für die Hege und Pflege von Rosen viel Mühe und Zeit und wählen den Standort sorgfältig aus, damit sie gedeihen können, und es erscheint selbstverständlich, dass sie im Vergleich zu anderen, robusteren Pflanzen empfindlicher gegenüber Umwelteinflüssen und Krankheiten sind. Hier wird nicht etwa davon gesprochen, dass bei der Rose „Schönheit und Hässlichkeit" nahe beieinanderliegen oder dass ein wesentliches Kennzeichen darin besteht, dass eine auffallende Labilität und Empfindlichkeit vorliegt. Nein, ganz im Gegenteil: Diese Sichtweise nutzen wir nur bei der Beurteilung sehr begabter Menschen und man könnte meinen, dass sich die übrige Gesellschaft mit Händen und Füßen dagegen wehrt, optimale Bedingungen zu schaffen und anzuerkennen, dass es nun einmal in der Natur keine „Rosen ohne Dornen" geben kann. Einfacher erscheint es daher, die möglichen Krankheiten aufzulisten und übliche Mittel zu verwenden, um dann festzustellen, dass es mit der Begabung wohl nicht weit her sein kann.

„Ernährungsberatung" für die andere Art

Nicht das Problem macht die Schwierigkeiten, sondern unsere Sichtweise.

Viktor Frankl

Umzudenken und neue Sichtweisen anzunehmen, fällt uns Menschen oft schwer. Es ist ein mühsamer Prozess, bevor sich etwas durchsetzen kann und allgemeine Akzeptanz findet. Es muss jedoch vor allem eine Notwendigkeit bestehen, das heißt, ein akutes Problem bedarf einer Lösung. Ein solches Problem stellt das Phänomen Reizoffenheit dar, das immer mehr Kinder und auch Erwachsene zu betreffen scheint. Zuweilen ist es dann ganz brauchbar, nach Analogien zu suchen und zu fragen: „Hatten wir schon einmal ein ähnliches Problem?" Ich gehe davon aus, dass wir das hatten, und erstaunlicherweise decken sich auch die Lösungsansätze.

Um nun die Fäden zu entwirren, benötigt man einen allgemein anerkannten Plan bzw. eine Theorie, denn sonst wären die Behauptungen zunächst reine Spekulation. Dieser Plan, den ich benutze, heißt Systemtheorie. Dieser Sichtweise zufolge ist Input in Form von Umweltreizen im Prinzip nichts anderes als Input in Form von Nahrung, denn es bleibt, was es ist, nämlich *Input* in das System Mensch. Darüber hinaus verstehen sich moderne psychologische Sichtweisen nicht mehr als Elementenpsychologie, d. h. Probleme werden nicht mehr isoliert und als einzelne Elemente betrachtet, sondern idealerweise in ihrem historischen und kulturellen Kontext. In diesem Sinne tritt man einen Schritt zurück, um das ganze Bild zu betrachten, und so sagt auch Jochen Mariss: „Viele Probleme erscheinen uns nur deshalb so groß, weil wir sie mit zu wenig Abstand betrachten."

Um das zu verdeutlichen, möchte ich Ihnen eine kleine Geschichte erzählen.

Tarzan aus dem Dschungel

Betrachten wir die gesamte Menschheitsgeschichte in ihrem Verlauf, so spielte die Nahrungsbeschaffung eine ganz zentrale Rolle, denn sie sicherte das Überleben. Nahrung war immer ein knappes und deshalb wertvolles Gut, denn sie musste mühsam herbeigeschafft werden. Wollte der Mensch satt und überleben, musste er sich bewegen und auf die Jagd gehen oder Ackerbau betreiben. So ging es wohl auch der Romanfigur Tarzan, der als Kind im Dschungel verloren ging und unter Tieren aufwuchs. Tarzan war zu einem stattlichen Mann herangewachsen, sportlich, durchtrainiert, kerngesund und ein außerordentlich guter Jäger, denn er musste für seinen Bedarf an Input bzw. Nahrung selbst sorgen.

Stellen wir uns nun vor, dass seine Eltern ihren Sohn eines Tages endlich gefunden hätten, weil sie nie aufgegeben hatten, nach ihm zu suchen. Sie nahmen ihn mit nach England und Tarzan fühlte sich wie im Schlaraffenland! Wann immer er wollte, konnte er die feinsten Speisen essen, rund um die Uhr gab es Kuchen, Torten, Gänsebraten und Schokolade. Unser Freund Tarzan stopfte unermüdlich alles in sich hinein, er konnte gar nicht genug davon bekommen. Gewöhnlich war ihm nach dem Essen etwas übel, weil er es übertrieben hatte und er musste sich hinlegen. Der Hausarzt verschrieb ihm Schmerztabletten gegen das Magendrücken, denn diese Schmerzen plagten ihn sehr. Tarzan wurde immer träger und dicker. Er erkrankte an Diabetes, Arterienverkalkung und vielem anderen, litt zeitweise unter Depressionen und konnte sich selbst nicht mehr im Spiegel ansehen. Was war nur aus dem kerngesunden und fröhlichen Tarzan geworden? Sein Hausarzt verabreichte ihm mittlerweile eine Menge Medikamente gegen die Symptome und sagte schließlich eines Tages:

„Ja, mein Lieber, Sie leiden an einer Krankheit, die eigentlich gar keine wirkliche Krankheit ist. Mann nennt sie Zivilisationskrankheit, sie ist weit verbreitet bei uns. Sie müssen lernen, Ihr Essverhalten zu kontrollieren, Sie dürfen nicht mehr so viel essen und Sie müssen darauf achten, was Sie essen. Sie müssen sich wieder bewegen. Wenn Sie das nicht lernen, dann kann ich nichts mehr für Sie tun! Denken Sie daran, Sie sind nicht mehr im Urwald. Wir hier, in der Wohlstandsgesellschaft, werden von allem überflutet, daher muss jeder Einzelne dafür Sorge tragen, dass er alles im richtigen Maß konsumiert; das müssen Sie nun lernen."

Offensichtlich war Tarzans Arzt ein kluger Mann, denn er hatte das Kernproblem erkannt. In gewisser Weise geht es Menschen mit Reizoffenheit genauso: Einerseits sind sie in der Lage, viele Daten aufzunehmen, aber was zu viel ist, ist zu viel! Sie machen den Fehler, zu denken, dass das, was da ist, auch bedenkenlos konsumiert werden kann und muss. Für HSM bedeutet dies also, dass sie lernen müssen, ihren Input selbstständig zu regeln; das ist im Prinzip auch nichts anderes als „Input" in Form von Essen. Dabei müssen sie auf die Qualität und die Quantität von Reizen achten. Genauso selbstverständlich wie es uns heute erscheint, unseren Kindern beizubringen, nicht zu viel Schokolade zu essen oder endlos Coca-Cola zu trinken, genauso selbstverständlich müssen wir jetzt und in Zukunft unseren hochsensitiven Kindern und Erwachsenen beibringen, das richtige Maß für Umweltreize zu finden. Wenn wir das nicht tun, dann handeln wir nicht nur verantwortungslos, sondern verhalten uns wie ein schlechter Hausarzt, der Tabletten gegen Symptome verschreibt, aber aufgrund seiner Kurzsichtigkeit das ursächliche Problem nicht erkennt. Unsere Wohlstandsgesellschaft hat mittlerweile so viele Reize geschaffen, dass es einer Regelung bedarf. Gleichzeitig, sozusagen entgegengesetzt, wird der Mensch zunehmend sensitiver, und die Schere klafft immer weiter auseinander.

Unsere Umwelt verändert sich in rasantem Tempo und auch weniger sensitive Menschen müssen sich ein dickes Fell zulegen. Als ich unlängst in einem Baumarkt war, fiel mir auf, dass an der Kasse sage und schreibe vier Flachbildschirme gleichzeitig mit lautstarken Verkaufsvideos um meine Aufmerksamkeit buhlten. Im Hintergrund lief noch ein Tonband mit hauseigener Werbung und ich fragte die Kassiererin, wie sie diese Geräuschkulisse nur aushält. Sie sagte:

„Och, am Anfang war das ganz schön nervig und wir mussten auch zweimal die Videogeräte leiser stellen, weil sich Kunden beschwerten. Ich höre das schon gar nicht mehr, aber wenn ich nach Hause komme, dann bin ich froh, wenn es schön ruhig ist. Das war früher nicht so, aber vielleicht werde ich auch alt?"

In anderen Geschäften werden die Kunden mit auffälliger Neonreklame, Musik und künstlichen Düften angeregt, aufmerksamer zu verweilen, damit sich das Unternehmen von der Konkurrenz abheben kann. Auch im heimischen Wohnzimmer ist man vor solchen Attacken nicht geschützt, so ist zum Beispiel die Lautstärke der Werbung während eines Spielfilms immer etwas lauter eingestellt, als der Film selbst, damit die Aufmerksamkeit auf den Werbespot gerichtet wird. Ganz automatisch reagiert jeder Mensch entsprechend darauf und Werbefachleute wissen natürlich darum. Wir werden manipuliert und merken es häufig gar nicht. Alles nur im Sinne des Kommerzes, denn der Mensch, der dies alles aushalten muss, wird nicht gefragt. Während „normale" Menschen schon genervt sind, werden HSM regelrecht attackiert. Wir haben uns nicht zuletzt durch den technischen Fortschritt eine Umwelt geschaffen, die wir nicht mehr so recht unter Kontrolle haben. Psychische Beschwerden am Arbeitsplatz nehmen rapide zu und das Wort *Stress* ist in aller Munde. In gewisser Weise gilt Stress sogar als Statussymbol, sodass man den Eindruck gewinnen könnte, derjenige, der nicht „im Stress" ist, könnte vielleicht krank sein?

Verkehrte Welt

Wir diagnostizieren Menschen, die differenzierter wahrnehmen können als die Allgemeinheit, mit Krankheiten und verabreichen ihnen Medikamente gegen diese besondere Fähigkeit, damit sie eine lärmende Umwelt besser aushalten können. Es findet weder eine angemessene Aufklärung noch eine Schulung statt und jeder Einzelne ist auf sich selbst gestellt. Gesellen sich dann psychische und psychosomatische Symptome dazu, gleicht dies einer Abwärtsspirale in die Krankheit. Ich frage mich, warum es in unserer Gesellschaft nicht möglich ist, diese besondere Gabe angemessen zu fördern und zu nutzen? Wir erfinden und produzieren so viele sinnlose Dinge, sind jedoch offenbar nicht dazu in der Lage, eine wirksame Beschulung für unsere Kinder zu „erfinden".

In meiner täglichen Praxis versuche ich meinen kleinen und großen Klienten zu erklären, dass sie bestimmt nicht krank sind, aber durchaus krank werden *können*, wenn sie nicht auf sich achten. In gewisser Weise bin ich in diesem Falle ein „Ernährungsberater" für „die andere Art" und führe Aufklärung und Schulung über Umweltreize durch. Sicher wird es in Zukunft Grenzwerte für Umweltbelastungen dieser Art geben, aber bis dahin ist es noch ein weiter Weg und ich wünsche Ihnen, dass Sie diesen Weg von nun an mit dem Wissen um Ihre besonderen Bedürfnisse gehen werden. Ohrenstöpsel, Sonnenbrillen, ein MP3-Player mit leiser Entspannungsmusik können oftmals Erleichterung bringen und viele Reize abdämpfen, probieren Sie es einfach aus!

HSM: Die Gattung der Paarhufer

Auf zwei „Hufen" zu stehen, ist das Merkmal aller HSM, und so muss auch oftmals die Beschreibung ihrer Eigenart doppeldeutig sein, um dem gerecht zu werden. Die Doppelnatur dieser Gegensätze manifestiert sich in vielerlei Hinsicht und so ist auf den ersten Blick nichts eindeutig und klar, erst die tiefe Reflexion bringt Licht ins Dunkel und die ersehnte Ruhe. Nicht nur beim Menschen, auch bei den Tieren lassen sich fundamentale Unterschiede in der Art und Weise der Verwertung von Input feststellen, und dies hat weit reichende Folgen für die gesamte Lebenssituation.

In der Welt der Säugetiere, zu denen der Mensch ja ebenfalls zählt, besitzen die Paarhufer wohl die höchste Spezialisierung im Aufbau des Magens. Sie sind in der Lage, aus der gegebenen Nahrung Dinge zu schöpfen, die andere Tiere nicht verwerten oder verdauen können.

Eine Unterordnung der Paarhufer wird als Wiederkäuer bezeichnet. Die Wiederkäuer sind Pflanzenfresser und nehmen zunächst nur ihre Nahrung auf, ohne sie jedoch endgültig zu verdauen. Dieser grob gefilterte Nahrungsbrei wird zunächst in Zwischenspeichern (Mägen) aufbewahrt, um dann in Ruhephasen nochmals durchgekaut zu werden. Erst dann wird die Nahrung der endgültigen Verwertung und Verdauung zugeführt. Stellen Sie sich nun einmal vor, was passiert, wenn man den Wiederkäuern keine Gelegenheit lassen würde, sich nochmals mit ihrem Input zu beschäftigen?

In dieser Hinsicht gleichen hochsensitive Menschen auffallend den Wiederkäuern. Sie nehmen zunächst einmal eine Fülle von

Daten auf, nur um sie zu sammeln. Dabei wird das Datenmaterial zunächst sehr grob aufgespalten, das heißt, es wird Wichtiges von Unwichtigem getrennt, aber eben nur sehr oberflächlich und nur so weit, wie es in der Kürze der Zeit möglich ist, denn neuer Input wartet ja schon. HSM haben ihre „Antennen" immer ausgefahren, und wer sich nun eine Kuh auf der Weide vorstellt, die den Großteil des Tages mit Grasen verbringt, der liegt hier völlig richtig.

Diese aufgenommene Datenmenge, der Input, kommt in eine Art Zwischenspeicher, vergleichbar mit den verschiedenen Mägen der Wiederkäuer. Um den Input nun endgültig zu verdauen bzw. die Daten zu verknüpfen, zu bewerten und abzulegen, muss Ruhe einkehren. Um die gefüllten Zwischenspeicher zu leeren, benötigen HSM eine ruhige, reizarme Umgebung und Zeit zu reflektieren, im übertragenden Sinne heißt das, sie müssen den Input nochmals fein zerkauen. Diese Zeit brauchen sie täglich und vor allem immer dann, wenn äußere und innere Erlebnisse die vorhandenen Speicher gefüllt haben und auf Verarbeitung drängen. Wird dem keine Beachtung geschenkt, entstehen nicht nur Nervosität, Bauchschmerzen und Übelkeit, sondern auch Kopfschmerzen, Rückenschmerzen, Schwindel, Essstörungen und weitere Erscheinungen psychosomatischer Natur.

Es ist also wichtig, sich die Zeit zu nehmen, und es gibt verschiedene Möglichkeiten, dies in den Tagesablauf zu integrieren. Diese Zeit für sich zu haben, ist kein Luxus, sondern ein unbedingtes Muss für alle HSM. Ob Sie sich nun entschließen, künftig mit dem Fahrrad zur Arbeit zu fahren und diese Zeit zur Reflexion nutzen, sich einen Hund anschaffen, um ausgedehnte Spaziergänge an der frischen Luft machen zu „müssen", oder Entspannungstechniken lernen – die Auswahl ist vielfältig und hängt davon ab, wie Ihre persönliche Situation aussieht. Während der Arbeitszeit ist dies schon etwas schwieriger, und das „stille Örtchen" erfreut sich bei HSM großer Beliebtheit, wenn es mal zu viel wird. Bei dem jetzigen Stand der Aufklärung über das Phänomen HSM können Sie leider nicht erwarten, dass Ihr Arbeitgeber und Ihre Kollegen über Ihr Wesen Bescheid wissen, und wenn Sie der Meinung sind, dass Aufklärung nicht respektiert und akzeptiert wird, dann ist es ratsam, nicht auf Biegen und Brechen Vorträge über Hochsensitivität zu halten. Wir werden jedoch das Thema *Abgrenzung* zu einem späteren Zeitpunkt nochmals aufgreifen.

Eine weitere Möglichkeit, die Sie ernsthaft einmal in Betracht ziehen sollten, ist eine längere Auszeit. Vielleicht haben Sie ja die Möglichkeit, eine Kur zu beantragen, einige Zeit in einem Kloster zu verbringen, oder eine Pilgerreise zu unternehmen. Wenn Ihr Leben bis dato sehr belastend war, dann denken Sie in diesem Zusammenhang auch mal an einen Computer: Es ist ganz selbstverständlich von Zeit zu Zeit eine Datenträgerbereinigung zu machen und auch eine sogenannte Defragmentierung. Dabei wird nicht nur der „Datenmüll" entsorgt, der sich im Verlauf der Benutzung angesammelt hat, sondern die einzelnen Datenelemente werden hervorgeholt, begutachtet, neu sortiert und am optimalen Ort abgelegt. Dann läuft der PC wieder schneller, er bleibt nicht hängen, es gibt keinen Systemabsturz. Der Computer ist wieder bereit für Input, denn es wurde Platz für Neues geschaffen. Genau wie bei Ihnen legt auch Ihr PC während der Benutzung in der Hektik des Tages einzelne Daten irgendwo auf der Festplatte ab, nur um sie schnellstmöglich loszuwerden. Füllen sich dann Festplatte und Arbeitsspeicher mit der Zeit, dann stolpert der Computer über seinen eigenen Input, er läuft einfach nicht mehr rund. Die Informatiker unter Ihnen mögen mir meine dilettantische Beschreibung verzeihen, aber ich spreche aus Erfahrung und solche Dinge werden mir meist erst dann bewusst, wenn mein PC so langsam ist wie eine Schnecke!

Werden diese Wartungsarbeiten nämlich regelmäßig durchgeführt, dann geht eine solche Defragmentierung schnell vonstatten; wurde jedoch darauf keinen besonderen Wert gelegt, dann kann dieser Vorgang schon einmal einen halben Tag dauern. Ganz schön lange für einen modernen Rechner! So ähnlich ist es bei Ihnen jedoch auch, und wenn Sie die ersten Zeichen weiterhin ignorieren, kann mitunter nur noch ein Fachmann helfen. Lernen Sie also, sich Zeit für sich selbst zu nehmen und für den Anfang darf es ruhig einmal etwas mehr sein. Auch Jürgen vom Scheidt rät in diesem Zusammenhang zu einem „Sabbatical", wie er es bezeichnet. Man kann auch einfach von einer „Auszeit" sprechen, die Sie als festes Programm nicht nur in Ihren Tagesablauf, sondern auch in Ihren Jahres- oder Lebenslauf integrieren sollten.

Die Gefühle: Das A und O der Hochsensitivität

Ich bin das A und das O,
spricht Gott der Herr,
der da ist
und der da war
und der da kommt,
der Allmächtige.
     Bibel

Empfindungen, Emotionen, Erregungen, Stimmungen, Affekte und Gefühle können vielschichtig sein und sind dasjenige Element, welches hochsensitiven Menschen gleichzeitig so viel Reichtum und so viel Probleme bereitet. Die Psychologie differenziert deutlich zwischen diesen unterschiedlichen Dingen, doch ich fasse sie nun der Einfachheit halber unter dem Oberbegriff „Gefühle" zusammen, um nicht seitenweise ausholen zu müssen.

Die Gefühle: Das A und O der Hochsensitivität

- „Alles geht so tief und tut so weh. Ich glaube, ich fühle einfach zu viel."
- „Ich war immer schon sehr sensibel. Alle sagten, ich müsse mir ein dickeres Fell zulegen."
- „Ich bin einfach nur ein Weichei, nehme mir immer alles zu Herzen."
- „Jede Kleinigkeit regt mich einfach viel zu sehr auf."

Wenn für Außenstehende ein laues Lüftchen weht, empfindet ein hochsensitiver Mensch das schon als mittelgroßen Sturm. Vergleicht man das mit der visuellen Wahrnehmung, dann ist es so, dass in Bezug auf die Gefühle ständig eine Lupe in der Hand gehalten wird, die alles in der Umgebung vergrößert. Himmelhoch jauchzend – zu Tode betrübt, wenngleich Letzteres oft-

> Während der überwiegende Teil der Bevölkerung ganz „normale" Gefühle hat und entwickelt, fühlt ein HSM je nach Ausprägungsgrad alles mindestens doppelt und dreifach.

mals häufiger als Ersteres vorherrscht. Ein falsches Wort reicht, und der ganze Tag ist gelaufen. Es reicht auch schon aus, wenn nur die schlechte Stimmung einer anderen Person wahrgenommen wird, denn *sofort* möchte ein HSM diese Disharmonien beseitigen. Aus diesem Grund werden sie auch gelegentlich als „harmoniesüchtig" bezeichnet; das resultiert jedoch nicht daraus, dass andere Menschen nicht nach Harmonie streben (das tun sie nämlich ebenso wie HSM), es liegt vielmehr daran, dass hochsensitive Menschen Emotionen vielschichtiger und tiefer erleben. Wenn man einen Gegenstand unter der Lupe betrachtet, sieht man ihn ja nicht nur größer, sondern auch mehr Einzelheiten.

Diese ganz augenscheinliche Sensibilität tritt bei vielen HSM recht offen zutage und ist vermutlich auch der Grund für die am Anfang des Buches genannte „Übersetzungsverwirrung". Im deutschen Sprachraum wird ja oftmals der Begriff Hochsensibilität verwendet und suggeriert damit einen zentralen Fokus auf ausgeprägte Empfindlich- und Empfindsamkeit, aber Reizoffenheit und Intelligenz gehören ebenso zum Konstrukt Hochsensitivität dazu. So gelingt es manchen HSM ganz gut, ihre sensible Seite nicht nach außen zu zeigen. Zuweilen können sie dann sogar regelrecht gefühlskalt wirken, obwohl sie es nicht sind. Es besteht aber ein großer Unterschied darin, ob Gefühle (nur) empfunden oder ob Gefühle gezeigt werden (können).

- Was aber ist das, was Freude und Last zugleich ist?
- Was sind Gefühle?
- Wozu sind sie zu gebrauchen?
- Warum fühlen HSM so viel?
- Sind Gefühle der Anfang und das Ende, oder sind sie der Anfang vom Ende?

Indem wir uns diesen Fragen stellen, kommen wir zum Dreh- und Angelpunkt der Hochsensitivität. Gefühle können alles sein, das A und O, und es ist wichtig zu wissen, mit „wem" wir es hier zu tun haben. Andernfalls werden die negativen Auswirkungen der Gefühle auch weiterhin die Herrschaft über Sie in den Händen halten.

Erkennen und Erleben

Ohne Emotionen kann man Dunkelheit nicht in Licht und Apathie nicht in Bewegung verwandeln.

C.G. Jung

Die menschliche Wahrnehmung wird im Allgemeinen aus einem sehr mechanistischen Menschenbild heraus dargestellt und erläutert. In der Wissenschaft wird dabei eine klare Trennung von Wahrnehmungspsychologie und Emotionspsychologie vorgenommen. Nun ist jedoch bei uns Menschen beides untrennbar miteinander verknüpft, denn wir nehmen Informationen nicht nur erkennend wahr, sondern wir erleben sie auch. Würden wir nur Ersteres können, dann wären wir eine Art Datenerkennungsmaschine und mit einem Computer zu vergleichen. Dem ist jedoch beim Menschen nicht so; jeder Wahrnehmungsinhalt hat für unsere Spezies auch einen Erlebnischarakter, eine bestimmte Qualität. Stellen Sie sich diesbezüglich einfach vor, eintreffende Wahrnehmungsdaten werden in unserem Kopf zwar erkannt, aber nochmals in eine völlig andere Sprache übersetzt. In diesem Fall ist es eine nochmalige Übersetzung in die Sprache der Gefühle, des „Nervenkitzels". Im umgekehrten Fall, nach einer anderen Theorie, erfolgt zuerst eine relativ unspezifische Erregung, die anschließend kognitiv bewertet wird (Schachter, Stanley & Singer, 1962). Es spricht jedoch mittlerweile vieles dafür, dass zwischen diesen beiden Wahrnehmungsarten eine Wechselwirkung stattfindet und das es nicht nur „entweder so oder so" geht. Das, was den Menschen jedoch zum Menschen macht und ihn von der Tierwelt abhebt, sind nicht die unspezifischen Erregungen, sondern das Erkennen derselben mithilfe des Intellektes. Wir Menschen sind also in der Lage, unsere Gefühle zu erkennen und wahrzunehmen. Wir nehmen wahr, dass wir so etwas Seltsames wie Gefühle haben. Nichts anderes hat Descartes mit seinem *Cogito, ergo sum* (Ich denke, also bin ich) festgestellt und als viel zitiertes **Axiom** seiner Philosophie zugrunde gelegt. Dem wollen wir uns hier in Bezug auf die Gefühle anschließen und postulieren demnach: *Ich fühle, also (er-)lebe ich.*

HSM erleben mehr und intensiver, in diesem Sinne „leben" sie auch „mehr" als der überwiegende Teil der Bevölkerung, denn das Leben hat eine tiefere Qualität.

Hochsensitive Menschen können also *mehr* wahrnehmen und *mehr* fühlen als der Durchschnitt und beides ist untrennbar mit dem erkennenden Element des Intellektes verknüpft, denn *Wahrnehmung ist an Erkenntnis gebunden.* So kommt auch Averill (2000, S. 295. Übers. d. Autorin) zu dem Ergebnis, dass Emotion, Intelligenz und Kreativität eine Einheit bilden, die sich im Lauf der Zeit weiterentwickelt hat und nach einer neuen Sichtweise innerhalb der Psychologie verlangt:

> *„Um diese Dreierverbindung anzuerkennen, müssen wir ganz neu über Emotionen nachdenken, wir müssen sie als soziale und individuelle Konstrukte sehen, die sich über die Zeit hinaus entwickelt haben. Wir dürfen sie nicht nur als automatische Reaktionen eines „höher" entwickelten Denkprozesses sehen. Ihre Relevanz ist allerdings nicht nur theoretischer Natur, sondern betrifft auch wesentlich die 'praktische' Beurteilung des Menschen."*

Versucht man allerdings den Gefühlen näher zu kommen, um sie zu untersuchen und zu beschreiben, stößt man an eine Grenze. Versuchen Sie einmal einer Maschine zu erklären, zum Beispiel einem Computer, wie Sie Wut, Trauer, Freude oder Liebe empfinden. Versuchen Sie zu erklären, wie sich das anfühlt. Vermutlich benutzen Sie zwar Worte, wie Kribbeln im Bauch, Euphorie, unbändige Spannung, Erwartung oder Drang, aber im Wesentlichen haben Sie damit nur leere Hülsen verwendet, die niemals das Ganze wiedergeben können. Gefühle lassen sich nicht in Worte fassen und in gewissem Sinne sind sie das Rätsel des Menschseins und der Menschheit. Wir kommen darauf später noch einmal zurück (vgl. S. 288), denn auch die Psychologie hat es hier nicht leicht. Gefühle sind das vielleicht letzte Geheimnis der Menschheit, das A und O, und es ist deshalb sinnlos, Ihnen hier Theorien und Modelle aufzuzeigen, die nicht umfassend sind und sich zum Teil sogar widersprechen. Ich habe mich darum bemüht, den Gesamtzusammenhang im Folgenden nicht allzu sehr aus den Augen zu verlieren und Ihnen so einen Einblick in die faszinierende Welt der Gefühle zu ermöglichen.

Das ZNS

In unserem zentralen Nervensystem (ZNS), also Gehirn und Rückenmark, haben Emotionen ihren Ursprung und zwar im stammesgeschichtlich älteren Teil. In diesem Zusammenhang wird auch vom Limbischen System gesprochen, oder anschaulich einfach von der rechten Gehirnhälfte. Das Emotionssystem ist damit das ältere, ursprüngliche System und sein Zweck scheint das Sichern des Überlebens einer Spezies zu sein (Damasio 1999; Darwin 1872/1965; Ekman 1999; Izard 1971).

Allen lebenden Organismen, auch den Pflanzen, ist als Grundbedingung die Fähigkeit des Empfindens gegeben, es kommt im Wesentlichen nur darauf an, ob sich (schon) ein Intellekt herausgebildet hat, der dies auch erkennt. Nur der Intellekt kann *sehen* und *erkennen* und erzeugt damit im wahrsten Sinne des Wortes ein Bewusst-Sein seiner selbst und anderer Dinge. Zum Beispiel können höher entwickelte Tiere bis zu einem gewissen Grade ebenfalls erkennen, doch im Wesentlichen hat die Realität für sie einen Erlebnisgehalt. Dieses Erleben bzw. Empfinden liegt jedoch weitgehend im Unbewussten oder auf einer Zwischenstufe, auf jeden Fall jenseits des reinen Erkennens und des menschlichen Bewusstseins. Das Verhalten ist wesentlich trieb- und instinkthaft gesteuert. Gefühle sind *blind*, sie können nicht *sehen* und *erkennen*, sie können nur *sein*, was sie sind und dieses *Sein*, wie gesagt, kann man mit Worten nicht hinreichend beschreiben. Der Mensch verdankt sein Selbst- und Umweltbewusstsein also der Entwicklung und weiteren Ausdifferenzierung des Intellektes.

So verwundert es nicht, dass gemeinhin Gefühle als sekundäre oder niedere Qualitäten aufgefasst werden. Liebe macht blind, sagt der Volksmund, und scheinbar überall, wo Gefühle mit im Spiel sind, ist der klare Menschenverstand ausgeschaltet. Wichtige Entscheidungen sollte man nicht spontan treffen, sondern lieber eine Nacht darüber schlafen, denn zuweilen weicht die anfängliche Begeisterung einer ernüchternden Erkenntnis. Der Verstand bzw. die Intelligenz ist also auf den ersten Blick die interessantere und höher entwickelte Qualität. Aus diesem Grund ist es auch verständlich, dass Emotionen lange Zeit ein vernachlässigtes Thema innerhalb der Psychologie waren und sich dies erst seit Erscheinen des Buches von Salovey und Mayer im Jahr 1990 zur emotionalen

Intelligenz (EI) grundlegend geändert hat. Aber nicht nur innerhalb der Psychologie, sondern auch in unserer Gesellschaft und Arbeitswelt hatten Gefühle lange Zeit keinen guten Klang. Erst allmählich beginnt man zu verstehen, wie wichtig Gefühle sind.

Das menschliche Ur-System des Empfindens schützt uns, denn es lenkt die Aufmerksamkeit ganz automatisch auf wichtige Aspekte in unserer Umgebung, so zum Beispiel auf Bedrohungen. Es bereitet sogar bestimmte Körperteile darauf vor, zu reagieren. Bei Wut werden zum Beispiel interne Signale ausgesendet, um den Blutfluss zu den Extremitäten zu erhöhen. Emotionen ermöglichen, dass externe und interne Reize schnell verarbeitet und in organisierter Weise beantwortet werden, dabei wird eine Reaktion schon vorbereitet, bevor der Mensch überhaupt bewusst denken kann (Schulz, Izard u. Abe 2006).

Brauchen wir unsere Gefühle beim Denken?

John-Dylan Haynes (2007) vom Max-Planck-Institut für Kognitions- und Neurowissenschaften in Leipzig machte eine wichtige Entdeckung: Er konnte nachweisen, dass ein Entschluss für eine bestimmte Rechenaufgabe, entweder Addition oder Subtraktion, schon aus der Messung der Hirnaktivität vorhergesagt werden konnte, ohne dass die betreffende Person diesen Entschluss bereits bewusst getroffen hatte. Bei seinem Experiment wurden seinen Probanden Zahlen präsentiert und diese durften dann selbst entscheiden, ob sie diese Zahlen lieber addieren oder subtrahieren würden. Bevor sie allerdings ihre Antwort im Hinblick auf die gewählte Rechenoperation gaben, hatte Haynes schon anhand der Messung ihrer Hirnströme feststellen können, welche Antwort sie geben würden. Der Wissenschaftler kannte durch seine Messungen die Entscheidung seiner Probanden also eher als sie selbst!

Das wirft natürlich vor allem die Frage auf, wer oder was unsere Entscheidungen trifft, wenn nicht unser bewusster Verstand? Haben wir überhaupt einen freien Willen oder gaukelt uns unser

Gehirn etwas vor? Wer steuert uns, wenn es nicht unser bewusstes Ich ist? Wird derartiges Gedankenlesen bald eingesetzt, um zum Beispiel Verbrechen vorherzusagen? Steht unser Leben im Vorfeld schon fest?

Dieses Experiment von Haynes wirft viele Fragen auf, mit denen sich Wissenschaftler und Philosophen zurzeit beschäftigen, denn die Ergebnisse seiner Untersuchungen haben nicht nur Fachleute verblüfft, sondern auch diejenigen, die bis dato dachten, sie selbst seien Herr ihrer Entscheidungen. Das ist jedoch nicht so eindeutig, wie zunächst angenommen, und es muss also noch etwas anderes in unserem Gehirn existieren, das „mitredet". Die Vermutung liegt nahe, dass es sich dabei um unsere Gefühle handelt. Gefühle sind also nicht nur ein Überbleibsel aus grauer Vorzeit, sondern wesentlich wichtiger als bisher angenommen wurde. Gefühle arbeiten viel schneller als der Verstand und das bewusste Denken. Wer also seinen Gefühlen vertraut, der ist „gedanklich" schneller und hier erklärt sich auch das Phänomen Intuition, denn als hochsensitiver Mensch ist es Ihnen sicherlich auch schon passiert, dass Sie etwas „im Gefühl" hatten, was dann auch so eingetreten ist. Gunter Dueck (2004, S. 92 ff.) beschreibt diese gefühlsmäßige Intuition auf eine humorvolle Weise, die ich Ihnen nicht vorenthalten möchte, denn er weißt uns auf typische Merkmale hin, die damit in Zusammenhang stehen.

„Ich beschreibe hier die intuitive Methode. Ich kann schnell sagen, wie sie von außen aussieht. Innen dagegen ist es richtig kompliziert. (…) Der richtig tief Intuitive erkundigt sich nicht nach Kriterien. Er versteht das Ganze. (…) Ein Intuitiver also nimmt nun den Stapel der Bewerbungsunterlagen und liest ihn durch. Am Ende liegen noch höchstens drei oder vier Unterlagen da. Die schaut er ein zweites Mal durch und entscheidet. Fertig. (…) Wenn man ihn nach seiner Begründung fragt, zuckt er mit den Achseln und brummelt etwas von „Gefühl haben" oder „Intuition". Wenn man hartnäckig bleibt und eine

Begründung will, freut er ich und gibt eine mehrstündige Kurzeinführung in das Ganze und das Komplexe."

Für hochsensitive Menschen ist es manchmal schwierig zu erklären, wie sie zu ihrer Erkenntnis gekommen sind und so gibt auch Dueck eine Kurzfassung zur Intuition, die er auf den nachfolgenden Seiten nochmals erläutert:

„Wenn Sie nicht richtig intuitiv sind, lesen Sie lieber die folgenden Erklärungen, die der Einfachheit halber länger sind.
Ich selbst bin zum Beispiel stark intuitiv. Wenn ich für ein Fachgebiet eine Intuition gebildet habe, weiß ich immer sofort, was ich entscheiden will. Ich werde eher krank, wenn Menschen dann um mich herum Formeln aufstellen oder Tabellen malen. Ich weiß es. Wenn die anderen mich fragen, warum ich „es" so will und nicht anders, dann zucke ich hilflos mit den Achseln und habe ein hoffnungsloses, verlorenes Gefühl. Ich stammele eher: ‚Oh, Leute, das ist nicht so einfach mit einer Tabelle zu erklären. Ich will es versuchen. Ich muss aber relativ weit ausholen'. Und dann horche ich in mich hinein und doziere über meine riesige Formel innen in mir und versuche, aus ihr schlau zu werden."

Ein anderer Wissenschaftler, Damasio (1999), konnte die Bedeutung und den Zusammenhang von Emotionen und Intuition bei menschlichen Denkprozessen in einem etwas anderen Zusammenhang nachweisen. Er untersuchte Patienten mit Schädigungen im Stirnlappen, der unter anderem für die Verarbeitung emotionaler Prozesse zuständig ist. Er fand heraus, dass die untersuchten Personen zum Beispiel nach einer Tumoroperation in diesem Bereich zwar ihre Intelligenz behielten, aber sie konnten übergeordnete Zusammenhänge nicht mehr erkennen und hatten massive Probleme, einen Alltag zu gestalten. Das „große Ganze" fehlte, vom dem Dueck gesprochen hatte. Emotionen gehören also mitnichten zu niederen Denkprozessen und Sie dürfen sich glücklich schätzen, denn mit Gefühlen sind Sie als HSM ja reichlich gesegnet! Emotionen sorgen für eine gewisse Grundordnung im Daten-Haushalt, sie geben uns eine übergeordnete Struktur, aber sie haben auch ihre Tücken! Achten wir nämlich nur auf die zum Teil komplexe Struktur der Gefühle, dann wird es chaotisch. Daten ohne Struktur sind nämlich genauso wenig wert wie Struktur ohne Daten.

Das Forscherteam Otto, Döring-Seipel und Lantermann (2002) von der Universität Kassel konnten die Bedeutung subjektiver, emotionaler Intelligenzkomponenten sogar für das komplexe Problemlösen nachweisen. Grundsätzlich sind nämlich traditionelle Intelligenzkomponenten, wie die Verarbeitungskapazität bei einfachen Problemlöseaufgaben, zur Leistungsvorhersage geeignet, nicht jedoch bei komplexen Problemsituationen. Die klassische Testintelligenz (IQ) hilft also in Situationen von Unbestimmtheit und Komplexität nicht wirklich weiter, dann müssen die Emotionen mitwirken. Die Wissenschaftler führten ihre Forschungen vor dem Hintergrund durch, dass bisher Fähigkeiten zur Selbst- und Emotionsregulation wenig beachtet wurden. Sie konnten durch ihre Studien die Bedeutung von Emotionen für die Informationsverarbeitung bei Problemlöse-, Urteils- und Entscheidungsprozessen nachweisen.

Emotion sei Dank!

Hochsensitive Menschen sind also dank ihrer Emotionen Spezialisten fürs Komplizierte und bei einfachen und alltäglichen Aufgaben scheinen sie zu versagen: Der Hochsensitive A kann zum Beispiel die komplexesten Gedankensysteme im Bereich der Physik entwickeln und versucht dennoch vergeblich einen Getränkeautomaten zu bedienen, denn bei solchen Dingen ist er auf die Hilfe seiner Arbeitskollegen angewiesen. Frau B passiert es immer wieder, dass sie versucht eine Tür aufzudrücken, wo in großen Lettern draufsteht „Ziehen". Und der Hochsensitive C kann zwar

Computerprogramme entwerfen, schreibt jedoch in Mathe regelmäßig eine Sechs und muss das Gymnasium verlassen. Außerdem kann er das kleine Einmaleins nicht.

Dies alles passiert nur, weil die Wahrnehmung durch ein tiefes Erleben gekennzeichnet ist. Der Einfachheit halber kann man sich vorstellen, dass HSM einen besonders breiten Zugang zum Emotionssystem haben und die Gefühle mischen sich immer ein, sie wollen „mitreden", auch wenn sie gar nicht gefragt werden. C.G. Jung spricht davon, dass die Zwischenwände der beiden Systeme Intellekt versus Emotion dünner und damit durchlässiger sind.

Recht anschaulich lässt sich das mit dem Modell der Unterscheidung zwischen rechter und linker Gehirnhälfte darstellen. Eine solch klare Differenzierung hat zwar keine neurologische Entsprechung, ist jedoch eine brauchbare Metapher (Webb et. al. 2005). Die linke Gehirnhälfte steht für Sprache, Rechnen, Logik, Regeln, Zeitempfinden, sie ist für alles zuständig, was mit den Begriffen Intellekt und Denken assoziiert wird. Die rechte Gehirnhälfte ist verantwortlich für Bilder, Intuition, Kunst, Kreativität, Emotionen, Raumempfinden und Ganzheitlichkeit. HSM tendieren mehr zur rechten Gehirnhälfte, denn hier ist der Sitz der Emotionen, aber es wäre falsch, eine absolute Differenzierung vorzunehmen, denn vermutlich ist unser gesamtes Zentralnervensystem an Denkprozessen beteiligt.

Auch Dietrich Dörner (2001) sieht Emotionen weder isoliert noch als einzelne Elemente. Er betrachtet sie als integriert in ein dynamisches Ganzes, nicht getrennt von Erscheinungen, wie Motivation, Planung oder Erinnerung. Gefühle und Emotionen verhalten sich zu Wahrnehmungen, Planungen und Handlungen wie Farben oder Formen zu Gegenständen; sie sind ein spezifischer, integraler Bestandteil des psychischen Prozesses, ohne den wir Menschen nicht das wären, was wir sind.

Die Last mit der Lust

> *I love her*
> *and I hate her.*
> William Shakespeare

Wir lieben unsere Emotionen, sie sind das „weibliche" Prinzip in uns und die Essenz des Lebendigseins. Und wir hassen und leiden unter unseren Emotionen, nämlich dann, wenn sie uns überwältigen. Völlig begeistert oder am Boden zerstört und nahe einer depressiven Verstimmung – dafür gibt es nur ein Wort: *extrem*.

Alles doppelt und dreifach zu erleben, das scheint bei HSM die Maxime zu sein. Zu sensibel, zu unmotiviert, zu aufgeregt, zu lethargisch, zu euphorisch, zu beharrlich, zu gutmütig, zu verliebt, zu traurig, zu langweilig, zu verletzt, zu einsam, zu …, zu …, zu … Gefühle sind unser Antrieb und unsere Bremse zugleich, bringen uns entweder in die höchsten Höhen oder in die tiefsten Tiefen, aber: Wer hält bei dieser rasanten Fahrt das Steuer in der Hand?

> *„Ich arbeite wie verrückt an einem Projekt, kann richtig produktiv sein und in der nächsten Woche passiert genau das Gegenteil. Ich sitze nur herum und das Projekt interessiert mich auch nicht mehr, manchmal ist es noch nicht einmal fertig. Meine Wohnung sieht von letzter Woche noch aus, als hätte eine Bombe eingeschlagen, aber ich konnte nur an meine augenblickliche Arbeit denken. Alles andere war mir egal. Ich meine, ich verliere dann in einer solchen Phase alles andere aus den Augen. Wenn dann nur schon das Telefon klingelt, nervt mich diese Unterbrechung. Ist das noch normal?"*

Erinnern Sie sich? Gefühle sind blind, wollen aber immer mitreden und bestimmen zuweilen unser Handeln. Wenn Lust und Unlust doppelt und dreifach erlebt werden, zieht das überlegte, vernünftige Handeln den Kürzeren. Wenn wir Lust auf etwas empfinden, dann sind wir intrinsisch (von innen heraus) motiviert. Die Motivation bestimmt Ziel und Richtung unseres Handelns und wird in unterschiedlicher Intensität erlebt. Mit Lust geht alles leichter, beschwingter, wir haben unbändige Energie und es macht Spaß, ist angenehm, wir geben richtig „Gas" und die Zeit vergeht wie im Flug. Kurz und gut, wir fühlen uns extrem wohl bei dem, was wir gerade machen, wir sind im „Flow" (Csikszentmihalyi 1990).

Alleine die Idee und Vorstellung eines solchen Vorhabens lässt uns alles andere beiseiteschieben und vergessen, denn die Gefühle der Lust haben uns überwältigt und beherrschen von nun an unsere Gedanken. Wie ständige, kleine Nadelstiche drängen Sie in den Vordergrund und geben erst Ruhe, wenn wir nachgeben und unser Handeln danach ausrichten!

Nicht selten passiert es dann, dass wir es übertreiben und im Folgenden ins genaue Gegenteil verfallen, um uns auszuruhen, denn ein solcher Exzess verbraucht alle unsere verfügbaren Kräfte, gnadenlos. Wenn jedoch dieser Zustand länger anhält und in sich selbst als motivierend erlebt wird, ist ein Burn-out (Ausgebranntsein) sehr wahrscheinlich.

> *„Ich weiß, ich muss Hausaufgaben machen. Ich sitze am Schreibtisch und denke immer nur an das eine, an mein neues Computerspiel. Ich will nicht daran denken, aber es kommt ganz automatisch. Ich bin gespannt, wie es weitergeht, wie gerne würde ich jetzt spielen, es wird bestimmt spannend. Aber zuerst die Hausaufgaben, wie öde. Nun sitze ich schon drei Stunden davor und habe noch immer nichts zustande gebracht, ich kann mich einfach nicht darauf konzentrieren und ich denke dann, warum sind die wichtig, warum muss ich mich so quälen, wann kann ich endlich das tun, was mir Spaß macht?"*

Haben wir Menschen keine Lust, dann geht alles schwer, zieht sich in die Länge, wir fühlen uns unwohl und ohne Antrieb. Wir sind einfach nicht richtig bei der Sache. Da hilft auch nicht die Aussicht auf das heiß ersehnte PC-Spiel (extrinsische Motivation), denn die Unlust ist übermächtig. Besonders Kinder sind in dieser Situation hilflos, sie brauchen Aufklärung und Schulung über Strategien, die ihnen helfen, damit umzugehen. Sie brauchen jedoch keinesfalls die Diagnose, dass mit ihnen etwas nicht stimmt. Sie brauchen auch keine Medikamente, vielmehr brauchen sie einen Menschen, der neben ihnen sitzt und ihnen die „Last mit der Lust" verdeutlicht. Zu zweit geht vieles leichter, und nach und nach kann das Kind auch auf eigenen Füßen stehen und solche Herausforderungen bewältigen. Hier und da passiert zuweilen noch ein kleiner Rückfall, aber die Kindheit ist ja da, um zu lernen und erwachsen zu werden. Wenn Sie als Eltern dies nicht leisten können, ist das auch nicht so schlimm. Es ist sogar besser, wenn ein Außenstehender das übernimmt. Vielleicht haben Sie ja eine Nachbarin oder einen Nachbarn, der die Hausaufgabenbetreuung gerne übernehmen würde? Manche Kirchengemeinden bieten Börsen an und auch Menschen im Rentenalter suchen oftmals nach einer sinnvollen Tätigkeit. Denken Sie vielleicht als Eltern daran, dass Ihr Kind Lust und Unlust sehr intensiv erlebt und zuweilen auch feststellt, dass es immer wieder daran scheitert. Das schwächt das Selbstbewusstsein und führt dazu, dass sich Kinder nichts mehr zutrauen, weil sie denken, sie schaffen es sowieso nicht. Es ist wirklich wichtig, ihnen zu verdeutlichen, dass es nicht an ihrer „Unfähigkeit" liegt, sondern an der *Fähigkeit*, Gefühle intensiv zu erleben.

„Ich hatte einen fiesen Streit mit meinem Mann. Er hat mich angeschrien, weil ich in seinen Augen nicht streng genug mit den Kindern war. Ich hasse es, wenn er in dieser Art und Weise auf mich losgeht, das ist irgendwie primitiv. Ich muss dann ins Schlafzimmer gehen, die Vorhänge zuziehen und mich beruhigen."

Ein Wort kann bei Ihnen Ärger oder Freude auslösen, je nachdem, wie Sie es auffassen und interpretieren. Der Begriff „Schätzchen" kann von ihnen als Kosewort verstanden werden oder, im Falle eines Streites, es kann abwertend gemeint sein und von Ihnen auch so aufgefasst werden und Ärger auslösen. Es kommt also immer darauf an, was Ihr erkennender Verstand bzw. Intellekt daraus macht. Hier ist es zuweilen ganz ratsam, großzügig zu sein und die überschäumenden inneren Emotionen im Zaum zu halten. Sie schaden Ihnen nur. Nicht jeder Mensch und erst recht nicht jeder „Handler" schafft es, seine Gefühle nicht nach außen zu zeigen und sich zu beherrschen. Aber, Hand aufs Herz, können Sie sich beherrschen? Vermutlich nicht, denn es spielt keine Rolle, ob lediglich emotional debattiert wird oder die Gefühle Sie innerlich verletzen, denn in diesem Moment regieren nur Sie und zwar intensiv. Wenn Sie es also nicht schaffen, Ihrer Emotionen Herr zu werden, was erwarten Sie dann von Ihren Mitmenschen? Möglicherweise haben Sie auch schon ein- oder mehrmals zu sich gesagt „Beherrsch dich!" oder „Sei nicht so sensibel", aber damit ist es nicht getan. Sie müssen sich klarmachen, wer dieses *Ich* überhaupt ist, Ihr Verstand oder Ihr Gefühl? Beides natürlich, werden Sie jetzt wohl sagen, aber es ist wichtig, diese beiden Elemente in Einklang zu bringen, und dazu ist eine philosophische Betrachtungsweise vom Wesen der Welt und der Menschen vonnöten.

Ich kläre meine Klienten immer über ihre psychologische „Funktionsweise" auf und anschließend geht es darum, dieses veränderte Bewusstsein vom *Ich* in die philosophische „Funktionsweise" des Lebensraumes zu integrieren. Es kommt also auch auf Ihre innere Haltung an und, nebenbei bemerkt, Sie können auch nicht mit jedem Menschen gut Freund sein, selbst wenn Sie es gerne wären. Die Menschen sind zu unterschiedlich und die Welt ist voller Interessenkonflikte, das müssen Sie leider akzeptieren.

Das heißt natürlich nicht, dass Sie sich alles gefallen lassen sollen. Ganz im Gegenteil! Der Philosoph Sokrates wendete nicht nur inhaltlich eine erfolgreiche Taktik an, sondern war auch noch ein Meister der Rhetorik. Den folgenden Kunstgriff möchte ich Ihnen besonders ans Herz legen, weil er recht einfach ist. *Stellen Sie eine Gegenfrage!* Das verschafft Ihnen einerseits Zeit zum Nachdenken, denn es fällt oftmals schwer, sich spontan zu äußern. Andererseits spiegelt diese Technik Ihrem Gegenüber sein eigenes Wortprodukt und zwingt ihn zu einer Erklärung. Bleiben wir bei dem Beispiel mit dem „Schätzchen", dann könnten Sie mit fester Stimme erwidern: „Wie haben Sie mich gerade genannt? Wie darf ich das verstehen? Ich denke nicht, dass ich Ihr Schätzchen bin, wie kommen Sie darauf?"

Setzen Sie ruhig Ihren Scharfsinn ein. Das kostet Überwindung, gibt Ihnen jedoch die Möglichkeit zu zeigen, was in Ihnen steckt und bewirkt gleichzeitig eine Abfuhr negativer Energien, die Sie sonst in sich hineinfressen. Unter Umständen dauert es nämlich Stunden, ehe Sie sich wieder beruhigen. Darauf hingewiesen, erwiderte eine Klientin von mir im Gespräch:

(K): „Ich kann so etwas einfach nicht. Zum Beispiel erklärt mir unser Lehrling immer groß und breit, wie eine Sache funktioniert. Als ob ich das nicht selber wüsste. Ich könnte ihm dann einfach sagen, dass ich diese langen Erklärungen bestimmt nicht brauche und schon gar nicht von einem Lehrling, aber dann weiß ich, dass er sich danach schlecht fühlt. Ich kann es nicht, weil ich mich dann über ihn stelle und er kommt sich klein vor, das will ich auch nicht."

(T-K): „Es ist also so, dass Sie auf der einen Seite akzeptiert werden wollen und Ihre Kompetenzen gerne anerkannt hätten, aber auf der anderen Seite sind Sie nicht bereit, etwas dafür zu tun. Es nach außen zu zeigen?"

(K): „Ja, aber ich meine, er müsste das doch wissen? Schließlich arbeite ich schon seit 20 Jahren in diesem Betrieb, da kennt man sich nun mal aus. Tja, zeigen? Sicher, ich will ja. Aber es geht nicht, ich fühle mich dann schlecht."

(T-K): „Und wie fühlen Sie sich weiterhin mit dieser Situation?"

(K): „Auch schlecht."

Die Unfähigkeit, andere Menschen zu kritisieren, kann extreme Ausmaße annehmen, sodass HSM sich oftmals sogar übertrieben „schusselig" darstellen, nur um nicht als überlegen zu gelten. Die eigenen Kompetenzen werden versteckt, um anderen Menschen als gleichwertig gegenüberzutreten und ihnen nicht das Gefühl zu vermitteln, in einer Hinsicht überlegen zu sein. Immer wird auch die Perspektive des Gegenübers berücksichtigt, denn schließlich sollen sich doch alle wohl fühlen! Lieber wird die Last auf die eigenen Schultern gelegt, denn das ist erträglicher, als „Schuld" daran zu haben, dass sich ein anderer Mensch kritisiert, abgewertet und nicht gut fühlt. Wieder einmal spielen die Emotionen Ihnen hier einen Streich. Stellen Sie sich doch einmal vor, wie der andere sich fühlen muss, wenn er wüsste, dass Sie absichtlich Ihr Licht unter den Scheffel stellen? Vielleicht fühlt sich Ihr Gegenüber dann sogar betrogen? Kompetenz hat nichts damit zu tun, sich über andere Menschen zu stellen, im Gegenteil. Es hat etwas mit Wahrheit zu tun, und vielleicht überlegen Sie einmal in diesem Zusammenhang, was das Wort „Kritik" für Sie bedeutet? Etwas Schlechtes? Ich denke, ohne Kritik kann es keine Verbesserungen geben, und aus jeder Krise erwächst die Chance, es anschließend besser machen zu können. Auch wenn Sie selbst kritisiert werden, seien Sie nicht so betrübt, denn es eröffnet Ihnen die Chance, als HSM ihre Kompetenzen zu zeigen. Vielleicht ist es Ihnen auch lieber, wenn mit offenen Karten gespielt wird und Ihr Gegenüber seine Gedanken und Meinungen darlegt, als sie zu verstecken? Mit einem solchen Verhalten haben Sie zwar das Gefühl, alles sei in bester Ordnung, doch der Schein trügt und das Gegenteil ist der Fall. Wie Sie sehen, hat Kritik etwas mit Respekt zu tun, und ich bin sicher, dass es Ihnen gelingt, sich nicht länger von den Emotionen beherrschen zu lassen. Nehmen Sie das Steuer wieder selbst in die Hand! Und noch etwas: Geißeln Sie sich nicht allzu sehr für einen Fehler. Niemand ist perfekt und vielleicht auch Sie nicht, obwohl Sie das bestimmt gerne wären. Nebenbei bemerkt – ich wäre auch gerne perfekt, aber dann frage ich mich: „Wäre ich dann noch ein Mensch mit all den kleinen Eigenheiten, Ecken, Kanten und … Fehlern?" Also, lassen Sie es „menscheln", auch bei Ihnen selbst.

Strategien im Umgang mit „zu viel Gefühl"

Sensibilität kann man nicht auf Knopfdruck abstellen, denn sie ist eine Art Wahrnehmungsbegabung, die einfach zu den persönlichen Eigenschaften eines HSM dazugehört. Die eigenen Gefühle und die Gefühle anderer Menschen intensiv wahrnehmen zu können, kennzeichnet ja gerade den empfindsamen, hochsensitiven Menschen, und dies ist in gewissem Sinne das „Markenzeichen" aller HSM.

Ausgeprägte Sensibilität veranlasst uns Menschen, Situationen nicht nur rational, sondern auch wesentlich emotional zu erleben und zu bewerten.

Diese Art der Wahrnehmung ist uns jedoch auf den ersten Blick nicht immer unmittelbar klar, denn Gefühle kommen entweder so lieblich und unscheinbar daher, dass wir es kaum wagen, sie zu ignorieren und in die Schranken zu weisen. Oder sie fegen wie ein alles zerstörender Sturm über uns hinweg und wir fühlen uns klein und machtlos. Uns Menschen, und dies betrifft nicht nur HSM, verbindet aus philosophischer Perspektive mit den Gefühlen eine kosmische Liebe, die genauso alt ist wie die Zeit, der Anfang und das Ende. Wie soll man dieser blinden Liebe Herr werden und sie im Zaum halten, besonders wenn sie groß und übermächtig erscheint? Hier hilft uns nur unsere rationale Seite weiter und nachfolgend finden Sie einige Hinweise im Umgang mit einem Zuviel an Gefühl.

Sie können:
- sich von vorneherein etwas abschotten und versuchen, sich belastenden Gegebenheiten nicht mehr auszusetzen.
- herausfinden, was die wirkliche Ursache ist, um dadurch eine möglichst objektive Sicht zu erhalten.
- in kritischen Situationen zuweilen auf helfende Mittel zurückgreifen, zum Beispiel Bachblüten, Homöopathie, Entspannungsübungen, Yoga usw.
- sich ein ganz persönliches ruhiges Plätzchen schaffen, in das Sie sich bei Bedarf zurückziehen und wo Sie entspannen können.
- offen über Ihre Gefühle sprechen und Ihrem Gegenüber „den Wind aus den Segeln nehmen".
- den eigenen Gefühlen ein Gesicht und einen Stellenwert geben.
- Situationen kognitiv umdeuten und gegebenenfalls einen Perspektivenwechsel vornehmen.
- sich ganz zurückziehen und die Situation verlassen.
- sich kognitiv „auf die einsame Insel" zurückziehen oder innerlich bis 10 zählen, um sich zu beruhigen.
- sich auf derartige Gegebenheiten vorbereiten und Reaktionen auf Abruf bereithalten.
- sich nach und nach ganz bewusst kleinen Herausforderungen stellen, getreu dem Motto „Übung macht den Meister".
- die eigene „Achillesferse" mit ein wenig Humor betrachten.
- die Aufmerksamkeit (= Wahrnehmung) in solchen Situationen durch das Lutschen eines sauren oder scharfen Bonbons von den Gefühlen ablenken.
- den Gefühlen und der nervlichen Erregung eine Art Ventil schaffen und sich damit Gelegenheit geben, „Dampf abzulassen".

Mit dieser kleinen Auswahl an Strategien schaffen Sie sich meines Erachtens ein gutes Grundgerüst, auf das Sie bei Bedarf zurückgreifen können. Je nach Situation haben Sie die Möglichkeit abzuwägen, was Ihrer Meinung nach augenblicklich das beste Mittel ist. Ich persönlich halte jedoch ein ausschließliches Leben mit

"Gegenmitteln" für nicht erstrebenswert, denn das kostet zu viel wertvolle Energie. Es erscheint mir daher ratsam, die Energien lieber für solche Dinge einzusetzen, die sich mit der Gestaltung und den Bedürfnissen des persönlichen Lebensraumes beschäftigen. Gibt es etwas, was Sie regelmäßig belastet und worauf Sie eigentlich verzichten könnten? Nicht immer muss man sich nämlich allem aussetzen und wertvolle Ressourcen für eine Sache verbrauchen, die wie im Roman *Don Quichotte* einem Kampf gegen Windmühlen gleicht. Es geht darum, das Leben so einzurichten, dass es passt, und nicht, allen Ansprüchen gerecht zu werden.

Manchmal kommt man jedoch nicht umhin, sich gewissen Herausforderungen zu stellen, denn alle Menschen, auch sehr introvertierte HSM, haben ein Grundbedürfnis nach Gesellung. Wir Menschen brauchen einander und so schön und ruhig die „einsame Insel" auch sein mag, sie isoliert uns nicht nur von anderen, sondern auch vom Leben im eigentlichen Sinne. Es ist daher durchaus sinnvoll, sich nach und nach kleinen Problemen zu stellen. Wichtig dabei ist jedoch, sich nicht von Anfang an zu viel zuzumuten, damit eine mögliche Überlastung ausgeschlossen werden kann. Gönnen Sie sich im Anschluss an eine derartige Exkursion auch eine kleine Belohnung und Zeit zum Entspannen. HSM dürfen ruhig ein wenig gegen die Gefühle und ihre blinde Liebe ankämpfen, denn manchmal könnte man den Eindruck gewinnen, dass sogenannte „Hochsensible" in Watte gepackt werden sollen, um sich vor den Gefühlen zu schützen. Schutz ist wichtig, natürlich, aber es geht auch darum, mit den Gefühlen umzugehen, sie in gewisser Weise zu managen und für sich zu gewinnen.

Manchmal reagieren meine Klienten anfänglich etwas entsetzt:

(K): „Was? Ich soll gegen meine Gefühle ankämpfen, sie umbewerten oder ignorieren? Aber das ist doch falsch, irgendwie unecht, oder nicht? Ich betrüge mich doch dann selbst."

(T-K): „Benutzen Sie Ihre Gefühle doch, wann es Ihnen passt und nicht umgekehrt. Sie benutzen ja auch Ihre Arme

und Beine und sogar Ihren Verstand immer nur dann, wenn Sie es wollen. Nur bei den Gefühlen ist es umgekehrt. Die Gefühle spielen mit Ihnen und Sie lassen es mit sich machen."

(K): „Darf man das? Ich meine, hm ... Sicher, wenn man das so sieht."

Gefühle sind nervliche Erregungen, und je nachdem, wie wir sie bewerten, zeigen sie sich zum Beispiel als Ärger, Wut, Enttäuschung, Liebe, Hass, Angst, Lust und Mitleid. In diesem Moment können Gefühle nur das sein, was sie sind, und sie berücksichtigen gewöhnlicherweise keine anderen Aspekte. Wenn das Gefühl einmal da ist, dann ist es recht egoistisch, denn es will beachtet werden und beherrschen. So liegt es beispielsweise in der Natur der Angst, immer etwas zu übertreiben, denn sie will uns auf den schlimmsten Fall vorbereiten. Es ist der „Beruf" der Angst, immer Großalarm auszulösen, aber die Angst hat nicht immer automatisch Recht, denn zuweilen plagen wir uns mit ihr herum, obwohl dies völlig unbegründet ist. Wieder einmal geht es also darum, das rechte Maß zu finden, eine Balance zwischen Rationalität und Emotionalität, und indem wir versuchen, eine Situation objektiv und rational zu betrachten, können wir zwischen beiden Seiten vermitteln und die Gefühle im Zaum halten.

Die Polarität der Gefühle beschert uns Menschen einerseits so wundervolle Dinge wie Intuition, Kreativität, Liebe, Lust und Leidenschaft, andererseits aber auch Unlust, Lethargie, Wut, Trauer und Schmerz. Bei hochsensitiven Menschen ist es eine schmale Gratwanderung auf dem Dach der Welt. Links der tiefe Abgrund des Mitleids, der Selbstzweifel und Unsicherheit, rechts der meist wolkenverhangene Gipfel der Genialität. Es führen keine sicheren Wege nach oben, denn alles liegt im Nebel, nichts ist sicher, alles ist eben nur ein Gefühl. Der Orientierungssinn spielt verrückt, geht die Reise nun nach oben oder unten? Wohin soll der nächste Schritt gehen, nach rechts oder nach links? Beide Seiten rufen gleich stark, welcher Seite soll man vertrauen? Wo ist der sichere

Weg? Sollte diese Beschreibung auf Ihre Situation zutreffen, dann ist es ratsam, sich einen Bergführer zu suchen, der dem Berg der Gefühle gewachsen ist und der Sie für ein Weilchen an sein Sicherungsseil nimmt.

Angst und Melancholie

Angst essen Seele auf.
Rainer Werner Fassbinder

Angst kann sich in vielen Dingen des täglichen Lebens äußern und hochsensitive Menschen sind besonders empfänglich dafür. Angst sich zu blamieren, Angst vor anderen eine Rede zu halten, Angst vor der Zukunft, Angst im Beruf zu versagen, Angst vor der eigenen Courage, Angst einen Fehler zu machen, Angst vor dem Zahnarzt. Dies alles sind sicher noch die milderen Formen der Angst, aber was ist mit der Angst, sich in größeren Menschenmengen aufzuhalten, öffentliche Plätze zu besuchen, aus dem Haus zu gehen, Zug oder Auto zu fahren?

Angst lähmt auf vielfältige Weise und schon der Volksmund weiß, dass jemand „starr vor Angst" ist. In Angstzuständen ist der Mensch geistig und körperlich unflexibel, weiß sich keinen Rat, erkennt mögliche Lösungsansätze nicht mehr, wartet nur noch teilnahmslos ab und ergibt sich schließlich seinem Schicksal. Angst kann sich auch in zahlreichen körperlichen Symptomen äußern, wie Schwindel, Rücken- und Bauchmerzen, denn psychosomatische Beschwerden resultieren aus Konflikten, für die der Mensch keine Lösung hat und die ihm bedrohlich erscheinen. Gesellt sich dann noch regelrechte Panik vor der nächsten körperlichen Attacke dazu, ist dies ein Kreislauf, der sich selbst immer wieder in Gang setzt.

Aber wo liegt der Ursprung der Angst? Was hat Angst mit Hochsensitivität zu tun? Diesen Fragen wollen wir nun auf den Grund gehen.

Angst kann aus einer Überflutung mit Reizen und der kognitiven oder erlernten Reaktion darauf resultieren. Da die Reizschwellen bei HSM niedriger „eingestellt" sind, werden demzufolge in Situationen, die für andere Menschen ganz normal erscheinen, vergleichsweise viel mehr Informationen aufgenommen, und dies erregt das Nervensystem in besonderem Maße. Eine Überaktivierung mit Reizen ist jedoch mit emotionalen Reaktionen wie Angst, Furcht, Wut oder Hass verbunden, dies gilt im Übrigen für alle Menschen, ob hochsensitiv oder nicht. Angst ist also eine ganz normale Folge einer Reizüberflutung.

Diese Ängstlichkeit tritt vor allem dann zutage, wenn der Betreffende nicht weiß, warum oder woher die nervliche Erregung kommt. Üblicherweise wird dann anhand von Umweltinformationen nach einem möglichen Grund gesucht, und wenn dieser nicht unmittelbar ersichtlich ist, reagiert jeder Mensch automatisch mit Unsicherheit und Angst. Dieser Mechanismus soll uns Menschen in unklaren Situationen schützen und ist dafür verantwortlich, dass Hochsensitive tendenziell unsicher und vorsichtig agieren. Zum Beispiel wird sich ein HSM im Falle der Überaktivierung auf einer Feier mit den anderen Gästen vergleichen und feststellen, dass sich alle prächtig amüsieren und die laute Musik und die Geselligkeit genießen. Weiß der Betreffende nichts von seiner Hochsensitivität, kann er jedoch keinen Grund für seine Erregung ausmachen und reagiert mit Unwohlsein, Unsicherheit und in letzter Instanz mit Angst. Das Wissen um die eigene Hochsensitivität hilft also schon ganz erheblich, diese Effekte zu mildern.

Die Theorie geht davon aus, dass wir Menschen ein optimales Erregungsniveau anstreben und HSM sind in einer Welt nichthochsensitiver Menschen aufgrund ihrer Reizoffenheit leichter überstimuliert. Es fällt hochsensitiven Menschen aufgrund der gegebenen Umweltbedingungen schwer, die eigene Balance zu finden.

Der Kinderpsychologe Jerôme Kagan (1963; 1994) konnte dies verlässlich anhand von Temperaments-Eigenschaften bei Kindern nachweisen, die als gehemmt und schüchtern bezeichnet wurden. Beispielsweise neigen gehemmte Kleinkinder und Kinder zu Schüchternheit oder Ängstlichkeit, was sich in sehr vorsichtigem Verhalten ausdrückt, wenn sie mit neuen Reizen oder fremden Menschen konfrontiert werden. Sie müssen diese Reize zunächst einmal genau bewerten und als sicher einstufen, damit die Angst verschwindet.

Es gibt jedoch noch weitere Gründe für die Tendenzen Angst und Melancholie und dies hat für HSM wesentlich mit der Dominanz des Verhaltenshemmsystems BIS zu tun. Das BIS leitet bevorzugt Reize weiter, die als neutral oder negativ eingestuft werden, denn es sucht immer „die Stecknadel im Heuhaufen". Wenn ein Mensch jedoch bevorzugt negativ gefärbte Reize wahrnimmt, wird er kaum fröhlich und ausgelassen durch den Tag gehen können. Man hat auch festgestellt, dass bei Introvertierten, die eher die Tendenz haben, alles „Schwarz zu sehen", der Grad der Ängstlichkeit mit zunehmender Sensitivität ansteigt und positive Reize kaum mehr eine Rolle spielen. Der Psychologe Gray konnte die vermehrte BIS-Aktivität ebenfalls bei Personen nachweisen, die als neurotisch introvertiert klassifiziert wurden. Gray identifizierte sie jedoch „nur" als ängstlich. Die Ergebnisse zeigen ganz deutlich, dass die Stimmung von HSM oftmals sorgenvoll besetzt ist, weil negative Reize bevorzugt weitergeleitet werden und die Tagesstimmung beeinflussen – aber nicht, weil HSM eine grundsätzliche Angststörung oder Neurose haben.

Geht man noch einen Schritt weiter, dann besteht bei Hochsensitiven sogar eine gewisse Disposition zur Depression. Dies konnten die Wissenschaftler Gable, Reis und Elliot (2000) nachweisen, indem sie die Effekte veranlagter Sensitivität auf das Verhaltensaktivierungssystem BAS und das Verhaltenshemmsystem BIS untersuchten. Die Wissenschaftler konnten nachweisen, wie sich die erhöhte BIS-Aktivität auf die jeweilige Grundstimmung der betreffenden Person auswirkt. Grundstimmungen werden auch als positive und negative Affekte bezeichnet und Personen mit höherer BIS-Aktivität (Denker) zeigen im Mittel mehr negative Affekte als Personen mit höherer BAS-Aktiviertheit (Handler). Kinder mit negativer Affektivität neigen zu Traurigkeit oder Ärger und dies äußert sich häufig in regelrechter Verzweiflung als Reaktion auf Ereignisse in ihrer Umwelt. Demgegenüber neigen Kinder, bei denen das BAS-System überwiegt, zu Fröhlichkeit und Interesse und sie nähern sich neuen Reizen mit positivem Affekt.

Versuchen Sie sich diese Tatsachen zu verdeutlichen und entsprechend gegenzulenken. Das ist natürlich leichter gesagt bzw. geschrieben als getan, zumal negative Affekte die Tendenz haben, positive Stimmungen zu überstrahlen. Das bedeutet für Sie, dass eine negative Erfahrung und ein negativer Gedanke reichen, um den gesamten Tag grau einzufärben und die positiven Seiten des Lebens können dies nicht aufheben. Mehr noch: Die schönen Dinge und positiven Seiten des Lebens werden gar nicht erst wahrgenommen. Hinzu kommt noch, dass negative Stimmungen doppelt und dreifach, also ganz intensiv erlebt werden, denn das bringt die Tiefe des Empfindens hochsensitiver Menschen mit sich. Ich kann Ihnen nur raten, zu akzeptieren, dass intensiv erlebte negative Stimmungen zu Ihrem Leben dazugehören. Es macht jedoch einen großen Unterschied, ob Sie sich von diesen Stimmungen beherrschen lassen oder nicht. Hierin liegen eine große Chance und ein großer Reichtum, aber auch ein großes Risiko. Ich bitte Sie auch einmal darüber nachzudenken, warum bei Ihnen alles immer optimal und ideal sein soll? Darf nicht einmal etwas schief gehen? Vermutlich lassen Sie sich sofort von Rückschlägen entmutigen, aber vergessen Sie dabei nicht, dass diese Stolpersteine in Wirklichkeit gar nicht so schlimm sind, wie Sie sie empfinden. Denn doppelt und dreifach zu erleben ist Ihre Maxime, erinnern Sie sich?

Bestimmt stellen Sie auch hohe Ansprüche an sich selbst und wollen immer alles perfekt machen. Sie handeln nur, wenn etwas ganz sicher und ideal erscheint. Die wahrgenommene Komplexität lässt Sie vorsichtig und ängstlich sein, denn die Perspektivenvielfalt eröffnet Ihnen eine Welt voller verschiedener Möglichkeiten – aber welche ist nur die richtige? Dies will gründlich beobachtet und durchdacht werden und aus diesem Grund fehlt hochsensitiven Menschen das nötige Selbstvertrauen, einem ersten Impuls zu folgen. Sie haben gelernt, in neuen Situationen und Aufgabenstellungen unsicher und ängstlich zu sein. Sie haben auch verinnerlicht, einfach langsamer als Vergleichspersonen zu sein und erklären dies oftmals mit mangelnden kognitiven Fähigkeiten. So entsteht ein negatives Selbstbild, das sich zunehmend selbst verstärkt. Versuchen Sie diesen Kreislauf zu durchbrechen, indem Sie die Ursachen von Angst und Melancholie für Ihr besonderes Wesen annehmen. Versuchen Sie bitte auch, die andere, positive Seite zu sehen und motivieren Sie sich in derartigen Situationen umzudenken. Folgende Aussagen sollen beispielhaft dabei helfen, eine andere Sicht der Dinge zu ermöglichen.

- *„Okay, ich weiß, dass ich gerne immer nur das Negative sehe und mich jede Kleinigkeit so sehr belastet, dass ich den ganzen Tag über an nichts anderes mehr denken kann. Ich muss aber auch das Positive sehen und mich freuen können."*
- *„Ich mache mal wieder aus einer Mücke einen Elefanten."*
- *„Gefühle sind nichts anderes als nervliche Erregungen. Wichtig ist, wie ich sie bewerte – und ich muss sie auch positiv sehen."*
- *„Das Leben geht nicht immer geradeaus und ist nicht immer so ideal wie in meinem Kopf. Gerade das ist ja das Menschliche und auch das Liebenswerte daran. Ich nehme es einmal leicht und mit Humor."*
- *„Die Gefühle beherrschen mich wieder einmal, aber ich kann sie jetzt gerade nicht gebrauchen!"*

HSM – hochbegabt oder latente Genies?

*Ich kreise um Gott,
um den uralten Turm,
und ich kreise jahrtausendelang;
und ich weiß noch nicht: bin ich ein Falke, ein Sturm
oder ein großer Gesang.*

Rainer Maria Rilke

Nun geht es darum, Sensibilität, Reizoffenheit, Wahrnehmungs- und Denkstil zusammenzufassen und in Beziehung zur Hochbegabung zu setzen. Es geht um das Denken – und dies spielt im Leben hochsensitiver Erwachsener und Kinder eine wichtige Rolle, denn die Innenwelt besteht ja aus Gedanken, Fantasien und Träumen. Es liegt die Vermutung nahe, denjenigen, die lieber nachdenken als handeln, auch zuzugestehen, dass Sie es besonders gut können. Darum stellen sich viele Hochsensitive auch die berechtigte Frage:

„Bin ich vielleicht hochbegabt?"

Um die Antwort schon einmal vorwegzunehmen:

„Ja, die Wahrscheinlichkeit ist extrem hoch."

Sicher ist Ihnen beim Durchlesen der Einzelkapitel schon aufgefallen, dass die näheren Untersuchungen zum Thema immer auch Aspekte der Hochbegabung beinhalten und dies hier und da schon angesprochen wurde. Nun mag der Begriff Hochbegabung für das Alltagsverständnis recht eindeutig sein, aber hinter den Kulissen wird heftig und kontrovers debattiert und man könnte den Eindruck gewinnen, dass in einer Gruppe von zehn Psychologen 20 Meinungen zum Thema Hochbegabung existieren. Insgesamt lässt sich jedoch die Tendenz feststellen, dass eine Abkehr vom klassischen IQ-Konzept zu verzeichnen ist und damit wird der Horizont der besonderen Begabungen des Menschen um weitere Komponenten ergänzt und erweitert.

Dürfen Hochbegabte dumm sein?

Der überwiegende Teil aller Hochbegabten ist nicht „normal hochbegabt", wenn es so etwas überhaupt gibt. Es geht also nicht um den klassischen Überflieger in der Schule, der nur Einsen schreibt und bei dem alles bestens und wie am Schnürchen läuft. Warum sollten Sie, nebenbei gesagt, auch sonst dieses Buch lesen, wenn bei Ihnen oder Ihrem Kind alles reibungslos klappt?

Nach Jürgen vom Scheidt (2004) entspricht nur ein Drittel aller Hochbegabten dieser Idealvorstellung, trotzdem wird noch immer an traditionellen Intelligenzkonzepten festgehalten und die restlichen zwei Drittel fallen in unserer Gesellschaft durch ein Raster und können ihr Potenzial nicht zeigen und umsetzen. Diese weitaus größere Gruppe ahnt oftmals gar nichts von ihren besonderen Fähigkeiten und führt ein eher unauffälliges Dasein inmitten der „normalen" Bevölkerung. Mit der Zeit können sie sogar nach und nach ihr Potenzial verlieren. Sie haben zwar mitunter das Abitur geschafft und auch einen Hochschulabschluss, trotzdem haben sie sich mehr schlecht als recht dargestellt. Die andere Gruppe gehört zu den sogenannten „Underachievern", die ihre Leistung geradezu verweigern und besonders in der Schule ein derart paradoxes Talent entwickeln, eben gar keinen Erfolg zu haben. Nicht selten landen sie auf der Haupt- oder sogar Sonderschule oder werden mit der Diagnose ADHS/ADS versehen.

Und hier „beißt sich die Katze in den Schwanz": Dürfen Hochbegabte dumm sein und ihre besonderen Begabungen nicht zur Entfaltung kommen lassen? Kann man in diesen Fällen überhaupt von hoher Begabung reden?

Oh ja – man kann!

Das Intelligenzkonzept und erst recht der Terminus Hochbegabung beruhen auf einer Vielzahl von Erklärungen, Modellen und Theorien, und die Psychologen sind sich, wie so oft, nicht einig über ihren Gegenstand. Das geht so weit, dass oftmals gesagt wird:

„Intelligenz ist (nur) das, was der Test misst. (Nicht mehr und nicht weniger)."

Einfach und etwas provokant ausgedrückt: Ein Forscher denkt sich Fragen aus, von denen er glaubt, dass sie als Messinstrument stellvertretend für die gesamte Intelligenz eines Individuums angesehen werden können, wenn sie richtig beantwortet werden, und zwar in einer vorgegebenen Zeit. Dabei steht der Begriff Intelligenz für kognitive Fähigkeiten, zum Beispiel für Verstehen, Wissen, Logik, Sprache und Problemlösen. Der Begriff Hochbegabung meint hingegen eine überdurchschnittlich hohe Begabung zu haben, dies kann durchaus auch im sportlichen Bereich sein. In jüngster Zeit erkennt man solche Höchstleistungen als Formen von Intelligenz an. Aber auch andere Arten der Intelligenz, wie Motivation und Beharrlichkeit, emotionale Intelligenz (EI), musikalische Fähigkeiten, Intuition und Kreativität lassen sich differenzieren. Besonders Letztere werden jedoch nicht in klassischen IQ-Tests erfasst.

„Offiziell anerkannt" hochbegabt ist, wer einen Intelligenzquotienten von 130 Punkten und mehr erreicht; leider tanzen bei solch einer Testung besonders Hochbegabte kraft ihres Naturells gerne aus der Reihe. Ein solches Problem schilderte mir eine promovierte Wirtschaftswissenschaftlerin, die selbst schon länger die Vermutung hatte, sie sei besonders begabt. Sie machte einen Test bei *Mensa*, einer weltweiten Vereinigung für hochbegabte Menschen, und bekam als Ergebnis, dass sie einen IQ von 98 hatte, also auffallend minderbegabt war. Nun weiß man, dass Hochschulabsolventen mit einiger Sicherheit einen Mindest-IQ von 120 haben, besonders wenn sie einen Doktor-Titel tragen. Sie war völlig verunsichert und schilderte mir die Testsituation und ihre Empfindungen dabei:

„Der Test war für mich sehr wichtig und ich hatte mich auf diesen Tag regelrecht gefreut. Endlich würde ich wissen, warum ich mich so anders als die anderen Menschen fühle und warum ich so ganz anders bin. Natürlich war ich etwas nervös, weil ich auch den Anspruch hatte, es besonders gut machen zu wollen. Dabei dachte ich, ein Hochbegabungstest ist bestimmt schwierig und ich muss mich gut konzentrieren, eben mein absolut Bestes geben. Schon bei der ersten Frage stolperte ich über Unstimmigkeiten vonseiten der Fragestellung, sie war einfach nicht präzise genug formuliert. Ich fing an darüber nachzudenken und verlor dadurch viel zu viel Zeit. Erst im Nachhinein, als der Test vorüber war, wurde mir klar, dass die Frage ja ganz einfach gemeint war und nichts weiter dahinter steckte. Bei anderen Fragen hatte ich die richtige Lösung parat, ohne großartig nachdenken zu müssen, war mir aber nicht sicher und überprüfte alles noch mal „zu Fuß". Ich meine, ich habe mir die Aufgaben angesehen und eine Art innere Stimme oder ein erster Impuls hat die richtige Antwort gesehen. Ich habe die Antwort gefühlt, sie war einfach angenehmer, sympathischer. Weil der Test jedoch wichtig war, wollte ich ganz sicher gehen und alles richtig überprüfen. Ich zwang mich zum logischen Nachdenken, das geht nun mal nicht so schnell. Ich verlor wieder viel Zeit und schaffte nicht alle Aufgaben. Manchmal endete die Überprüfung auch in völliger Verwirrung, und ich sah den Wald vor lauter Bäumen nicht mehr. Zunehmend wurde ich fahriger und kam schon während der Testsituation zu dem Schluss, dass ich mir meine Hochbegabung wohl nur eingebildet hatte. Gott sei Dank hatte ich auch meinem Mann nichts davon erzählt, wie peinlich!

Im folgenden Jahr ging es mir dann sehr schlecht und ich musste mich wegen Verdacht auf Depressionen und psychotischen Zuständen in psychologische Behandlung begeben. Im Verlauf der anschließenden Therapie wurde ich erneut getestet, aber diesmal mit einem anderen Test. Der Psychologe war sehr einfühlsam und ich hatte nicht das Gefühl, unter Zeitdruck zu stehen. Ich verließ mich auch mehr auf mein Gefühl, denn schlechter konnte mein Ergebnis wohl kaum werden. Ich erreichte einen IQ-Wert von 158!"

Dieses Beispiel zeigt ganz eindrucksvoll, dass Test nicht gleich Test ist, und weiterhin zeigt die Schilderung, was ein falscher Test für die psychische Situation der betreffenden Person bedeuten kann. Die Wissenschaftlerin dachte insgeheim, sie sei hochbegabt und bekam als Ergebnis, dass genau das Gegenteil der Fall war! Nach der erneuten Testung wurde sie selbstsicherer und entdeckte anschließend aufgrund eigener Recherchen ihre Hochsensitivität:

„Ich dachte zum ersten Mal, ja, genau so ist es bei mir. So bin ich. Ich kam mir vor, als hätte mir jemand auf den Kopf gehauen und ich sei aufgewacht! Warum bin ich da nicht eher drauf gekommen?

Für hochsensitive Menschen sind 0815-Testsituationen kaum zu bewältigen, denn die Erregbarkeit kann ein solch hohes Maß annehmen, dass gar nichts mehr geht. Besonders Gruppentests sind für HSM wenig geeignet, da bereits die Anwesenheit anderer empfindlich ihre Konzentration stört. Weiterhin sind für die meisten HSM Intelligenztests angemessen, die die Kreativität mit einbeziehen. In derartigen Tests wird dann zum Beispiel gefragt, wie viele Verwendungsmöglichkeiten es für einen Ziegelstein gibt und sicherlich fallen auch Ihnen auf Anhieb jede Menge Möglichkeiten ein!
Ich bin der festen Überzeugung, dass wir vielen hochsensitiven Kindern gar nicht die Möglichkeit lassen, ihre Hochbegabung zu

zeigen, denn die Schulsituation lässt wenig Raum für Kreativität und Intuition. Dies setzt sich dann in einer Abwärtsspirale bis ins Erwachsenenalter fort. Natürlich müssen auch die normalen Unterrichtsinhalte gelernt werden, aber das ist wiederum eine Frage der Motivation und der Vermittlung entsprechender Kompetenzen. Auch hier benötigen hochsensitive Kinder zunächst einmal andere Unterrichtsfächer, die die notwendige Basis liefern, um ein Faktenlernen zu ermöglichen. Es handelt sich dabei im Wesentlichen um Sinn gebende Verfahren, die zum Beispiel auch bei Schulmüdigkeit erfolgreich greifen. Darauf aufbauend sind sie auf eine völlig andere Vermittlung des Stoffes angewiesen, denn sie haben mehrheitlich einen visuell-räumlichen Lernstil und denken vornehmlich in Bildern. Frontalunterricht in einer Klasse mit an die 30 anderen Schülern macht Lernen nahezu unmöglich, da die permanente Reizüberflutung die Konzentration empfindlich stört (vgl. Carson, Higgins, Peterson 2003). So starten viele hochsensitive Kinder mit den denkbar schlechtesten Aussichten, jemals zeigen zu können, was in ihnen steckt.

Das Schlimme ist, dass die Wissenschaft von diesem Dilemma weiß, doch die Bildungspolitik wendet die Erkenntnisse nicht an. Ist so etwas wirklich in unserem als fortschrittlich geltenden Land möglich? Manch einer wird sich hier auch fragen, warum überhaupt geforscht wird, wenn die daraus resultierenden Ergebnisse nicht umgesetzt werden? Eine befriedigende Antwort kann ich Ihnen nicht geben, doch ich bin sicher, dass diese Faktoren früher oder später berücksichtigt werden müssen.

Abschließend möchte ich hier ein beliebtes Argument derjenigen anführen, die noch an Statistiken glauben und behaupten, dass nicht alle hochsensitiven Menschen auch hochbegabt sein können. Diese Argumentation löst sich nämlich bei näherer Betrachtung einfach in Luft auf. Es wird im Allgemeinen davon ausgegangen, dass (nur) etwa drei Prozent unserer Bevölkerung hochbegabt sind; weil die Theorie von Aron besagt, dass etwa 15 bis 20 Prozent der Menschen einer Gesellschaft hochsensitiv sind, kann rein rechnerisch nicht jeder HSM auch gleichzeitig hochbegabt sein.

Meine Rechnung sieht anders aus: Zunächst einmal gehe ich für das Phänomen Hochsensitivität von weit weniger hoch gegriffenen Prozentverteilungen aus, vielleicht nur 10 bis 15 Prozent. Aus dem Umstand heraus, dass Hochbegabung bislang nur von einer Seite der Medaille betrachtet wird und demnach die andere, stille, in sich gekehrte, kreative Variante bei den oben genannten drei Prozent noch gar nicht berücksichtigt ist (und durch das System weder zum Zuge kommen kann noch gefördert wird), postuliere ich, dass etwa zehn Prozent der Bevölkerung hochbegabt und hochsensitiv sind. Dies deckt sich in etwa mit den Schätzungen zu „verhaltensauffälligen", „gestörten" oder „gehemmten" Kindern in der Schule.

Und da nach Kurt Lewins universeller Verhaltensgleichung das Verhalten eines Menschen eine Funktion aus Person- *und* Umweltbedingungen ist, liegt die Maßgabe nahe, hier einmal die Umweltbedingungen zu verändern, um eine andere Sicht der Dinge zu erhalten.

Hochbegabung und Reizoffenheit

Kasimierz Dabrowski prägte den Begriff *Overexcitabilities*, was so viel wie höchste Reizbarkeit bzw. hohe Erregbarkeit bedeutet. Man hat festgestellt, dass höchstbegabte Kinder und Erwachsene auf Reizvorlagen intensiver reagieren und dies zeigt sich in einem oder mehreren von fünf Bereichen (Webb et. al. 2005). Die im Folgenden beschriebenen „Übererregbarkeitsfaktoren" sind tendenziell bei Menschen festzustellen, die sehr hochbegabt beziehungsweise höchstbegabt sind. Die hohe Erregbarkeit wirft ihren Motor mit ungewöhnlichen „850 PS" ständig an und diese unbändige Energie sucht sich ihren Weg nach draußen. Dabei passiert es nicht selten, dass übers Ziel hinausgeschossen wird, denn es braucht schon etwas Übung und viel Selbstdisziplin, um diese Pferdestärken zu bändigen. Übereinstimmend wird von innerer Unruhe und dem Gefühl der Getriebenheit berichtet, ganz so, als würde man einen Ferrari nur durch 30er-Zonen schicken und der Motor kann es kaum abwarten, auch einmal Vollgas zu geben. Kann der Wagen dann einfach nicht mehr an sich halten, beschleunigt er womöglich an der falschen Stelle und stößt damit auf völliges Unverständnis – oder er macht eine Bruchlandung im Straßengraben.

Bei der folgenden Beschreibung wird Ihnen daher auch auffallen, dass diese besonderen Formen der Hochbegabung sehr leicht mit einem diagnostischen Etikett versehen werden können und dadurch einer Fehlinterpretation unterliegen. Zum Beispiel kann die intellektuelle und psychomotorische hohe Erregbarkeit sehr leicht zu der Diagnose ADHS führen (Hartnett, Nelson & Rinn 2004). Die Wissbegierde und gleichzeitige Aufregung von hochbegabten Kindern über eine neue Information im Schulunterricht kann dazu führen, dass Antworten einfach in die Klasse gerufen werden oder es werden irrelevante Fragen gestellt. Der ungewöhnliche Denkstil passt nicht immer auf Anhieb zur betreffenden Situation, denn das Denken ist hoch komplex und geht in alle Richtungen. Oftmals gelingt die Abfuhr der Energien nur mit gleichzeitigem Wippen der Füße, Spielen mit irgendwelchen Gegenständen oder Reden ohne Unterlass. Manchmal hilft auch das Aufstehen und Laufen, hin und her oder im Kreis. Besonders das Laufen im Kreis, zum Beispiel im häuslichen Bereich um den Wohnzimmertisch, kann bei Kindern und Erwachsenen ein wichtiger diagnostischer Hinweis auf eine bestehende Hochbegabung sein. Das Aufstehen und Laufen scheint einen Gedankenknoten zu lösen und die körperliche Vorwärtsbewegung geht Hand in Hand mit dem Fortschreiten des Gedankenprozesses. Manchmal ist auch zu beobachten, dass „Betroffene" beim Telefonieren durch die ganze Wohnung rennen und einfach nicht in Ruhe auf einem Platz sitzen bleiben können. Typisch ist auch das Laufen mit gesenktem Kopf, völlig in Gedanken versunken und der Welt entrückt. Die körperliche Bewegung scheint einen Spannungszustand zu lösen, vom krampfartigen und festgefahrenen Denken abzulenken sowie gleichzeitig den Raum für Emotionen zu öffnen, damit das Denken wieder flüssiger wird. Den gleichen Effekt hat das Schließen der Augen oder der Blick in der Ferne, ohne ein konkretes Objekt anzusehen, damit die inneren Bilder wie vor einem geistigen Auge vorüberziehen können. In der Schule hilft diese motorische Abfuhr überschüssiger Energien – zum Beispiel durch Kaugummikauen, Spielen mit Handschmeichlern, Malen von Symbolen und Linien in Heften und Schulbüchern – dabei, das Denken und die Konzentration wieder auf ein optimales Level zu bringen.

Der Eigensinn und starke Wille Hochbegabter manifestiert sich in besserer Konzentrationsfähigkeit, längeren Aufmerksamkeitsspannen und intensiverer Motivation, allerdings nur bei Themen und Situationen, die für *sie* von Interesse sind. Wenn Eltern und Lehrer oder auch der Arbeitgeber meinen, ein Hochbegabter müsse sich doch für alles interessieren und konzentrierter als andere sein, dann haben sie „die Rechnung ohne den Wirt" gemacht. Endlose Diskussionen und zuweilen auch Starrsinn bei einer Sache, die Hochbegabte für richtig halten, bringen Eltern an den Rand der Verzweiflung. Eine Mutter meinte, dass ihr hochbegabtes Kind sogar mit einem Fahrstuhl eine Endlos-Diskussion führen würde, wenn dies nur möglich wäre.

Die nachfolgende Differenzierung macht deutlich, dass es nicht *den* Hochbegabten gibt, sondern es zeigen sich, je nach Ausprägung der einzelnen hoch erregbaren Bereiche, große Unterschiede im Erleben und Verhalten. Die Abgrenzung vom „normal" intellektuell Hochbegabten, der ein wenig reizoffen ist, zum Beispiel empfindlich in Bezug auf Geräusche, und einem HSM, der noch ein wenig sensitiver ist, ist in Wirklichkeit nicht zu ziehen, denn die Übergänge sind fließend. Demnach gibt es auch „normale" Hochbegabte, die sehr sensibel sind und hier ist es dann durchaus gerechtfertigt von „Hochbegabt und Hochsensibel" (vgl. Brackmann) zu sprechen. Es gibt also auch Hochbegabte, die *nicht* hochsensitiv sind, die jedoch eine ausgeprägte Sensibilität haben.

Hohe intellektuelle Erregbarkeit

Menschen mit hoher intellektueller Erregbarkeit lieben schon als Kinder Bücher und im Erwachsenenalter sind sie zuweilen sogar gierig danach. Sie zeichnen sich durch eine hohe Wissbegierde aus, möchten die Wahrheit finden und Probleme endgültig lösen, dazu wollen sie immer alles ganz genau wissen. Als Kinder fragen sie ihre Eltern „Löcher in den Bauch". Sie haben eine wunderbare Konzentrationsfähigkeit und lieben theoretische Gedankenspiele, dazu verbringen sie verhältnismäßig viel Zeit mit sich selbst. Menschen mit intellektueller hoher Erregbarkeit machen sich schon früh Gedanken über Moral, Ethik, Tod und Religion und finden Gespräche mit Erwachsenen anregender als Unterhaltungen mit Gleichaltrigen. Sie verfügen schon früh über ein hohes Wissen und können manchmal etwas ungehalten reagieren, wenn ihr Gegenüber nicht mitkommt und sie deshalb warten müssen.

Hohe kreative Erregbarkeit (Fantasie)

Die überwiegende Mehrheit von Personen mit hoher kreativer Erregbarkeit ist in der Lage in eine Fantasiewelt zu gehen, wo sie mit virtuellen Dingen in virtuellen Welten spielen. Sie haben sich ihre eigene Welt gebaut und auch einfache Dinge aus der Realität werden auf eine weitschweifige Weise gesehen, sodass gelegentlich beide Welten vermischt werden. Reiche Vorstellungskraft, Tagträumen, Fantasiespiele und das Nachspielen imaginärer Charaktere sind typisch für diese begabten und kreativen Kinder. Die Sprache enthält viele Metaphern, weil das Denken vorzugsweise in Bildern stattfindet. Schon als Kinder lieben Sie Symbole.

Hohe emotionale Erregbarkeit

Bei Menschen mit hoher emotionaler Erregbarkeit drückt sich die Intensität der Gefühle in Sensibilität, Empathie und einem ausgeprägten Mitgefühl aus. Als Kinder können sie völlig fassungslos auf den Tod eines am Straßenrand liegenden Tieres reagieren und Eltern haben Mühe, das Kind zu beruhigen. Arme Menschen, Obdachlose, Hunger, Krieg, Ungerechtigkeit und traurige Szenen im Fernsehen werden schlecht verkraftet. Erwachsene engagieren sich bevorzugt in sozialen Bereichen, im Umwelt- und Tierschutz, und müssen oftmals leidvoll feststellen, dass ihr Idealismus auf Unverständnis und Ignoranz stößt.

Hohe psychomotorische Erregbarkeit

Eine scheinbar unerschöpfliche Energie und Aktivität ist das Markenzeichen von psychomotorisch hoch erregbaren Menschen. Bewegung wird um der Bewegung selbst geliebt, Schnelligkeit, physische Aktivitäten und das Bedürfnis zu handeln, lassen im Umfeld den Wunsch entstehen, sie mögen sich doch einfach einmal ruhig hinsetzen und den Mund halten. Wenn diese überschäumende Energie durch äußere Zwänge im Zaum gehalten wird, fallen psychomotorisch erregbare Menschen gelegentlich aus der Rolle, weil sie sich nicht bremsen können.

Hohe sensorische Erregbarkeit

Gesehenes, Gehörtes, Gerüche, Geschmack, Gefühle sowie Berührungen werden von Menschen mit hoher sensorischer Erregbarkeit intensiver wahrgenommen. Grelles Licht, laute Geräusche, kratzige Kleidung und intensive Gerüche verursachen regelrechtes Unwohlsein. Oftmals wollen Kinder nicht gerne angefasst und geküsst werden, denn die Reize der körperlichen Nähe überfluten sie. Hochbegabte mit sensorischem Feingefühl tendieren dazu, Situationen mit hohem Stimulationsgrad zu vermeiden. Sie werden von Musik, Sprache, Kunst und auch vom Essen intensiver angesprochen, sodass sie gelegentlich die Welt um sich herum vergessen können, weil diese Erlebnisse sie voll und ganz ausfüllen.

Über das Denken

Alles Urdenken geschieht in Bildern.
Arthur Schopenhauer

Nach einer eigenen Umfrage im Internet mit 206 Probanden gaben 75 Prozent aller HSM an, in Bildern zu „denken". Dies entspricht auch in etwa meinen theoretischen Überlegungen und vielleicht haben Sie sich ja auch schon ganz instinktiv und zu Recht Gedanken über Ihre Art des Denkens gemacht?

In den meisten Fällen wird nämlich von *dem* Denken gesprochen, jedoch nicht weiter ausdifferenziert. So gehen wir beim klassisch Hochbegabten davon aus, dass er schneller und besser denken kann als die überwiegende Mehrheit. Dabei wird die Art des Denkens nicht mit in Betracht gezogen. Ich habe ganz bewusst den Begriff *Art* gewählt, weil es etwas mit Kunst und Kreativität zu tun hat. Wir Menschen können nämlich im engeren Sinne auf zwei, im weiteren Sinne sogar auf vier verschiede Arten denken und dies ist wesentlich individuell bestimmt. Wir können in Worten denken, in Bildern, in Musik oder in Empfindungen. Die verschiedenen Arten zu denken, sind eng mit dem Zusammenspiel von Intellekt- und Emotionssystem verbunden und mit der Geschwindigkeit gekoppelt. Dabei geht es in der Hauptsache nicht darum, ob wir, je nach Tageszeit, müde oder frisch und ausgeruht sind oder unter Stress stehen oder wie intensiv wir (nach-) denken. All das spielt natürlich eine Rolle, aber davon ist jetzt nicht die Rede. Es geht hier um die uns ganz eigene *Art zu denken* und Erkenntnisse zu gewinnen. In der Hauptsache geht es um den von Schopenhauer beschriebenen Unterschied zwischen anschauender und abstrakter Erkenntnis.

– Denken in Worten gleicht der Geschwindigkeit eines Autos.
– Denken in Bildern und Musik gleicht der Geschwindigkeit eines Überschallflugzeuges.
– „Denken in Empfindungen" gleicht der Lichtgeschwindigkeit.

Ich habe ganz bewusst „Denken in Empfindungen" in Anführungszeichen gesetzt, weil es dem Bewusstsein nicht zugänglich ist und folglich im Unbewussten liegt. Hier in diesem Kapitel beschäftigen wir uns mit den beiden erstgenannten, eigentlichen Arten zu Denken und in späteren Kapiteln wird dann das Empfinden thematisiert.

Als Einstieg möchte ich Ihnen einen Einblick geben, wie Albert Einstein gedacht hat. Er war mit dem Psychologen Max Wertheimer befreundet und Wertheimers Aufzeichnungen ist es zu verdanken, dass wir eine detaillierte Beschreibung von Einsteins Denkprozessen haben (Wertheimer, 1954):

„Meine Gedanken kommen nicht in irgendeiner sprachlichen Formulierung. Ich denke überhaupt sehr selten in Worten. Ein Gedanke kommt und ich kann hinterher versuchen, ihn in Worten auszudrücken."

Als Wertheimer bemerkte, dass viele berichteten, ihr Denken vollziehe sich immer in Worten, lachte Einstein bloß. Auf die Frage, ob Gerichtetheit in Denkvorgängen ein wichtiger Faktor sei, sagte er:

„Solche Dinge (Gerichtetheit, Anm. der Autorin) *waren sehr lebhaft gegenwärtig. Während all dieser Jahre hatte ich ein Richtungsgefühl, das Gefühl, gerade auf etwas Bestimmtes zuzugehen. Es ist natürlich sehr schwer, dieses Gefühl in Worten auszudrücken, aber es war ganz entschieden der Fall und klar unterscheidbar von der Art der späteren Überlegungen über die rationale Form der Lösung. Natürlich ist hinter solch einer Gerichtetheit immer etwas Logisches; aber ich habe es in einer Art von Überblick, gewissermaßen sichtbar vor Augen."*

Einstein dachte also in Bildern und mithilfe der Gefühle (Intuition). Es ist, wie gesagt, davon auszugehen, dass auch ein Großteil aller hochsensitiven Menschen auf diese Art und Weise denkt. Generell möchte ich als Faustformel hier formulieren:

Je mehr mithilfe von Emotionen gedacht wird, desto flüssiger geht das Denken vonstatten, umso mühevoller ist jedoch die Übersetzung in Sprache. Das Denken in Bildern geht schneller, der mögliche „Output" dauert jedoch länger.

Paradox

Bei Außenstehenden erweckt dies den Eindruck von Langsamkeit, aber in Wirklichkeit ist das Gegenteil der Fall, denn das Denken läuft schneller ab. Die Dinge sind nicht so, wie sie scheinen. Die Wissenschaft kennt eine Fülle solcher Paradoxien, beispielsweise sehen wir die Sonne auf- und untergehen, in Wirklichkeit steht sie jedoch still und wir bewegen uns mit der Erde. Genauso ist es hier auch und um dies zu erkennen, muss man etwas zurücktreten und alles in einem größeren Zusammenhang betrachten.

Hochsensitiven Menschen fällt es demnach sehr schwer, sich der Außenwelt mitzuteilen und das Wort „schlagfertig" trifft nur selten auf sie zu. Dies ist ein Jammer, denn sonst wären Sie in der Lage, Ihre Hochbegabung unmittelbar zu zeigen. Um das allerdings tun zu können, müssen sie mühsam lernen und das stößt zuweilen auf erhebliche innere Widerstände! Vermutlich weigern sich Ihre grauen Zellen vehement, ein oder zwei Gänge zurückschalten und nur noch in Worten zu denken. Das geht langsamer vonstatten und ist auch mühsamer, denn die inneren Bilder müssen mit Worten erklärt werden.

Wenn man gewohnt ist, in einem Überschallflugzeug zu fliegen, dann ist eine Autofahrt wenig befriedigend. Warum also sollte man das Verkehrsmittel wechseln? Manchmal erhalte ich Zuschriften, die für den Schreiber ganz logisch sind, für mich aber so viele Lücken enthalten, die ich nicht füllen kann. Mitunter brauche ich dann enorme Zeit, um herauszufinden, was in dem Brief gemeint sein könnte. Ich muss also versuchen, das innere Bild, das der Schreiber im Kopf hatte, aus den gegebenen Informationen zu rekonstruieren.

Wenn dies bei Ihnen auch so ist und Sie fühlen sich mitunter missverstanden, dann liegt es vielleicht daran, dass Sie in „Abkürzungen" reden? Versuchen Sie also mit Ihrem „Gedanken-Düsenjet" hier auf der Erde zu landen, denn das ist die einzige Möglichkeit zu kommunizieren. Nicht immer gelingt diese Landung auf Anhieb und die ersten Versuche werden vermutlich wenig elegant sein. Vielleicht produzieren Sie sogar eine Bruchlandung? Lassen Sie sich nicht entmutigen, es ist schließlich noch kein Meister vom Himmel gefallen!

Vielleicht hilft es Ihnen ja sich vorzustellen, mit Kindern zu reden und aus diesem Grund etwas mehr zu erklären?

Hier hilft auch das Verfahren des therapeutischen Malens und der Traumvisualisierung und -deutung. Das ist besonders für diejenigen unter Ihnen geeignet, die das Gefühl haben, in ihnen tobt etwas, was sie nicht in Worte fassen können und was einfach nicht heraus will. Hier ist es wichtig, die inneren Bilder und Träume oder Visionen zuzulassen und dann umzusetzen. Nun ist jedoch Malen nicht jedermanns Sache, aber es gibt die verschiedensten Möglichkeiten, zum Beispiel ist auch das gestalterische Arbeiten an Steinen sehr empfehlenswert.

Eine andere Methode ist das Träumen, das Sie ja ganz intuitiv hervorragend beherrschen. Dueck (2004, S. 96 ff.) gibt uns einen Eindruck davon, wie sich das für ihn anfühlt.

„Bei mir ist es so, dass ich sehr viel ‚träume' oder ‚nachdenke', wenn es eigentlich gar kein Problem gibt. Ich denke irgendwie leidenschaftlich gerne. (…) Mein Denken über alles Mögliche läuft fast immer als ‚Background Process'. Ich wache oft nachts mit tollen Ideen auf, von denen mache sogar den klaren Verstand beim Frühstück überleben. (…) Wenn es etwas zu entscheiden gibt, ist irgendwie mein neuronales Netz schon darauf trainiert. In früherer Zeit, auf Vorrat. Ich denke also nicht schneller, wenn ich entscheide. (…)

Eine andere Situation ist es, wenn es in einem Gebiet zu entscheiden gilt, in dem ein Intuitiver noch gar nicht nachgedacht hat, wo also kein früheres Training der inneren Maschine stattgefunden hat. In solchen Situationen können exzellente Intuitive wie Trottel wirken. In großen Sitzungen, zusammen mit meist Nicht-Intuitiven, weigern sie sich innerlich, irgendwelche Statements abzugeben. Sie schweigen verbissen bei einer Diskussion. Innerlich sind sie aufgewühlt und wollen nur noch weg in die Einsamkeit, um nachzudenken. (…) In der nächsten Woche kommen Intuitive dann mit guten Ideen! Zu spät, meist viel zu spät! (…) Nicht-Intuitive werden dagegen verrückt, wenn Intuitive immerfort träumen und nachdenken, wenn es gar kein Problem gibt. Sie vertrödeln endlos Zeit damit, schauen aus dem Fenster, dösen herum, fahren beim Denken trottelig Auto. Nichts als Ärger mit ihnen. Und erklären können sie nichts. Wozu also diese Trödelei?"

Der holistische Denker und seine Probleme

*So werden mittelmäßige Köpfe
nie etwas Großes leisten,
es sei denn in der Mathematik.*
　　　　　Arthur Schopenhauer

Schopenhauer hasste Mathematik, genau wie Goethe. Auch Einstein sagte: „Seitdem die Mathematiker über die Relativitätstheorie hergefallen sind, verstehe ich sie selbst nicht mehr."

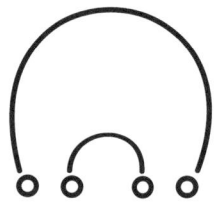

Das klingt wohl lustig aus dem Mund eines Genies, ist aber ziemlich ernst gemeint. Sehr hochbegabte Kinder erkennen und erleben ihre Umwelt sehr tief und intensiv und wenn sie in der Schule mit Zahlen konfrontiert werden, sagen sie Dinge wie:

„Das Minus ist böse. Ich mag das Minus nicht. Das Plus ist immer lieb."

„Ja ja, das ist bei mir auch so. Aber warte mal, bis du das Geteiltzeichen kennen lernst, das ist der wahre Antichrist."

„Wow, die Zwei! Was für eine tolle Zahl! Die Sieben ist nicht so gut, aber die Zwei!"

Die Fähigkeit jeglichen Dingen einen tiefen Erlebnisgehalt abzugewinnen und damit tiefer in die Wirklichkeit zu sehen, scheint nüchternen Zahlen und Regeln geradezu zu widersprechen. Nur Zahlen, nichts weiter? Nur rechnen, um zu rechnen? Wo ist da der Sinn? So entwickeln viele Hochsensitive eine Abneigung gegen Mathematik und haben nicht selten das Gefühl, sie seien einfach zu dumm dafür. Sogenannte Lernfächer werden nicht nach Regeln begriffen, sondern bei Fremdsprachen zum Beispiel wird lieber ganzheitlich gelernt. Das heißt, die Melodie der Sprache bzw. das Grundprinzip der Sprache muss erlebt und gefühlt werden. So wird bei Relativsätzen oder bei Deklinationen nicht die Grammatikregel herangezogen, sondern vielmehr wird darauf geachtet, ob es so besser klingt, sich richtiger anhört und ob das geschriebene Wort so oder anders „besser aussieht". Gleiches gilt für Zahlen, nur dass es hier nahezu unmöglich ist, Gleichungen mit zwei Unbekannten auf diese Art und Weise zu lösen. Die Lösungswege sind zwar kreativ, aber selten richtig. Auch macht vielen holistisch denkenden hochsensitiven Kindern der Zeitdruck bei Klassenarbeiten zu schaffen, denn die ganzheitliche Herangehensweise und die Suche nach Prinzipien dauert einfach länger. Würden diese Kinder sich aufraffen können, *die Regeln zu lernen und gut zu üben,* dann würden sie feststellen, dass sie gerade auch im Bereich der theoretischen Mathematik wahre Wunder vollbringen könnten. So aber wird vielleicht sogar zu Hause geübt und alles scheint klar zu sein, aber in der Prüfungssituation wirbelt alles durcheinander. Sie müssen auch schmerzlich lernen, dass zwischen Input und Output ein großer Unterschied besteht und dass die (Re-) Produktion von Dingen in der materiellen Außenwelt viel schwieriger und anstrengender ist als in der geistigen Welt der Gedanken und Empfindungen. Besonders diese Art der Anstrengung wird ganz intensiv erlebt und deshalb bevorzugt vermieden. Hier hilft trotzdem nur eines: Üben, üben und nochmals üben, damit diese Kinder zum Beispiel bei der Mathe-Arbeit nicht vom richtigen Lösungsweg abkommen. Man kann sie jedoch nicht alleine üben lassen, obwohl dies altersgemäß oft schon erwartet werden könnte, denn sie glauben oftmals, dass sie den Stoff beherrschen. „Hast du für die Arbeit morgen geübt?", fragen die Mütter üblicherweise etwas besorgt und erhalten die Antwort: „Klar, ich habe es mir angesehen. Dieses Mal kann ich es!" Und prompt geht die Sache schief …

„Das ist wenigstens eine Sache bei Tom, auf die ich mich hundertprozentig verlassen kann und die er mit Kontinuität und Ausdauer betreibt", sagte mir mal eine Mutter mit einer guten Portion

Galgenhumor. Es hilft tatsächlich nur danebenzusitzen, Übungsaufgaben in Hülle und Fülle zu geben und den „Ernstfall" zu proben. Vielleicht denken Sie über die Anschaffung zusätzlicher Übungsbücher nach, die es mittlerweile zu fast jedem Schulbuch gibt.

Mein eigener Sohn bekam sein erstes Französischbuch in den Ferien, schaute kurz hinein und sagte dann schwärmerisch: „Hm … Französisch. Ist ja ganz leicht zu lesen. Mama, ich sage dir: Französisch ist genau meine Fach, das kann ich!"

Zwei Unterrichtsstunden und einige Vokabeln später war Französisch so ziemlich das Allerletzte, was man als Schulfach nur haben kann und mein Sohn grub sofort das Kriegsbeil für alles aus, was irgendwie französisch war.

Lerntypen

Nachfolgende Tabelle verdeutlicht Ihnen die Unterschiede zwischen einem auditiv-sequenziellen Lernstil (analytischer Wahrnehmungs- und Denkstil) und einem räumlich-visuellen Lernstil (holistischer Wahrnehmungs- und Denkstil), die gegensätzlicher nicht sein könnten. Sie können Ihr Kind und auch sich selbst anhand der Aussagen recht gut beurteilen, welche Seite bei Ihnen überwiegt.

Auditiv-sequenziell (der Reihe nach)	**Visuell-räumlich** (ganzheitlich)
Denkt vornehmlich in Worten und lernt durch Zuhören	Denkt vornehmlich in Bildern und lernt durch Anschauen
Bevorzugt Erklärungen durch Zuhören	Bevorzugt visuelle Erläuterungen und Symbole
Verarbeitet Informationen analytisch und erledigt Aufgaben der Reihe nach	Verarbeitet Informationen holistisch und möchte zuerst einen Überblick haben, bevor zu den Details übergegangen wird

Auditiv-sequenziell (der Reihe nach)	Visuell-räumlich (ganzheitlich)
Bevorzugt beim Lernen Fakten und Details; mag klare Anweisungen	Bevorzugt beim Lernen allgemeine und theoretische Fragen; mag keine konkreten Zielsetzungen und Lösungsrichtungen
Arbeitet Aufgaben ordentlich und nacheinander ab	Hat gerne mehrere Aufgaben zur selben Zeit und produziert somit ein Chaos um sich herum
Mag feste Strukturen und ist gut organisiert; mag saubere und geordnete Arbeitsmaterialien und Umgebungen	Mag offene und freie Situationen; hat seine eigene Struktur; Neigung zur Improvisation; sucht Grundmuster
Analytisches Denken; Ableitung von Lösungen mithilfe der Logik	Bevorzugt komplexe Zusammenführungen; Lösungen werden intuitiv gewonnen
Bevorzugt vorgegebene und bestehende Probleme	Mag selbst gestellte Rätsel und neue Probleme
Bevorzugt konkrete Aufgabenstellungen mit einer möglichen Lösung	Bevorzugt allgemeine Konzepte; ist besser in der Beweisführung und Herleitung als bei der konkreten Lösung
Betrachtet Situationen nüchtern und sachlich	Geht spielerisch und kreativ an Situationen heran

In Anlehnung an Silverman (2002)

Diese Tabelle stellt meiner Meinung nach recht deutlich den Unterschied zwischen beiden Lerntypen dar und das große Dilemma besteht darin, dass unser Schul- und Lernsystem genau auf den auditiv-sequenziellen Lerntypen abgestimmt ist. Lesley Sword bringt es auf den Punkt, indem sie schreibt: „You teach in words, I think in pictures!" (Sie lehren mich mit Worten, doch ich denke in Bildern.)

Die Gegenüberstellung darf jedoch nicht darüber hinwegtäuschen, dass keineswegs immer völlig klar zwischen beiden Typen differenziert werden kann, denn beide Lernarten sind in jedem Menschen fest verankert. So kann zwar eine Seite überwiegen, aber die andere Seite ist nicht ausgeschlossen; phasenweise kann es sogar vorkommen, dass hin und her gesprungen wird. Es kann aber auch sein, dass beide Seiten gleich stark vertreten sind und die betreffende Person sehr geordnet und strukturiert und gleichzeitig auch sehr kreativ ist.

Viele auditiv-sequenziellen Denker begleitet eine brillante Analysefähigkeit von Kindesbeinen an und sie können Dinge nicht einfach auf die leichte Schulter nehmen. Diese Ernsthaftigkeit isoliert besonders hochbegabte Kinder in diesem Bereich von ihren Mitschülern, denn sie können einfach nicht nachvollziehen, warum sich Gleichaltrige mit sinnlosen Themen beschäftigen. Die Geradlinig- und Ernsthaftigkeit kann oftmals extreme Ausmaße annehmen und Außenstehende beschreiben diesen Typus als sorgenvoll, depressiv und ohne Sinn für Humor. Sie scheinen auch wenig Freunde zu haben. Sie selbst empfinden das jedoch nicht so und genießen ihren eigenen Perfektionismus, über den sie jedoch gelegentlich stolpern, denn nicht immer ist im täglichen Leben Perfektionismus angebracht.

Demgegenüber haben Kinder mit einem räumlich-visuellen Lernstil aufgrund ihrer Kreativität Probleme mit eingefahrenen Strukturen. In der Schule sind sie schlechte Mathematiker, vor allem in Algebra, während sie in Geometrie sogar auffallend gut sein können. Hier haben brave Kinder und oftmals Mädchen einen Vorteil, denn sie lernen aus Artigkeit, auch wenn sie keine Lust haben und den Sinn nicht sehen. Sie folgen den Vorgaben des Lehrers oder tun das, was ihrer Meinung nach von ihnen erwartet wird. Mit der Zeit birgt dies die Gefahr, dass sie sich selbst aus den Augen verlieren und verlernen, auf ihre innere Stimme zu hören und ihr Potenzial zu zeigen. Sie tun nicht das, was *sie* wollen und wenn sie in späteren Jahren mit der Frage konfrontiert werden:

„Was wollen Sie?" und „Wie wollen Sie leben?", dann empfinden sie die Beantwortung der Frage nicht nur als unmöglich, sondern auch zuweilen als unzulässig und egoistisch. Sie sind der Ansicht, ein solcher Egoismus gehört sich nicht und man darf einfach nicht so selbstbezogen sein.

Haben Kinder und Erwachsene jedoch einen stärken Selbstbezug, dann gelten sie nicht selten als faul, unkonzentriert, als „Underachiever" und ihnen wird vorgeworfen, ein Leben nach dem Lustprinzip zu führen.

Unsere Gesellschaft und auch unser Schulsystem sind auf die Bedürfnisse von Personen ausgerichtet, die vermehrt ihre linke Gehirnhälfte nutzen. Die einzige Chance für holistische Denker besteht darin, sich eine gewisse Disziplin anzueigen und Strukturen zu akzeptieren. Das muss mühsam erlernt werden, aber zunächst nicht in Form einer Vermittlung von Lerntechnik, sondern mit Einsicht in diese Prozesse. Ohne intrinsische Motivation beißen Eltern und Lehrer förmlich auf Granit und Kinder stellen immer wieder fest, dass sie scheitern. Auch in Aussicht gestellte Belohnungen oder gar Bestrafungen, wie Fernseh- oder Computerverbot, können sie scheinbar nicht wirklich treffen und motivieren. Ich persönlich habe sehr gute Erfahrungen mit der Methode der Einsicht gemacht, denn es ist immens wichtig, die wahre Ursache aufzuzeigen. Erst dann kann man einen Sinn sehen. Wo in Bezug auf Schule oder beruflicher Tätigkeit oder im ganz Allgemeinen der Sinn nicht erkannt wird, da ist jegliche von außen kommende Mühe vergebens.

> **Was einmal das Dunkle und einmal das Lichte hervortreten lässt, das ist der Sinn (Tao).**
> I. Ging

Der Sinn ist die Essenz der intrinsischen Motivation und wir müssen akzeptieren, dass geborene Sinnsucher ihn brauchen wie die Luft zum Atmen.

Das latente Genie

*Das Genie hingegen schaut eine andere Welt an,
als sie Alle.*

Arthur Schopenhauer

Nun kommen wir langsam zum Ende dieses Abschnitts über die Hochbegabung hochsensitiver Menschen, und es ist an der Zeit, ein Resümee zu ziehen. Ich kann Ihnen nicht verübeln, wenn Sie vielleicht angesichts der vielen Informationen ein wenig verunsichert sind und sich fragen, was all das zu bedeuten hat. Oftmals bekomme ich in diesem Zusammenhang die folgenden Fragen gestellt:

- *„Warum kann ich nicht einfach einen IQ von 140 haben und sämtliche Wettbewerbe und Stipendien gewinnen?"*
- *„Warum kann ich kein Studium in drei Semestern abschließen und anschließend einfach einen Doktortitel mit Summa cum Laude machen?"*
- *„Warum kann ich nicht super erfolgreich in meinem Beruf arbeiten?"*
- *„Warum sehen die meisten Menschen nicht, was in mir steckt?"*
- *„Wenn ich doch hochbegabt bin, was ist bei mir bloß anders?"*

Ich versuche zunächst einmal die vorangegangenen Informationen in eine logische Operation zu bringen, indem ich eine Gleichung aufstelle:

> Hochsensitivität
> = Intelligenz (Hochbegabung im klassischen Sinne)
> + Reizoffenheit (innere und äußere Reize werden intensiver wahrgenommen)
> + Sensibilität (besonderer Zugang zum Empfindungssystem)
> = latentes Genie

Treffen also Reizoffenheit und Sensibilität auf eine Hochbegabung, kann etwas Neues entstehen, nämlich das latente Genie. Je nachdem, wie stark die einzelnen Komponenten vertreten sind, zeigt sich die Hochbegabung von HSM beim einen mehr, beim anderen eher weniger und latent.

Latent bedeutet schlummernd, unter der Oberfläche verborgen und viele HSM berichten hier von einem Gefühl der inneren Fülle oder auch Leere, das keinen Weg nach draußen findet. Oftmals sind latente Genies Autodidakten und bringen sich vieles selbst bei, sie sind äußerst gebildet und belesen, haben aber keinen Titel und können keine entsprechende Ausbildung vorweisen. Gerade dies ist aber in unserer Gesellschaft eine Notwendigkeit und so haben sie keine wirkliche Chance ihr Talent entsprechend unter Beweis zu stellen. Weiterhin haben diese hochsensitiven Menschen nicht selten eine Abneigung gegen Bürokratie und Selbstdarstellung, sie können sich bei einer Bewerbung oder im Job einfach nicht gut „verkaufen".

Der Begriff Genie beinhaltet gegenüber der Hochbegabung ein eher kreatives, schöpferisches Potenzial und war historisch betrachtet alleine Künstlern vorbehalten. Erst in jüngster Zeit existiert auch eine wissenschaftsgebundene Auffassung von Genialität, an der Albert Einstein wegen seiner Popularität maßgeblich beteiligt war. Grundsätzlich jedoch steht Genialität der Kunst immer noch näher als der Naturwissenschaft, da schöpferisches Denken seiner Natur nach frei ist und sich nicht gerne in ein vorgegebenes Raster zwängen lässt. Natürlich ist ein Genie hochbegabt, aber dies ist nicht immer unmittelbar zu erkennen, denn der angeborenen Kreativität fällt die Rationalität mitunter recht schwer, da sie oftmals als geistige Einschränkung erlebt wird.

Um den Unterschied für Sie bildlich darzustellen, kann man Hochbegabung mit einem französischen Garten vergleichen, in dem alle Elemente streng hierarchisch und geometrisch perfekt angeordnet sind; am Reißbrett entsteht dann ein vollkommen durchdachtes Gesamtkunstwerk. Das (latente) Genie gleicht mehr einem englischen Garten, der seine Schönheit gerade dadurch erhält, dass man nicht mehr erkennen kann, dass hier ein Mensch in die Natur eingegriffen hat. Die englischen Gärten wirken auf den dafür empfänglichen Betrachter irgendwie märchenhaft und bieten Raum zum Träumen und für vielfältige Interpretationen, während französische Gärten durch ihre fast übernatürliche Klarheit, ideale Ordnung und Ingenieursleistung bestechen.

Das ist jedoch bei Weitem nicht alles, was den Unterschied zwischen Hochbegabung und latenter Genialität ausmacht, sondern er äußert sich auch ganz augenscheinlich anhand der äußeren Lebenssituation beider Menschentypen. Während ein „klassisch Hochbegabter" klug und erfolgreich wird und sein Talent in der Schule und auf der Universität anhand brillanter Noten und Leistungen zeigen kann, geht das latente Genie oftmals einen ganz anderen Weg, der irgendwie ungerade und wenig erfolgreich erscheint. Dieser Weg birgt jedoch bei geeigneten Bedingungen etwas, was man im Allgemeinen als Weisheit bezeichnet. Weisheit ihrerseits lässt sich jedoch kaum definieren, denn sie bewegt sich im Spannungsfeld zwischen Wissen und Intuition, Verstand und Gefühl, Reife und Kindlichkeit, Klugheit und Torheit, weltzugewandter Diesseitigkeit und weltabgewandter **Transzendenz**.

Die Philosophie als Liebe zur Weisheit ist daher vielen latenten Genies mit in die Wiege gelegt worden, denn sie begnügen sich nicht gerne mit allgemein akzeptierten Erklärungen, sondern möchten vielmehr den Sinn des Ganzen begreifen. Die Suche nach dem Sinn lässt daher manche HSM sich ganz instinktiv mit philosophischen oder psychologischen Themen beschäftigen. Ich attestiere daher einem beträchtlichen Teil aller Hochsensitiven (mit einer guten Portion Ironie und wenn schon unbedingt diagnostiziert werden soll), das *Philosophen-Syndrom.*

Philosophen gelten als Denker, die zuweilen der Welt ein wenig entrückt zu sein scheinen, da sie einen Elfenbeinturm bewohnen, der als geistiger Ort eine Abgeschiedenheit und Unberührtheit von der Welt darstellt. Wurde in früheren Zeiten ein solcher Mensch als weiser Ratgeber gerne aufgesucht und genoss er einen hohen Stellenwert innerhalb der Gesellschaft, so sind heutzutage die Berufsaussichten eines Philosophen in beratender Tätigkeit eher mager gesät. Die Suche nach der Weisheit ist nicht zwingend ein Ziel, mit dem sich der Großteil unserer Gesellschaft identifizieren kann, und so werden HSM aus Unternehmen entlassen, weil sie als „Eigenbrötler" gelten, nicht kommunikativ sind und sich einfach anders benehmen. Leider werden dabei die positiven Eigenschaften nur wenig geschätzt, denn es geht in unserer Wirtschaft vorrangig um kluge Entscheidungen, Profit- und Machtstreben, aber seltener um weise Vorgehensweisen. Und so gleicht die Suche nach dem Sinn des Lebens eher einer brotlosen Kunst, als einer einträglichen Tätigkeit.

Ich werde oft gefragt: „Was soll ich machen?", und ich rate dann meinen Klienten zunächst einmal sich selbst zu akzeptieren und auch die rationale Seite anzunehmen und zu lieben. Die latente Genialität birgt so manchen Stolperstein und es wäre vermessen zu glauben, dass dies zwangläufig mit großartigen Erfindungen einhergeht. Die Voraussetzung, schöpferisch tätig zu sein und etwas ganz Eigenes zu kreieren, ist zwar in allen HSM als Möglichkeit gegeben, aber es ist kein einfacher Weg, dies auch in die Tat umzusetzen. Es gibt kein Patentrezept und keine Anleitung, einzig und alleine hilft hier zunächst der Glaube und das Vertrauen in die eigenen Fähigkeiten.

Mentale Stärke

Mentale Stärke kann sich auf vielfältige Weise zeigen und zahlreichen HSM ist sie in Form von Ertragen oder Erdulden schon bekannt. Die Autoren Lüling und Lüling (2007) vertreten sogar die Ansicht, dass es eine bestimmte Gruppe von Menschen gibt, die sie *Lastenträger* nennen, und dass dies eine verkannte Gabe darstellt. Ich möchte in diesem Zusammenhang jedoch von der anderen Seite der mentalen Stärke reden, und zwar von der positiven Wirkung durch die Kraft der Gedanken. Im Sportbereich werden diese Effekte schon lange genutzt und auch in anderen Bereichen entdeckt man allmählich die Wirkungsweise der Stärkung geistiger Prozesse. Für HSM ist dies besonders wichtig, denn was auf der einen Seite in Form von „Lastentragen" überdurchschnittlich wirkt, ist auch auf der anderen Seite höchst effektiv. Manchmal wird in diesem Zusammenhang auch von positivem Denken, Affirmationen oder **NLP** gesprochen.

Es geht darum, sich selbst eine Art Vorschuss-Lorbeeren zu gewähren und nicht zu warten, bis eine Leistung erbracht worden ist. Ich meine damit etwas überspitzt Formulierungen wie:

- *„Ich bin gut!"*
- *„Ich bin stark!"*
- *„Ich schaffe das mit Leichtigkeit!"*
- *„Ich bin hochbegabt!"*
- *„Alle anderen sind mir unterlegen!"*
- *„Ich bin wichtig für meine Firma, ich kann zeigen, wie es besser geht!"*
- *„Die Menschen brauchen mich als HSM!"*

Haben Sie vielleicht ein schlechtes Gefühl bei solchen Sätzen? Das wäre nicht verwunderlich, hört es sich doch auf den ersten Blick ein wenig nach Selbstverherrlichung an. So ist es jedoch bei Weitem nicht gemeint, sondern es geht vielmehr darum, sich nicht schon von vornherein zu begrenzen.

Bei vernünftiger Betrachtungsweise ist es zwar üblich, dass man erst etwas leistet, bevor man stolz auf das Ergebnis sein kann, aber auch hier gehören hochsensitive Menschen oftmals nicht zu denjenigen, die lautstark auf ihre Erfolge verweisen. Die wenigsten mögen eine solche Selbstdarstellung nach außen. Sie erwarten vielmehr, dass die anderen dies entsprechend anerkennen und würdigen. Ein Wesenszug, den man vor allem im Umgang mit Asiaten kennen sollte. In Asien gilt es zum Beispiel als unhöflich und unsensibel, einen Gast oder einen Geschäftspartner zu fragen, ob er etwas essen möchte, wenn offensichtlich ist, dass er Hunger haben muss. Entweder arbeitet man schon den ganzen Tag zusammen und konnte noch keine Pause machen oder ein Besuch kommt zur Mittags- oder Abendbrotzeit. Dann sollte der Fragesteller wissen, dass der Betreffende auf jeden Fall hungrig ist, andernfalls hat er sich nämlich keine Gedanken gemacht und die Situation nicht tief durchdacht. Er hat oberflächlich gehandelt und ohne *Achtsamkeit*. Es kann dann sogar sein, dass der hungrige Gast sich dermaßen vor den Kopf gestoßen fühlt, dass er die Frage verneint und ein mögliches Essen dankend, aber innerlich zerknirscht ablehnt. Ganz anders verhält es sich in Europa und Amerika; hier ist Selbstdarstellung unbedingt notwendig und in einer vergleichbaren Situation wäre es wohl der Gastgeber, der anschließend beleidigt wäre. Obwohl er höflich gefragt hätte, hätte sein Gegenüber ihn absichtlich angelogen, nur um sich anschließend darüber aufzuregen.

Sie sehen im übertragenen Sinne, dass auch das bevorzugte Verhalten Hochsensitiver aus der Sicht anderer Menschen nicht immer leicht zu verstehen und zu durchschauen ist. Erwarten Sie also bitte von Ihrem Umfeld keine hellseherischen Fähigkeiten und versuchen Sie mit der Selbstdarstellung Frieden zu schließen. Sie ist notwendig und allgemein akzeptiert. Besonders extrovertierte Menschen, die mehrheitlich Führungsaufgaben innehaben, sind auf Informationen über Ihre positiven Arbeitsergebnisse dringend angewiesen, denn sie können viele Dinge einfach nicht „sehen".

Sie können also sich und anderen Menschen eine große Hilfe sein, wenn Sie etwas Selbstdarstellung einüben. Probieren Sie es vielleicht erst einmal zu Hause vor dem Spiegel; ich bin sicher, Sie werden mit der Zeit die richtigen Worte finden.

Kommen wir nach unserem kleinen, aber wichtigen Umweg wieder zu unserem eigentlichen Thema *mentale Stärke* zurück. Der erwähnte gedankliche Vorschusskredit ist immens wichtig für Sie! Er ist die Voraussetzung für erfolgreiches Handeln und Bestleistungen. Ein gutes Beispiel dafür finden wir im Sport, denn mittlerweile hat man erkannt, dass nicht nur der Körper trainiert werden sollte, sondern auch der Geist. Ohne Mentaltrainer läuft im Hochleistungssport gar nichts mehr und allmählich entdeckt auch das Top-Management dieses Potenzial. In der Regel haben seriöse Trainer oder Coaches einen psychologischen oder vergleichbaren Ausbildungshintergrund, achten Sie bei Interesse bitte darauf, wem Sie sich anvertrauen, denn dieser Markt ist recht unübersichtlich.

Mentale Stärke, oder auch geistige Stärke, ist die Basis, auf der unser Verhalten aufbaut, und überall, wo sie fehlt, stehen unsere Handlungen auf tönernen Füßen. Mit anderen Worten: Sie können das Potenzial, welches latent in Ihnen schlummert, nicht aktivieren und umsetzen, wenn Sie nicht lernen und akzeptieren, dass Ihre Gedanken frei sind! Sie dürfen nämlich denken, was Sie wollen! HSM verbieten sich jedoch aufgrund ihres Gerechtigkeitssinnes und ihres moralischen Empfindens solche „selbstherrlichen" Gedanken und versuchen so, das Pferd von hinten aufzuzäumen. Sie verbieten sich zu denken, dass sie besser sind, solange sie dies noch nicht unter Beweis gestellt haben. Erst kommt die Leistung „schwarz auf weiß", dann das gute Gefühl. Dies hängt auch damit zusammen, dass die Gedanken und die Innenwelt als primäre Wirklichkeit wahrgenommen werden, denn es fühlt sich für Hochsensitive so an, als würden sie sich selbst belügen und betrügen. Das stimmt aber nicht! Die Innenwelt ist nicht die Realität und man darf sich gedanklich ruhig auf ein Treppchen stellen … es sieht ja keiner!

Es gibt in diesem Zusammenhang eine recht interessante Untersuchung der beiden Psychologen Rosenthal und Jacobson (1966; 1968), die zu Beginn eines Schuljahres Lehrern die Informationen gaben, dass einige Kinder in ihrer Klasse hochbegabt seien. Das stimmte natürlich nicht und so stellten die Wissenschaftler nach Ablauf eines Jahres zu ihrer Überraschung fest, dass die genannten Schüler plötzlich viel bessere Noten hatten und von den Lehrern einstimmig als besonders begabt klassifiziert wurden, obwohl sie es gar nicht waren. Die Schüler schrieben bessere Klassenarbeiten und benahmen sich anders, die Lehrer maßen den Beiträgen ihrer „Hochbegabten" eine besondere Qualität zu. Seltsam, nicht? Dies alles nur, weil die Gedanken ein wenig „aufgerüstet" wurden. Paul Watzlawick spricht in diesem Zusammenhang von sich selbst erfüllenden Prophezeiungen und schon der römische Kaiser Marc Aurel wusste: „Das Glück deines Lebens hängt von der Beschaffenheit deiner Gedanken ab."

So wie Sie über sich in ihrer Innenwelt denken, so wird es sich auch in der Außenwelt manifestieren, es ist also ein Prozess von innen nach außen. Falls Sie noch den umgekehrten Weg gehen, also darauf warten, dass sich Ihre Leistung in äußeren Dingen zeigt, bevor Sie innen mentale Stärke aufbauen können, dann ist es nun an der Zeit, den Schalter einmal umzulegen und das Gegenteil auszuprobieren.

… und was mache ich nun mit meiner Hochsensitivität?

*Möge das Leben Ihnen aufgehen, Tür um Tür;
mögen Sie in sich die Fähigkeit finden, ihm zu vertrauen,
und den Mut, gerade dem Schweren
das meiste Vertrauen zu geben ...
Was von uns verlangt wird, ist,
dass wir das Schwere lieben
und mit dem Schweren umgehen lernen.
Im Schweren sind die freundlichen Kräfte,
die Hände, die an uns arbeiten.
Mitten im Schweren sollen wir unsere Freude haben,
unser Glück, unsere Träume:
Da, vor der Tiefe dieses Hintergrundes, heben sie sich ab,
da sehen wir erst, wie schön sie sind!
Und nur im Dunkel der Schwere
hat unser kostbares Lächeln einen Sinn;
da leuchtet es erst mit seinem tiefen, träumerischen Licht,
und in der Helligkeit, die es für einen Augenblick verbreitet,
sehen wir die Wunder und Schätze,
von denen wir umgeben sind.
Und ich möchte euch,
so gut ich es kann bitten,
Geduld zu haben gegen alles Ungelöste in eurem Herzen
und zu versuchen,
die Fragen selbst lieb zu haben –
wie verschlossene Stuben und wie Bücher,
die in einer fremden Sprache geschrieben sind.
Forscht jetzt nicht nach den Antworten,
die euch nicht gegeben werden können,
weil ihr sie nicht leben könntet.
Und es handelt sich darum, alles zu leben.
Lebt jetzt eure Fragen.
Vielleicht lebt ihr dann allmählich,
ohne es zu merken,
eines fernen Tages in die Antwort hinein.*

Rainer Maria Rilke

Sinn und Unsinn von Gebrauchsanweisungen

Sie sind nun durch dieses Buch schon einen langen Weg gegangen und haben vieles über Ihre Stärken als HSM gelernt, aber Sie haben auch einiges über Ihre Schwächen erfahren. Nebenbei gab es noch eine gute Portion „Psychologiewissen" und vielleicht konnten Sie ja sogar an der einen oder anderen Stelle ein Lächeln nicht unterdrücken. Ich hoffe bei alldem, dass Sie zunächst akzeptieren können, ein ganz besonderer Mensch mit ganz besonderen Gaben zu sein, und dass es nun an der Zeit ist, Ihre Stärken zu zeigen. Ja, und was Ihre Schwächen betrifft …? Nun, die haben alle Menschen, ob HSM oder nicht, also reden wir nicht weiter davon und versuchen wir, das Positive zu sehen. Es geht im Leben nicht darum, Defizite darzustellen, sondern die gegebenen Anlagen zu nutzen, und bei Ihnen als hochsensitiver Mensch gibt es eben auf beiden Seiten etwas mehr als bei anderen, da ein jedes durch sein Gegenteil ausgeglichen werden muss. Ein Gerät, das feinste energetische Schwingungen aufzeichnen kann, ist zwangläufig nicht dazu geeignet, seine Leistungsfähigkeit im Epizentrum eines Erdbebens zu demonstrieren, so ist das nun einmal. Sie sind aber kein Gerät, das einfach irgendwo abgestellt wird, sondern Sie können Ihren Einsatzort selbst bestimmen! Welcher Ort das sein wird, hängt davon ab, wie gut Sie sich kennen gelernt haben und wie gut Sie Ihre inneren Werte nach außen bringen können. Es hängt auch davon ab, wie aktiv Sie bereit sind, Ihr Leben zukünftig zu gestalten. Trauen Sie sich erwachsen zu werden und ihre eigenen Wege zu gehen, die Ihren Bedürfnissen entsprechen! Vielleicht folgt nun für Sie eine Zeit des Nachdenkens und ich hoffe, dass Sie sich die nötige Zeit dazu nehmen können. Vielleicht sind Sie aber auch verunsichert und fragen sich: „Was mache ich jetzt mit meiner oder der Hochsensitivität meines Kindes oder meines Partners?"

Oder aber Sie sind voller Tatendrang und brennen darauf, etwas Neues anzugehen und Ihr Leben neu auszurichten?

Wenn Sie nun hoffen, auf den folgenden Seiten eine Gebrauchsanweisung für den Umgang mit Ihrer Hochsensitivität zu finden, muss ich Sie leider enttäuschen. Wie könnte ich dem „erwachenden Genie" in Ihnen vorschreiben, was es zu tun hat? Vielmehr möchte ich Ihnen einige Hinweise geben, wie Sie ein Umfeld schaffen, in dem Sie sich wohl fühlen und entfalten können. Alles andere kommt dann in der Regel von ganz alleine.

Erfahrungsgemäß tauchen jedoch immer wieder übergreifende Themengebiete und Fragen auf, die bedacht werden wollen: Gesellschaftliche Aspekte, Persönlichkeitsentwicklung, individuelle Ziele sowie Arbeit und Geld. Gemäß der hochsensitiven Denkweise beginnen wir daher mit der Formulierung einer gesellschaftlichen Struktur und arbeiten uns dann „hinunter" zu Ihren ganz persönlichen Anliegen. Dieses Vorgehen steht in ausgeprägtem Gegensatz zur üblichen Denkweise, die normalerweise vom Leichten zum Schweren geht, von einfachen zu komplexen Sachverhalten; doch Sie, als HSM, denken ja anders herum und benötigen zunächst ein übergeordnetes Ziel, bevor Sie sich in eine bestimmte Richtung bewegen können. Diesem Umstand wollen die folgenden Kapitel Rechnung tragen.

Gesellschaftliche Aspekte der Hochsensitivität

Und plötzlich weißt du:
Es ist Zeit,
etwas Neues zu beginnen
und dem Zauber des Anfangs zu vertrauen.
Meister Eckhart

HSM benötigen deshalb eine übergeordnete Struktur, bevor sie sich bewegen können, weil das individuelle Ziel sich in den gesamtgesellschaftlichen Kontext *harmonisch* integrieren sollte. Sie sind also nicht diejenigen, die nur sich selbst und das eigene Wohlergehen berücksichtigen, sondern jede Entscheidung beinhaltet ästhetische, ethische und metaphysische Aspekte, die Grundbausteine des philosophischen Denkens. Das Schöne, das Gute und das Wahre sollten bei jedem Entschluss im Idealfall eine Einheit bilden, damit es wirklich *richtig* ist. HSM möchten gerne das große Ganze verstehen, den Sinn erkennen, sonst machen sich in ihnen Unruhe und Zweifel breit.

Manche Hochsensitive verharren daher in ihrem Leben wie in einer Starre, weil sie auf den einzig richtigen Gedanken und Moment warten, um zu handeln. Die Idealisten unter Ihnen kennen dieses Problem vermutlich nur zu gut. Hier möchte ich Ihnen jedoch ganz konkret raten, ein paar Gänge „zurückzuschalten", denn in unserer irdischen Gesellschaft gilt das mögliche *Tun*, nicht der ideale Gedanke. Der ideale Gedanke dient nur insofern, als dass er mentale Stärke gibt und die Richtung weist. Verfallen Sie also nicht in Grübeleien, sondern machen Sie das Beste aus Ihrer augenblicklichen Situation. Sie sollten sich und Ihr eigenes Wohlergehen und Ihre eigenen Bedürfnisse als hochsensitiver Mensch dabei ins Zentrum der Betrachtungen rücken und davon ausgehend Ihren augenblicklichen Handlungsspielraum definieren. Versuchen Sie also nicht das Schöne, Gute und Wahre bei Ihrem nächsten Schritt sofort miteinander in Einklang zu bringen, denn das kann sich mitunter sogar kontraproduktiv auswirken. Legen Sie vielmehr einen Startpunkt fest und gehen Sie kleine Schritte, dann werden Sie sehen, dass sich Ihre Ideale im Weitergehen fast von ganz alleine dazugesellen.

So haben Sie mit dieser Strategie auch die Möglichkeit, auf Gleichgesinnte zu treffen, denn ich gehe davon aus, dass sich immer mehr hochsensitive Menschen als solche erkennen werden. Oftmals wird mir die Frage gestellt, wo denn die anderen HSM sind und was sie tun? Ich antworte dann meistens, dass sie, genau wie der Fragesteller, zu Hause sitzen und sich vermutlich genau diese Frage stellen. Mittlerweile gibt es jedoch spezielle Foren im Internet zum gegenseitigen Austausch und nicht nur erwachsene „Betroffene" finden hier Gleichgesinnte, sondern auch Eltern von hochsensitiven Kindern und Lebenspartner finden wertvolle Informationen. Erfahrungsgemäß wird zunächst einmal „mitgelesen", denn so manchem HSM fällt es schwer, sich selbst zu beteiligen. Ist jedoch diese Hürde einmal genommen, dann empfinden viele HSM das Schreiben und die gegenseitige Kommunikation als sehr befreiend. Das Medium Internet bietet die Möglichkeit, aus der sicheren und schützenden Umgebung des eigenen Zuhauses Kontakt mit der Umwelt aufzunehmen. Nicht vergessen sollte man jedoch, dass es sich dabei um eine virtuelle Welt handelt. Weiterhin sind Diskussionen in sozialen Netzwerken nicht jedermanns Sache, sodass sich früher oder später der Wunsch nach persönlichen Begegnungen einstellt. Vielleicht haben Sie ja das Bedürfnis, einen Gesprächskreis in Ihrer Stadt zu gründen? Ich persönlich halte in diesem Zusammenhang die Bezeichnung „Selbsthilfegruppe" für nicht ganz so angemessen, unterstreicht sie doch gerade den Aspekt, die negative Sichtweise, die vermieden werden sollte. Es geht meiner Meinung nach jetzt darum, die spezifischen Interessen

Hochsensitiver zu formulieren und zu organisieren, um sie in das öffentliche Bewusstsein und die Gesellschaft einzubringen. Besonders hochsensitive Kinder brauchen die unterstützende Arbeit Erwachsener, damit sie nicht länger in einer Gesellschaft leiden, die ihr Anderssein nicht kennt und verstehen kann.

Neue Bewegungen mit neuen Sichtweisen und Anliegen müssen sich jedoch erst einmal zusammenschließen und hier liegen die großen Schwierigkeiten hochsensitiver Menschen. Es ist nämlich für die breite, introvertierte Mehrheit aller HSM ein Kraftakt, sich zusammenzuschließen, denn „Vereinsmeierei" und eine Interessenvertretung, die sie ein Stück weit selbst betreffen, gehört nicht gerade zu ihren bevorzugten Tätigkeiten. Es ist ihre Achillesferse nach außen zu gehen und etwas zu tun, denn alles will ja zunächst tief bedacht werden. So erfahre ich des Öfteren sogar, dass der Wunsch, in dieser Richtung etwas Sinnvolles zu tun, schon länger besteht, doch irgendwie fehlen die geeigneten Kontakte, um die sorgsam gehüteten Gedanken und Ideen in die Tat umzusetzen. Treten dann bei einem ersten Versuch unerwartete Schwierigkeiten und Hürden auf, führt dies meist zum Rückzug und Nicht-Handeln. Auch geplante Gruppenentscheidungen können ihre Tücken haben, denn es passiert nicht selten, dass bestimmte Themen völlig ausufern. Schon bei der bloßen Konzeption eines Werbeflyers kann die Farbe eines einzelnen Schriftzuges in Grundsatzdiskussionen ausarten, sodass alles schwerfällig erscheint und scheinbar nichts in Gang kommt. Ein Problem übrigens, dass nicht nur HSM betrifft!

Es wäre dennoch begrüßenswert, wenn sich mehr und mehr HSM „outen", um für eine gemeinsame Sache einzutreten und ein Netzwerk zu bilden. Ein Vorbild könnte hier die Frauenbewegung sein, denn die Entwicklung eines kollektiven Bewusstseins im Einzelnen sollte mit der Schaffung geeigneter Strukturen in der Außenwelt einhergehen. Erst dann werden sich HSM nicht länger isoliert und „irgendwie außen vor" fühlen müssen, denn bislang kann man vielleicht von einer eher geistigen Gemeinschaft sprechen, die sich in der realen Welt erst noch finden muss. Hier jedoch sind hochsensitive Menschen selbst gefragt, Initiative zu ergreifen und Führungsaufgaben zu übernehmen, wenngleich der Einzelne auch nicht gerne im Mittelpunkt des Interesses stehen mag. Gemeinsamkeit macht stark und es gibt eine Vielzahl von Bereichen, in denen HSM sich einbringen sollten, um etwas zu erreichen. Ein weiterer positiver Nebeneffekt betrifft die Institutionalisierung eines Persönlichkeitsmerkmals, denn anstelle sich „einfach so" als Hochsensitiver zu outen, fällt es ja vielleicht leichter, einem Arbeitgeber oder Arbeitskollegen zu sagen: „Ich bin Mitglied im Verein *HSM e.V.* und könnte für unsere Abteilung ein Seminar oder einen Vortrag organisieren, um die Kollegen für Kommunikationsstrukturen und gegenseitiges Verständnis zu sensibilisieren." Oder: „Ich bin Sprecher der Initiative *Hochsensitivität in Schule und Beruf* und kann Ihnen Folgendes anbieten ..."

Ob in Schule, Beruf oder privatem Bereich, unsere Gesellschaft braucht hochsensitive Menschen und es ist nun an der Zeit, sich zu zeigen und sensitive Kräfte zu bündeln.

Erfolgreiches Networking

„Networking" heißt „Netzwerken" und stellt eine wunderbare Möglichkeit für HSM dar, Kontakte aufzubauen und zu pflegen. Networking nimmt Rücksicht auf das Bedürfnis nach Nähe und Distanz, auf Zeit und Medium, Selektion und Partizipation. Es lohnt sich also, als hochsensitiver Mensch sich hiermit zu befassen.

Wer die richtigen Menschen kennen lernen kann und von ihnen geschätzt wird, profitiert nämlich in nahezu allen Lebensbereichen davon. Ein Blick auf erfolgreiche Menschen zeigt, dass sie immer ein größeres und besseres Netzwerk sozialer Beziehungen aufweisen als Vergleichspersonen. Netzwerken ist ein methodisches und systematisches Vorgehen um Kontakte zu knüpfen sowie Beziehungen zu pflegen und längerfristig zu gestalten. Dies alles ist in der Absicht begründet, sich gegenseitig zu fördern, sich auszutauschen und auch persönlich davon zu profitieren. Ob es um einen einfachen Tipp, eine spezielle Information oder um eine Empfehlung geht: Wer über ein funktionierendes Netzwerk verfügt, kommt schneller ans Ziel – beruflich wie privat.

Moderne Netzwerke und persönliches Networking haben aber nur sehr wenig mit dem sogenannten „Homo oeconomicus" oder „Seilschaften" zu tun, denn beim Networking geht es um offene und ehrliche Kommunikation. Es geht um die menschliche Fähigkeit nach Teamfähigkeit und Arbeitsteilung, denn um von den spezifischen Stärken eines jeden Einzelnen zu profitieren, bedarf es der Kommunikation, Organisation und Zusammenarbeit. Dies lässt sich auch als Beziehungsintelligenz ausdrücken und bezeichnet denjenigen Faktor, auf den es ankommt.

Netzwerken meint also die methodische und systematische Pflege von Kontakten, von denen man privat wie beruflich profitieren kann. Dabei spielt es keine Rolle, ob man einen kompetenten Spezialisten für Vertragsrecht, Internetdesign oder Hilfe beim Schritt in eine berufliche Selbstständigkeit bedarf, ein kompetenter Netzwerker kennt oder findet sicherlich jemanden, den er um Rat fragen kann.

Die Instrumente des gezielten Kontaktaufbaus und der Kontaktpflege sind vielfältig und reichen von einfachen Visitenkarten über Profile in sozialen Netzwerken (wie Xing oder Facebook), einer eigenen Internetpräsenz, Artikel in Blogs oder Foren bis hin zu gezielter Kontaktaufnahme im regionalen Umfeld. Ein introvertierter HSM wird sich wohl eher auf die Pflege eines kleinen Netzes konzentrieren, aber das ist nicht schlimm. Beim Networking lernt man, auf andere Menschen zuzugehen und mit ihnen ins Gespräch zu kommen und so auch ein Stück weit die eigene Schüchternheit zu überwinden. Wichtig in diesem Zusammenhang ist das echte Interesse an der anderen Person sowie die Bereitschaft zum gegenseitigen Austausch. Wer nur „nehmen", aber nicht „geben" möchte, wird auf Dauer kein stabiles Netzwerk aufbauen können, denn Kontakte wollen gepflegt werden! Wählen Sie also eine Strategie, die zu Ihrer Person und Lebenssituation passt, damit Ihre Bedürfnisse nicht darunter leiden und Sie sich damit, womöglich schon im Vorfeld, überfordert fühlen.

Nachfolgend finden Sie einige wichtige Hinweise in Anlehnung an Scheler (2007), wie Sie Networking zu einem persönlichen Erfolgsfaktor werden lassen können:

– Versuchen Sie die Kommunikation zu genießen und vermeiden Sie Kontakte, wenn Ihr Tag sowieso schon stressig war und Sie eigentlich dringend Ruhe bräuchten. Nur wenn Sie auf andere zugehen und etwas sagen, werden Sie auch Menschen kennen lernen und Beziehungen pflegen. In diesem Fall ist also Reden oder Schreiben Gold und Schweigen Silber. In persönlichen Kontakten ist Schweigen nur dann angebracht, wenn Sie aufmerksam zuhören, sonst sagen sie Positives, das Ihr Gegenüber auch persönlich betrifft. Überlegen Sie im Vorfeld, was für die Situation und den Gesprächsablauf passend ist und bereiten Sie sich darauf vor. Unterscheiden Sie sich in dem, was Sie sagen, von anderen und seien Sie prägnant. Falls Sie sich unsicher sind, dann führen Sie am besten eine kleine „Feldstudie" durch mit der Fragestellung: „Worüber unterhalten sich die Leute?" So haben Sie gute Vergleichsmöglichkeiten und Anhaltspunkte, die Ihnen helfen werden, die richtigen Worte zu finden. Versuchen Sie, Geschichten zu erzählen und unterhalten Sie andere, indem Sie kleine Ereignisse emotional ansprechend darstellen.
– Stellen Sie sich gekonnt vor, denn der erste Eindruck, den Sie machen, ist sehr wichtig und prägt die weitere Beziehung. Hier gilt es, mutig zu sein und sich anderen zu präsentieren. Bescheidenheit ist in diesem Zusammenhang nicht die richtige Strategie für Ihre Selbstdarstellung. Sie sollte allerdings niemals übertreiben oder peinlich sein, aber auch nicht zu schüchtern und abwehrend ausfallen.
– Seien Sie in persönlichen Gesprächen aufmerksam und den anderen zugewandt, und versuchen Sie eine offene Körperhaltung

einzunehmen. Schauen Sie Ihr Gegenüber an, und vermitteln Sie Anteilnahme, indem Sie interessiert fragen. Das kommt wesentlich besser an, als bloße Feststellungen zu treffen. Ihr Interesse am anderen darf allerdings nicht zu tief gehen und die Intimsphäre verletzen.

– Geben Sie sich immer wohlwollend und positiv; Negatives und allzu „Gesellschaftskritisches" hat beim Erstkontakt nichts zu suchen. Versuchen Sie keine ungebetenen Ratschläge zu geben, auch wenn sie Ihrem Gesprächspartner hilfreich wären. Wenn Sie anderen Menschen sagen, was sie tun sollen, dann benennen Sie zugleich, was der Betreffende bisher falsch gemacht hat. In einer längerfristigen Beziehung haben solche Dinge eine andere Qualität, denn dann besteht eine gefestigte emotionale Basis, die nicht sofort ins Wanken gerät.

– Halten Sie Ausschau nach Gemeinsamkeiten, denn dies verbindet. Zum Beispiel Herkunft, Interessen, Tätigkeiten, Wünsche, Vorstellungen, Erlebnisse und Erfahrungen. Tauschen Sie Ihre Adresse und Visitenkarte nur dann aus, wenn Sie die ersten Anzeichen von Gemeinsamkeiten entdeckt haben. Versuchen Sie in jedem Kontakt und in jedem Gespräch weitere Gemeinsamkeiten zu finden und zu vertiefen.

– Machen Sie Ihren Frieden mit Small Talk, denn die kleine Unterhaltung dient dazu, sich kennen zu lernen, Kontakte aufrechtzuerhalten und ernsthafte Gespräche vorzubereiten. Beim Small Talk geht es niemals darum, Probleme zu diskutieren oder Konflikte zu lösen, denn Small Talk ist immer positiv und recht unverbindlich.

– Versuchen Sie einen Kontakt aufrechtzuerhalten, indem Sie immer wieder eine Verbindung zu denjenigen Menschen herstellen, die Sie kennen gelernt haben. Die Mittel dazu sind vielfältig und Sie können das für Sie Angenehmste wählen: telefonieren, schreiben, treffen, besuchen oder eine kurze SMS. Erst wenn Sie Kontakte um des Kontaktes willen pflegen, werden daraus Beziehungen.

- Für alles, was Sie erhalten, sollten Sie sich bedanken. Ob es ein interessantes Gespräch war, eine Einladung, die Teilnahme an einer Veranstaltung, Informationen, nützliche Tipps und kleine Ratschläge, ein gemeinsames Essen oder diverse „Kleinigkeiten". Ein Dank ist immer willkommen, aber man sollte sich nicht im Vorfeld oder pauschal bedanken, denn das schmälert den Wert des Gegebenen. Ein Dank sollte immer eine konkrete Beschreibung dessen sein, welchen Wert das Erhaltene für Sie ganz direkt hat.
- Reden Sie nicht schlecht über andere, auch wenn Sie damit die Kompetenz Ihres Gesprächspartners herausstellen wollen. Negativer Klatsch und Tratsch sind manchmal recht vergnüglich und schafft schnell Gemeinsamkeit mit anderen, doch in letzter Instanz erhalten Sie dafür nur Minuspunkte.
- Machen Sie anderen Menschen Komplimente und nehmen Sie auch Komplimente an. Komplimente sind keine leeren Schmeicheleien, sondern vielmehr Aufmerksamkeiten, die Ihrem Netzwerkpartner zeigen, dass sie seine positiven Eigenschaften registriert haben und sie schätzen. Weisen Sie auch Ihrerseits Komplimente nicht ab, denn damit werten Sie sie ab. Zeigen Sie ruhig Ihre Freude darüber und bedanken sich für das Kompliment.
- Fragen Sie andere Menschen ruhig nach Rat und versuchen Sie, um etwas zu bitten. Ein Netzwerk funktioniert nach dem Gegenseitigkeitsprinzip, bei dem beide Seiten gewinnen sollten. Manche Menschen leben allerdings von dem Verkauf ihrer Informationen, darauf sollte man Rücksicht nehmen und die Erwartungen nicht zu hoch ansetzen.

Persönlichkeitsentwicklung

Die eigene Persönlichkeit zu entwickeln, an sich zu arbeiten, ist ein Stück weit erwachsen zu werden, hin zu einem eigenständigen, selbstverantwortlichen Menschen. Nun ist jedes schöpferische Genie gewissermaßen ein Kind, aber jetzt wird es Zeit, Abschied von der Kindheit zu nehmen und wohlwollend zurückzublicken. Manche HSM haben jedoch einen recht negativen Bezug zu ihrer Kindheit und fühlten sich abgelehnt, was weit reichende Folgen für das Selbstverständnis haben kann. Dies kann sich darin äußern, dass sie sich regelrecht verbieten glücklich zu sein und sehr empfindlich gegenüber Kritik sind. Es wird häufig von anderen Menschen unbedingter Zuspruch und Akzeptanz erwartet, sodass nur schlecht akzeptiert werden kann, für die eigenen Gefühle selbst verantwortlich zu sein. Gleichzeitig werden jedoch die Gefühle anderer Menschen intensiv wahrgenommen und Betroffene leiden sehr darunter und sind oft traurig. Manchmal reagieren HSM mit einer belastenden Vergangenheit auch mit dem Rückzug von sozialen Kontakten und können die tiefe Sehnsucht nach Liebe und Zuwendung aus Kindertagen nicht loslassen. Hier gilt es, sich selbst „nachzube-eltern" und unter Umständen auch therapeutische Hilfe in Anspruch zu nehmen, wie es zum Beispiel die „Arbeit mit dem inneren Kind" vorsieht.

Es ist davon auszugehen, dass es nie zu spät für eine glückliche Kindheit ist und so werden positive Erlebnisse aus der Kindheit ins Bewusstsein gebracht, von denen der erwachsene Mensch profitieren kann. Weiterhin ist es wichtig im „Hier und Jetzt" die emotionale Zuwendung, die in der Kindheit gefehlt hatte, sich selbst eigenständig zu geben und sich so zu heilen.

Manche Hochsensitive haben zwar den Wunsch, die eigene Persönlichkeit zu entwickeln, gleichzeitig möchten sie aber das schützende Dach der Kindheit und die dazugehörige Sicherheit und Nestwärme nur widerwillig aufgeben. Irgendwann wird es jedoch

Zeit „flügge" zu werden, denn ein permanentes „Nesthockerdasein" wird ebenfalls als Beschränkung erlebt. Der Wunsch nach Eigenständigkeit ist gepaart mit der Erkenntnis, dass jeder Mensch selbst für sein Glück verantwortlich ist und weder Eltern, Partner oder Therapeut das in letzter Instanz übernehmen kann. Ein derart gereifter HSM ist bereit, die eigenen Gefühle klar wahrzunehmen und auch anzunehmen, so wie sie sich für ihn darstellen. Er ist offen für Neues und lässt Veränderungen in seinem Leben zu. Allmählich entwickelt sich daraus ein Gefühl von Stärke und die Bereitschaft, für das eigene Wohlbefinden Verantwortung zu übernehmen. Ein „erwachsener" HSM lebt in dem Bewusstsein, für sich selbst sorgen zu können, und er hat auch zu den kindlichen Aspekten seiner vielschichtigen Persönlichkeit eine positive Einstellung. Er gesteht sich zu, neugierig und verspielt, albern und spontan, lebendig und sensibel zu sein (vgl. Chopich 2005).

Möglicherweise finden diese Aussagen Ihre Zustimmung und Ihnen ist klar geworden, was es bedeutet, erwachsen zu werden. Auch geht dieser Prozess nicht von heute auf morgen vonstatten, denn es ist immer ein (lebenslanger) Weg, Ihr persönlicher Individuationsweg, den Sie alleine gehen müssen, aber auch alleine bestimmen dürfen. Um Ihren richtigen Weg zu finden, gilt es jedoch auch einige Hürden zu überwinden. Eine dieser Hürden formulierte der Psychologe Leon Festinger in den 1950er-Jahren, als er die Theorie sozialer Vergleichsprozesse entwickelte: Wir Menschen neigen dazu, uns mit anderen zu vergleichen, und dies wiederum beeinflusst unsere Selbsteinschätzung. Wir richten unsere Blicke allzu gerne auf die Allgemeinheit, sonst fühlen wir uns unsicher und unbehaglich. Häufig wollen wir dann wieder ein behütetes Kind sein und scheuen uns, erwachsen zu werden. Ein Teufelskreis! Hochsensitive Menschen sind anders als „die anderen", als die Allgemeinheit, sie fühlen sich unsicher und können den Individuationsweg scheinbar nicht gehen.

Das „Abenteuer" Persönlichkeitsentwicklung hat etwas damit zu tun, sich zu trauen, gewohnte Denkmuster aufzubrechen, und es hat auch etwas damit zu tun, sich zur Wehr zu setzen. Deshalb möchte ich Ihnen ans Herz legen:

- Vertrauen Sie Ihren Fähigkeiten und trauen Sie sich, sie zu zeigen!
- Versuchen Sie auch einmal „Nein" zu sagen.
- Lieben Sie das Leben und sich selbst und versuchen Sie jeden Morgen Ihr Spiegelbild mit einem strahlenden Lächeln zu begrüßen.
- Werden Sie stark und selbstbewusst, ohne Ihre sensible Seite aufzugeben.

> *„… Was von uns verlangt wird, ist,*
> *dass wir das Schwere lieben*
> *und mit dem Schweren umgehen lernen.*
> *Im Schweren sind die freundlichen Kräfte,*
> *die Hände, die an uns arbeiten.*
> *Mitten im Schweren sollen wir unsere Freude haben,*
> *unser Glück, unsere Träume."*
>
> Rainer Maria Rilke

Hochsensitiv, sensibel und gleichzeitig selbstbewusst zu sein, ist manchmal keine einfache Sache, aber eine Herausforderung, der Sie sich stellen sollten. Es ist mitunter schwer, aus eigenem Antrieb heraus gestaltend anders tätig zu werden, Entscheidungen zu treffen und diese dann auch konsequent umsetzen. Es ist anstrengend, sich in Selbstdisziplin zu üben, einmal begonnene Dinge zu Ende zu führen, Verantwortung für das eigene Leben, die Gesundheit, Finanzen, Partnerschaft, Karriere, Beziehungen, Gefühle und Spiritualität zu übernehmen. Und schlussendlich will all das auch noch in Einklang gebracht werden, aber genau dort liegt der Frieden und die Lebensfreude, die sich alle Menschen wünschen.

Versuchen Sie auch herauszufinden, was Ihre ganz persönliche „Achillesferse" ist, denn hier sind Sie besonders angreifbar. Dies äußert sich besonders in sozialen Situationen, wo Sie auf jemanden treffen, der genau dort, wo Ihre größte Schwäche liegt, seine größte Stärke besitzt. Dies sorgt dann immer wieder für Reibungspunkte und mitunter auch für Enttäuschungen, denen man sich jedoch mit entsprechender Vorbereitung gut gewappnet stellen kann!

Grundregeln der Kommunikation

Der Philosoph und Psychologe Paul Watzlawick (2007) entwickelte ein Kommunikationsmodell, das auf der Überzeugung basiert, dass es nur *eine* Realität in zwischenmenschlichen Beziehungen objektiv gar nicht gibt. Menschen schaffen sich vielmehr selbst ihr Bild von der Wirklichkeit und zwei Personen, die miteinander kommunizieren, sind keine Einzelwesen, sondern bilden ein System, in dem es Rückkopplungsprozesse gibt und die Personen sich wechselseitig beeinflussen. Ein schönes Beispiel für solch eine „selbst gemachte" Konstruktion von Realität ist der Placeboeffekt, bei dem einem Patienten ein vermeintliches Schmerzmittel gegeben wird, das gar keine Wirkstoffe enthält, jedoch trotzdem als Schmerz stillend wahrgenommen wird.

Watzlawick entwickelte fünf Grundregeln der menschlichen Kommunikation:

1. Man kann nicht nicht kommunizieren.
2. Jede Kommunikation hat einen Inhalts- und einen Beziehungsaspekt.
3. Kommunikation ist immer Ursache und Wirkung.
4. Menschliche Kommunikation bedient sich analoger und digitaler Modalitäten.
5. Kommunikation ist entweder symmetrisch oder komplementär.

1. Handeln und Nicht-Handeln, Sprechen und Schweigen – beides hat einen Mitteilungscharakter, der den Gesprächspartner beeinflusst, und auch dieser kann seinerseits nicht *nicht* auf diese Mitteilung reagieren. Zum Beispiel sitzt eine Person mit verschränkten Armen im Wartezimmer einer Arztpraxis und starrt auf den Boden. Obwohl diese Person gar nichts tut und auch nicht mit den anderen Wartenden in Kontakt tritt, kommuniziert sie dennoch non-verbal über ihre Gestik und Mimik. Sie signalisiert, dass sie keinen Kontakt aufnehmen möchte, und löst entsprechende Reaktionen bei den anderen Menschen aus, die möglicherweise sogar denken, dass Gespräche mit ihnen für die Person keinen Wert darstellen.
2. Jede Kommunikation hat einen Inhalts- und einen Beziehungsaspekt, und zwar derart, dass der Beziehungsaspekt den Inhalt bestimmt und daher eine Metakommunikation ist. Der Inhaltsaspekt einer Nachricht vermittelt Daten, der Beziehungsaspekt verweist darauf, wie die Daten aufzufassen sind, daher findet jede zwischenmenschliche Beziehung auf zwei Ebenen statt. Die erste Ebene gleicht mehr einer Verstandesebene, während die zweite eher auf Gefühlsebene anzusiedeln ist. Die Gefühlsebene ist jedoch die wichtigere der beiden, denn sie bestimmt, ob die Kommunikation ohne nennenswerte Hindernisse verläuft. Störungen auf der Gefühlsebene werden gewöhnlich „nur" als Störungen auf der Verstandesebene wirksam und sichtbar, das heißt, die meisten Verständigungsprobleme haben ihre Ursache im emotionalen Feld, und dieser Aspekt ist für HSM von größter Bedeutung, sodass so manches Missverständnis und so manche Verletzung hier ihre Erklärung findet.
3. Eine Kommunikationsbeziehung ist durch die Interpunktion (Gliederung) der Abläufe seitens der Partner bestimmt. Das bedeutet, dass jeder Teilnehmer einer Interaktion der Beziehung eine gewisse Struktur gibt. Zum Beispiel beschwert sich eine Ehefrau darüber, dass ihr Mann sich ständig von ihr zurückziehe, während der Mann jedoch darauf hinweist, dass er

sich nur deshalb zurückziehe, weil seine Frau ständig an ihm herumnörgele. Die Frau nörgelt also und der Mann zieht sich zurück. Weil er sich zurückzieht, nörgelt sie. Man sieht, dass es sich um einen Teufelskreis handelt.

4. Dem Inhalts- und Beziehungsaspekt der Kommunikation entsprechen digitale und korrekte, genau zu bezeichnende Elemente, sowie analoge Elemente, die bildhaft und gefühlsbetont übertragen werden und sich ergänzen. Zum Beispiel ist die Bestellung eines Artikels in einem Online-Shop aus dem Ausland in einer Fremdsprache kaum zu bewältigen, während man im persönlichen Kontakt mit dem Verkäufer Gesten und verschiedene Ausdrucksformen zum Verständnis einsetzen kann. Auch wenn man hierbei die korrekte Artikel- oder Produktnummer nicht wiedergeben kann, hat man dennoch auf anderem Wege die Möglichkeit, sein Ziel zu erreichen und sich verständlich zu machen.

5. Zwischenmenschliche Kommunikation erfolgt in Abhängigkeit von der Gleichheit oder Ungleichheit der Partner, entweder symmetrisch oder komplementär. Ist der Status der Partner gleich, spricht man von symmetrischer Kommunikation, ist der Status der Partner ungleich, spricht man von komplementärer oder sich ergänzender Kommunikation. Typische Beispiele einer komplementären Interaktion treten beim Verhältnis Mutter-Tochter, Vorgesetzter-Mitarbeiter oder Lehrer-Schüler auf. Ein dominantes Verhalten aufseiten des Statushöheren wird gebilligt und entsprechend erfolgt die Reaktion des anderen Gesprächspartners. Symmetrische Interaktion hingegen ist geprägt von Gleichheit, wie es zum Beispiel in einer Freundschaftsbeziehung der Fall ist. Beide Gesprächspartner stehen sich auf Augenhöhe gegenüber und sind darum bemüht, dies auch zu erhalten.

Einige Worte
an die Herren der Schöpfung

Männer kaufen Frauen,
Männer stehen ständig unter Strom,
Männer baggern wie blöde,
Männer lügen am Telefon,
Männer sind allzeit bereit,
Männer bestechen durch ihr Geld und ihre Lässigkeit.

Herbert Grönemeyer

Die Sensibilität, das „weibliche" Prinzip in uns, stellt besonders Jungen und erwachsene Männer vor erhebliche Probleme. Wir haben ein kulturell geprägtes Idealbild vom „starken" Mann verinnerlicht, der niemals weint und über „Gefühlsduselei" nur erhaben lächeln kann. „Ein Indianer kennt keinen Schmerz" wird Jungen schon in der Kindheit vermittelt. Ein vorsichtiges, zurückhaltendes und sanftes Wesen steht dem weit verbreiteten und typischen Idealbild eines Mannes genauso konträr gegenüber wie Feuer und Wasser. Während man dem sensiblen Künstler oder auch einem Theologen diesen Wesenszug noch zugesteht, dann hört das Alltagsverständnis spätestens an dieser Stelle auf. Auch unsere Geschlechtertrennung sieht für den Mann Stärke vor, damit er die Beschützerrolle übernehmen kann. Manch hochsensitiver Mann sieht sich mit schier unüberwindlichen Problemen konfrontiert. Die intensive Wahrnehmung von Umweltreizen, die sich zum Beispiel in Geräusch- und Geruchsempfindlichkeit äußert, klingt für das mehrheitliche Verständnis allzu sehr nach „Weichei". Und überhaupt: Dürfen Männer intensive Gefühle zeigen? Dürfen Männer nett sein und Verständnis zeigen?

Schon in der Schule lautet oftmals der Tenor: „Mit dem kannst du alles machen, der ist immer so nett und sagt sowieso nichts."

Später kommen dann Äußerungen wie: „Der müsste mal zur Bundeswehr, die machen schon einen richtigen Kerl aus ihm".

Hochsensitive männliche Jugendliche belastet dies in besonderem Maße. Sie sehen sich entweder dazu gezwungen, eine Rolle zu spielen, die ihrem wirklichen Wesen nicht entspricht, oder sie müssen sich damit abfinden, ein gewisses Defizit im „Mann-Sein" aufzuweisen.

An dieser Stelle möchte ich Ihnen Norbert vorstellen, denn er ist ein Paradebeispiel dafür, wie man als Mann seine Sensitivität als Stärke ausweisen kann. Der ehemalige Abteilungsleiter in einem Finanzamt ist mit seinen knapp 1,60 Metern nicht gerade groß gewachsen. Seit gut einem Jahr ist er pensioniert, besucht jedoch noch regelmäßig seine ehemaligen Kollegen. Viele trauern ihm nach und ungebrochen kursieren Geschichten und Anekdoten aus seiner Laufbahn unter den Mitarbeitern. Intern wird er als „lebende Legende" bezeichnet und er war bekannt dafür, dass er gerne vor Rührung in Tränen ausbrach, zum Beispiel auch dann, wenn man ihm nur zum Geburtstag gratulierte. Wenn er jedoch etwas sagte oder „so richtig in Fahrt" war, dann erzitterten sogar höhere Verwaltungsbeamte und keiner hätte es je gewagt, sich ihm in den Weg zu stellen. Norbert hat eine gutmütige, sensible und weiche Seite, die von allen auf der Dienststelle akzeptiert wurde, er hat aber auch gelernt, eine andere, dominante und durchsetzungsfähige Seite zu zeigen. Das war nicht immer so, denn Norbert litt seit der Kindheit unter seiner Hochsensitivität und geringen Körpergröße. Er erzählte:

> *„Eines Tages hat es irgendwie ‚Klick' gemacht und ich habe erkannt, dass sich etwas ändern muss. Irgendetwas sagte mir, ich muss mich einfach nur trauen, den Schalter umzulegen, anders kann ich es nicht beschreiben. Es tut mir zwar immer noch weh, wenn ich andere Menschen kritisieren muss, aber ich versuche, nicht daran zu denken. Ich mache das doch nur zum Wohle aller, denn viele sehen gar nicht, wo das Problem*

liegt. Dann machen sie so einen Unsinn oder ordnen Dinge an, die gar nicht funktionieren können! Ich sehe das doch alles und habe mir angewöhnt, das auch zu sagen. So, wie man Kinder erzieht und als Eltern eben auch mal streng sein muss, so versuche ich, das zu sehen, das hilft. Dann sage ich auch, dass ich Ruhe brauche von dem ganzen ‚Geschnattere' um mich herum, wie im Hühnerstall, sage ich dann, oder so etwas in der Art. Trotzdem, anstrengend ist es immer noch und ich tue dann so, als hätte ich mich furchtbar aufgeregt, aber in Wirklichkeit nutze ich die Zeit, um mich zu erholen. Man muss sich halt etwas einfallen lassen, wenn man so ist wie ich."

Norbert hat gelernt, seine Persona (Maske) zu benutzen, die ihn schützt und die es ihm erlaubt, seine Sensitivität als Kompetenz zu zeigen. Die sogenannte Persona ist die äußere Persönlichkeit des Menschen und Mittel zum Zweck, denn sie hat nichts mit der inneren, „wirklichen" Persönlichkeit zu tun. So, wie eine Uniform seinen Träger verhüllt und ihm einen Status als Respektsperson zuweist, so schützt uns auch die Persona und verhindert, dass immer wieder die gleichen Kämpfe ausgefochten werden müssen. Man kann die Persona immer dann benutzen, wenn es nötig ist, oder, wie Norbert es formulierte, man kann den Schalter umlegen. Der Aufbau einer stabilen Persona ist für jeden Menschen sehr wichtig, für Sie als HSM jedoch in besonderem Maße, und dies hat nichts damit zu tun, unecht oder nicht authentisch zu sein. Die Persona dient dazu, Ziele zu erreichen und erfolgreich mit der Außenwelt zu kommunizieren, sie ist unsere rationale Seite und gehört genauso zu uns wie die innere Persönlichkeit. HSM lieben jedoch oftmals nur die innere „Persona", die sogenannte Anima (Seele), und behandeln ihre äußere Hülle wie ein ungeliebtes Stiefkind. Nehmen Sie sich die Zeit und entwickeln Sie eine Persona nach Ihren Vorstellungen. Dadurch gewinnen Sie Stärke und Selbstbewusstsein und können besonders als hochsensitiver Mann Ihre wertvollen positiven Eigenschaften zeigen!

Den persönlichen Raum stärken

Der,
welcher in allen Wesen wohnend,
von allen Wesen verschieden ist,
den die Wesen alle nicht kennen,
dessen Leib alle Wesen sind,
der alle Wesen von innen lenkt,
das ist dein Atman (Seele),
der heimliche Lenker,
der Unsterbliche.
              Brihad-Aranyaka-Upanishade

Unsere Seele, die Anima, ist sehr verletzlich und deshalb müssen wir sie schützen. Außer der Persona hat die Natur uns Menschen noch etwas mitgegeben, was in der Psychologie als Persönlicher Raum bekannt ist. Hochsensitive Menschen kennen das unangenehme Gefühl nur allzu gut, wenn Ihnen jemand grundlos zu nahe kommt. Wir halten gerne einen gewissen Abstand zu anderen Menschen ein und besonders zu denjenigen, die uns fremd erscheinen und die wir nicht kennen. Das Phänomen des Persönlichen Raumes begegnet uns überall, so werden zum Beispiel in Bussen zuerst alle freien Sitzreihen besetzt, bevor direkt neben einer fremden Person Platz genommen wird. Im Wartezimmer des Arztes lässt man gerne einen Platz zwischen sich und anderen Wartenden frei und diese Distanz, die gewöhnlich zwischen Menschen eingehalten wird, bezeichnet man als Persönlichen Raum. Der Psychologe Sommer beschreibt ihn als eine den Menschen umgebende, unsichtbare Blase, in die niemand eindringen soll (vgl. Altman 1975). Bei dieser „Blase" handelt es sich zwar einerseits um etwas Unsichtbares, andererseits hat es aber dennoch große Wirkung auf die Abstände, die wir gegenüber anderen Menschen einnehmen.

Vergleichsweise beanspruchen ängstliche, introvertierte oder hochbegabte Menschen mehr Persönlichen Raum, denn ihre Wahrnehmung, der sensorische Input, ist feiner und differenzierter. Sie halten mehr Abstand, um dieses Mehr an Wahrnehmung auszugleichen. Begegnen wir Menschen aus anderen Kulturen, dann kann es sein, dass sie für uns Europäer bei einem Gespräch zu nahe stehen und wir hingegen für den Gesprächspartner zu weit weg sind. Man kann ganz gut beobachten, dass beide Interaktionspartner sich ständig bewegen, denn der eine weicht zurück, während der andere beständig versucht, ihm „auf die Pelle" zu rücken. Wir versuchen teilweise ganz unbewusst, Verletzungen des Persönlichen Raumes auszugleichen, indem wir uns zurückziehen. Das physische Eindringen in die eigene „Intimsphäre" ist jedoch nur eine von zahlreichen Möglichkeiten, denn wir fühlen uns auch belästigt, wenn uns eine andere Person anstarrt, laute Geräusche uns umgeben, schrille Stimmen wahrgenommen werden und unangenehme Gerüche in den eigenen Raum eindringen. Dies alles wird erregungssteigernd erlebt (vgl. Mann 1972), sodass HSM aufgrund ihrer feinen Wahrnehmung leicht von diesen Eindrücken überflutet werden. Größere Gruppen und öffentliche Plätze sowie das Laufen durch einen belebten Bahnhof können bereits so intensiv erlebt werden, dass körperliche Beschwerden wie Atemnot auftreten. Hochsensitive fühlen sich gehetzt und benehmen sich, als wären sie auf der Flucht, um diese erregenden Situationen so schnell wie möglich zu verlassen. Manchmal können derartige Verletzungen des Persönlichen Raumes nur unter großer Kraftanstrengung bewältigt werden.

Ganz wesentlich für HSM ist jedoch noch ein anderer Bereich, denn Verletzungen des Persönlichen Raumes passieren auch auf emotionaler Ebene. Hier scheint es so gut wie unmöglich zu sein zurückzuweichen, denn die Emotionen bahnen sich scheinbar ungefiltert ihren Weg in die Tiefe des empfindsamen Seelengrundes. Wir wissen natürlich mittlerweile, dass dies nicht aufgrund eines Defektes der Wahrnehmungsfilter geschieht, sondern dass dies vielmehr an der Fähigkeit liegt, emotionalen Input differenzierter und bewusster zu erleben. Diese Fähigkeit lässt sich leider nicht auf Knopfdruck abstellen und so erleiden Hochsensitive oftmals permanente Verletzungen des Persönlichen Raumes, die weit über das individuell erträgliche Maß hinausgehen.

Es ist sehr wichtig, sich als HSM dieses Raumes bewusst zu werden und ihn „auszufüllen", sodass er wie eine starke Mauer alles Unerwünschte abprallen lässt. Die unsichtbare Blase, die Sie umgibt, können Sie nur stärken, indem Sie sie tatsächlich als Schutzzone begreifen und sich das bildlich vorstellen. Gönnen sie sich ein Stück weit mehr Raum, indem Sie sich selbst in einer Gruppe beobachten. Nehmen Sie aktiv Raum ein oder versuchen Sie sich zurückzuziehen und auszuweichen? Wie ist Ihre Körperhaltung, wie klingt Ihre Stimme? Stehen Sie fest und aufrecht oder halten die die Hände verschränkt und schützend vor Ihren Körper und blicken Sie oft zu Boden? Klingt Ihre Stimme zart und leise oder kräftig und selbstbewusst? Mit starken „Außenmauern" signalisieren Sie anderen Menschen ihre persönliche Grenze, die nicht überschritten werden sollte, und diese Grenzen werden im Allgemeinen ganz unbewusst auch respektiert und eingehalten. Das bietet Ihnen Schutz vor Verletzungen. Auch auf emotionaler Ebene gilt es Eindringlinge abzuwehren und dabei wird Ihnen wesentlich Ihr Intellekt zur Seite stehen, da er Situationen rational betrachtet. Der Intellekt muss sich schützend vor die Seele stellen und emotionale Verletzungen im Vorfeld bekämpfen, damit sie nicht in die Innenwelt vordringen können.

Spätestens, wenn ich das Wort *Kampf* erwähne, schlucken meine Klienten heftig und aus dem anfänglich fragenden Blick, wie man denn ganz praktisch den Persönlichen Raum ausfüllen kann und eine starke Mauer errichten soll, erhebt sich heftiger Widerstand. Ich versichere Ihnen jedoch, dass Sie Ihre ehrenvollen Absichten und Tugenden gar nicht aufgeben müssen, doch Sie sollten sie stärken, um weniger verletzlich zu sein. Vielleicht denken Sie ja mal ein wenig über die Begriffe „stark" und „selbstbewusst" nach und was sie für Sie bedeuten?

Der Weg zur Wasseroberfläche – oder: Nehmen Sie den Kampf auf

*Nicht so vieles Federlesen!
Lass mich immer nur herein;
denn ich bin ein Mensch gewesen,
und das heißt ein Kämpfer sein.*

Johann Wolfgang von Goethe

Haben Sie über die beiden Begriffe „stark" und „selbstbewusst" nachgedacht? Vielleicht sind Sie ja auch zu dem Ergebnis gekommen, dass hier wieder Gegensätze am Werk sind?

> Stark – Schwach
> Selbstbewusst – Das Selbst liegt noch im Unbewussten
> Durchsetzungskraft – Durchsetzungsschwäche / Ergebenheit
> Gewinner – Verlierer
> Um jedoch von einer Seite auf die andere zu gelangen, ist eines unerlässlich: Bewegung.

Egal, ob Sie nun langsame und vorsichtige Schritte gehen oder sich den Weg forsch und hart „erkämpfen", die Bewegung ist immer ein Sieg gegenüber dem Stillstand und damit im weitesten Sinne ein Kampf. Ich gebrauche hier den Begriff *Kampf* ganz wertneutral und nicht im allgemeinüblichen Sinne als aggressive Handlung, sondern vielmehr als Naturgesetz, dem alles unterworfen ist. Die Energie der Bewegung siegt über die Energie der Ruhe, anders geht es nicht. Manchmal siegt das eine, manchmal auch das andere, aber unser Leben und alles, was uns umgibt, ist von diesem Kampf bestimmt. Oftmals fallen uns die täglichen kleinen Kämpfe gar nicht auf, wenn wir zum Beispiel morgens noch müde sind und lieber noch ein Weilchen im Bett bleiben wollen, aber uns dann doch aufraffen aufzustehen, weil die Arbeit ruft. Hier siegen unser Verstand und vielleicht auch unser schlechtes Gewissen über unsere wahren Gefühle und Absichten, das heißt eine Seite in uns konnte sich durchsetzen und die andere überwinden. Solange sich jedoch beide Parteien, ob nun in unserer Innenwelt oder in der Außenwelt, gleich stark gegenübertreten, solange wird der augenblickliche Zustand beibehalten und es bewegt sich nichts. Auch in Disziplinen, zum Beispiel in der Wissenschaft, wird gekämpft und jede neue Erfindung und Theorie ist ein Sieg oder eine Kampfansage an alle anderen Meinungen. Ob sich die neue Sichtweise durchsetzen kann, hängt von ihrer Qualität und von ihrer Stärke, der Wahrheit, ab, also davon, ob sie sich argumentativ über die andere stellen kann und sie gegebenenfalls sogar als falsch zunichtemachen kann. Es ist sehr wichtig, dass Sie *Kampf* nicht nur negativ sehen, sondern vielmehr als ein Mittel, etwas in eine bestimmte Richtung in Bewegung zu bringen. Es wird Ihnen als hochsensitiver Mensch vielleicht schwer fallen, sich mit diesem Umstand anzufreunden, aber auch diese *Auseinandersetzung*, dieser Kampf, ist eine notwendige Voraussetzung dafür, den Persönlichen Raum auszufüllen und etwas in dieser Richtung zu bewegen.

Bevor Sie also daran arbeiten, sich nach außen selbst zu verwirklichen und Ihre Hochsensitivität so zu leben, wie es Ihrer Persönlichkeit entspricht, ist zunächst ein innerer Kampf vonnöten: Es ist der Kampf mit sich selbst, um sich gegen Angriffe und Verletzungen verteidigen zu können und um beachtet und akzeptiert zu werden. Aron (2005) formulierte es etwas sanfter, indem sie den Ratschlag gibt, denn „inneren Machiavelli" zu aktivieren. Auch Sie als Hochsensitiver kennen ihn, nur nehmen sie seine Dienste viel zu selten in Anspruch – und zwar immer nur dann, wenn Sie richtig wütend sind und Ihnen wirklich übel mitgespielt wurde. Clavell (1996, S. 11), der ein Buch über die *Kunst des Krieges* des chinesischen Philosophen Sunzi, wie er ihn nennt, verfasst hat, schreibt dazu:

> *„Ähnlich wie Machiavellis Der Fürst und Miyamoto Musashis Das Buch der fünf Ringe zeigen auch Sunzis hier wiedergegebene Einsichten den Weg zum Sieg bei allen geschäftlichen Konflikten, bei Schlachten im Aufsichtsrat und im alltäglichen Kampf ums Überleben, in den wir alle verwickelt sind – sogar im Kampf der Geschlechter! Dies alles sind Formen des Krieges, und alle folgen denselben Regeln – seinen Regeln."*

Der Titel des Buches sowie die Begriffe *Krieg* und *Kampf* verschleiern die friedlichen Absichten, die sich dahinter verbergen, denn auch der Autor kommt zu dem Schluss, dass sich vermutlich alle grausamen Kriege hätten vermeiden lassen können, wenn Sunzis Weisheiten, die vor fünfundzwanzig Jahrhunderten verfasst wurden, von den Verantwortlichen gelesen worden wären. Sunzi (ebd., S. 10 ff.) selbst sagt:

> *„Die größte Leistung besteht darin, den Widerstand des Feindes ohne einen Kampf zu brechen."*
> *„... das wahre Ziel des Krieges ist der Frieden."*

Gehen Sie also nicht zu hart mit sich um, machen Sie Ihren Frieden mit dem „diabolischen Temperament" der Bewegung, sonst können keine Ziele erreicht werden. Das Problem von Gut und Böse und die Auseinandersetzung damit ist für alle hochsensitiven Menschen ein notwendiges *Übel*, um den Persönlichen Raum zu stärken und an die Wasseroberfläche aufzutauchen. Ganz tief in unserem dunklen und unbewussten Teil der Psyche, dem **Schatten**, wie Jung es nannte, liegt dieser Konflikt verborgen und drängt uns nun zur gegenseitigen Akzeptanz und Integration, sodass endlich Frieden in uns herrscht.

Oftmals ist diese Auseinandersetzung mit ganz persönlichen Erlebnissen verbunden, wie traumatischen Erfahrungen in der Kindheit oder erschreckenden Lebensschicksalen. Manchmal tauchen auch Informationen rund um den Bereich der Geburt auf und lösen schmerzhafte und zum Teil lebensbedrohliche Empfindungen aus. Auf einer übergeordneten Stufe fragen sich viele HSM, warum das Böse in der Welt existiert und so viel Leid hervorbringt? Wenn wir uns vorstellen, dass das Böse, die Bewegung, nicht existieren würde, wenn es zum Beispiel keine Krankheiten geben würde, dann löschen wir damit automatisch die gesamte Geschichte der Medizin aus. Großartige Erfinder und Erfindungen, Ärzte, Schwestern, Pfleger, Schamanen und Heiler, wären mit einem Mal nicht mehr da. Und wenn Sie weiter denken, dann würden alle menschlichen Kulturleistungen und sogar unser eigenes Dasein plötzlich verschwinden und ins Nichts zurückfallen, denn auch wir leben auf Kosten einer anderen Lebensform, sei es nun ein Tier oder eine Pflanze. Die kosmische Schöpfung ist notwendigerweise symmetrisch und alles, was ins Dasein gelangt, muss durch sein Gegenteil ausgeglichen werden. Das Wechselspiel von Gut und Böse erzeugt die zahllosen Charaktere und Ereignisse auf den verschiedenen Ebenen und in den vielen Dimensionen der Wirklichkeit, die wir Leben nennen. Versuchen Sie also Kontakt zu der bewegenden, energetischen Seite Ihrer Persönlichkeit aufzunehmen und respektieren Sie das Gesetz der Polarität, indem Sie sich mit all Ihren Facetten annehmen und somit beide Seiten zu einer harmonischen Ganzheit verschmelzen können.

Bushidō

Seinen rechten Platz zu kennen,
bedeutet für jedes Wesen, sich selbst zu kennen.
In Wahrheit bedeutet sich selbst zu kennen,
die vom Himmel übertragene Bestimmung zu kennen.
Die Bestimmung des Himmels zu erfüllen, bedeutet,
sich nach der Ordnung des Universums zu richten;
dort gibt es keinen Platz, weder für Zögern noch für Opposition,
es ist der wahre Friede.

Nobuyoshi Tamura

Wörtlich übersetzt heißt Bushidō *Der Weg des Kriegers*, und dieser beschreibt die Philosophie der Samurai, die seit dem japanischen Mittelalter die militärische Elite verkörperten. Die Begriffe Budō und Bushidō sind jedoch weit mehr als Ehrenkodizi von Kriegern, denn Bushidō ist die *Seele* Japans. Hochsensitive Menschen, deren Wesen sich in der asiatischen Kultur widerspiegelt, sollten hier genauer hinsehen und von den Traditionen ihresgleichen lernen, denn eine Kampfkunst, wie das im Folgenden vorgestellte Aikidō, macht mental und physisch stark und stellt eine wunderbare Methode dar, selbstbewusst sensitiv zu sein.

Die ersten Budō-Systeme sind in einer vergleichsweise friedlichen Zeitepoche entstanden, als die Samurai kaum in kriegerische Handlungen verwickelt waren und für einen Samurai war es selbstverständlich, neben dem Kriegshandwerk auch eine Ausbildung in den Bereichen Kunst, Wissenschaft, Religion und Philosophie zu absolvieren. Der Begriff *Kampfkunst* beinhaltet eine Entwicklung von Körper *und* Geist und wird als eine Methode der Selbstkontrolle, Selbstdisziplin und Selbstverwirklichung angesehen. Den Samurai war es wichtig, tugendhaft zu handeln, auch wenn dies mitunter den Tod des Angreifers bedeutete und im Gegensatz zur sanftmütigen Gesinnung eines Philosophen steht. Die im

Folgenden genannten sieben Tugenden stehen auf den ersten Blick dem jahrelangen Training zu einer „Präzisionswaffe" völlig konträr gegenüber und jeder echte Samurai musste sich diesem innerpsychischen Konflikt stellen:

1. Aufrichtigkeit und Gerechtigkeit (Gi) …
2. des Mutes (Yu)
3. der Güte (Jin)
4. der Höflichkeit (Rei)
5. der Wahrheit und Wahrhaftigkeit (Makoto)
6. der Ehre (Meiyo)
7. der Treue, Pflicht und Loyalität (Chūgi)

Die Ausdifferenzierung der Kampfkünste ist eine hoch entwickelte Technik, die in der westlichen Welt kein entsprechendes Pendant findet und im Japanischen wird daher der Begriff Kunst auch als fortschrittliche Technologie angesehen, da das Schriftzeichen für Kunst und Technologie dasselbe ist. Von dieser Kunst bzw. fortschrittlichen Technologie können Sie lernen, ein *Krieger* zu werden, natürlich nicht in unserer westlich negativen Sichtweise, sondern im übertragenen Sinne.

Die Kampfkunst wurde ursprünglich nur zur Verteidigung gegen einen Angriff eingesetzt, auch wenn sich mittlerweile aggressivere Richtungen herausgebildet haben. Davon soll hier aber nicht die Rede sein, und ich möchte Ihnen eine besonders friedliche Version vorstellen, die auch *Der sanfte Weg* genannt wird: Aikidō.

Aikidō basiert im psychologischen Sinne auf Spiegelung des Angreifers, indem die eingesetzte Energie des Gegenübers genutzt wird, um den Angriff zunächst abzuwehren und dann umzuleiten, damit diese Kraft den Gegner angriffsunfähig macht, ohne ihn jedoch zu verletzen. Aikidō kennt keine Angriffstechniken, sondern nur Abwehr- und Sicherungstechniken. Die Redewendung „So, wie man in den Wald hineinruft, so schallt es heraus" erklärt das Prinzip dieser Kampfkunst recht gut, auch wenn hier nicht

Gleiches mit Gleichem vergolten wird. Den Aikidōka geht es wesentlich darum, die eingesetzte Energie des Angreifers intelligent zu nutzen, um ihm Gelegenheit zu geben, sich zu beruhigen. Jedem Angreifer wird die Chance gegeben, Einsicht zu erlangen und von einem weiteren Angriff abzusehen.

Der Begriff Aikidō kann mit „Weg zur Harmonie der Kräfte" oder „Der Weg der Harmonie mit der Energie des Universums" übersetzt werden.

Morihei Ueshiba, der Urheber des Aikidō, wurde 1883 in Japan geboren und wird von seinen Anhängern nach wie vor *Großer Meister* (O-Sensei) genannt. Man sagt ihm nach, dass er die Fähigkeit besaß, Angriffe vorauszuahnen, *bevor* sie sich körperlich zeigten und dass er sogar Kugeln ausweichen konnte. Ueshiba war in seiner Jugend ein eher zartes und schwächliches Kind, das sich lieber mit Büchern beschäftigte, als mit Gleichaltrigen zu spielen, und schon sehr früh zeigte sich sein Interesse für Spiritualität. Sein Lebensweg war von vielen Stationen geprägt, so war er Steuereinschätzer beim Finanzamt, betrieb ein Schreibwarengeschäft, schaffte es trotz seiner geringen Größe von 155 cm Soldat zu werden, lernte Jiu-Jitsu, arbeitete als Bauer und bewegte sich im Folgenden immer mehr in Richtung Meditation und Kampfkunst. 1922 erhielt Ueshiba die offizielle Erlaubnis, Aiki-Jitsu zu lehren und von da an wurden seine Übungen immer spiritueller und entfernten sich von denen seines Meisters, trotzdem er ihm bis zu dessen Tod den schuldigen Respekt erwies. Im Alter von 42 Jahren wurde Ueshiba von einem Schwertmeister zum Kampf herausgefordert und siegte, obwohl er unbewaffnet war. Nach dieser Begegnung erkannte er intuitiv die *Liebe*, das Ende allen Kampfes, als höchstes Ziel der Kampfkunst.

Mit Erlangung des ersten Meistergrades erhält der Übende einen ersten Einblick, was Aikidō wirklich ist, denn mit Erlangung des schwarzen Gürtels ist die Ausbildung längst nicht abgeschlossen. Mit fortschreitendem Üben soll sich das Bild ändern, das der Aikidōka von einem Kampf von Angesicht zu Angesicht hat.

Aus der anfänglichen Spaltung des eigenen Ichs, welches verteidigt werden soll, und dem gegnerischen Du, das gewaltsam bezwungen werden soll, wird das Streben, bedrohliche Situationen aufzulösen, möglichst ohne dass jemand (das Wir) zu Schaden kommt. Der Kampf ist dann keine Kette von klar voneinander abgrenzbaren Handlungen mehr, sondern ein dynamisches Ganzes, das wie ein harmonischer Tanz anmutet. Dieses Qi, das im Japanischen Ki genannt wird, spielt im asiatischen Denken eine große Rolle, sei es in der Medizin oder in den traditionellen Künsten. Die Übersetzung ist etwas problematisch, es entspricht etwa dem griechischen Begriff *pneuma* und dem indischen *prajna* und bedeutet: Dunst, Geist, Atem, Kraft, feinster Einfluss, Emotionen, Atmosphäre. Das Ki lässt sich einüben und schulen, aber man muss es fühlen und verinnerlichen, denn eine Kampfsituation im Sinne von Aikidō lässt sich nicht auf mechanistische Weise kontrollieren.

Lernen Sie von der Weisheit Ihrer mentalen Vorfahren

Es lohnt sich in jedem Lebensalter mit dem Training zu beginnen und zu lernen, wie man auf Verletzungen des Persönlichen Raumes, zum Beispiel physisch, verbal und emotional, in friedlicher Art und Weise, aber dennoch kompetent reagiert. Die daraus erwachende *mentale Stärke* füllt Ihren Persönlichen Raum aus und die Grenzen der unsichtbaren Blase, die Sie umgibt, wirken wie ein Spiegel, in dem Unerwünschtes reflektiert wird. Vielleicht sind Sie eher geneigt, sich theoretisches Wissen über die Philosophie der Kampfkünste anzueignen, aber bedenken Sie, dass Körper und Geist in einer unmittelbaren Wechselwirkung stehen und das praktische *Tun* ein überaus sinnvoller erster Schritt sein kann.

Wenn Ihr Körper sich wehren kann, dann lernt auch Ihr Geist, sich zu wehren. Die Ideale, die der Aikidōka auf körperlicher Ebene übt und mit der Zeit verinnerlicht, stehen ihm dann auch im sozialen Bereich zur Verfügung. Seine im körperlichen Kampf geschulte, nicht-aggressive Bewusstheit erlaubt es ihm, eine potenzielle Gefahrensituation zu erkennen, lange bevor sie in körperliche Gewalt münden (vgl. Ueshiba 1997; Yamaguchi 1997).

Körper und Geist mit Respekt behandeln

Als HSM ist es mitunter wegen der Bandbreite des Erlebens etwas problematisch eine Balance zu finden, und man kann nicht davon ausgehen, dass dies automatisch geschieht. Sie sollten daher Ihren Körper und Geist mit der nötigen Aufmerksamkeit und mit dem nötigen Respekt behandeln, denn wer sich auf Dauer zu viel zumutet, der sollte sich auch regelmäßige „Wartungen" und Ruhepausen gönnen, wie bei einem Auto, das immer nur auf Vollgas gefahren wird. Wenn die Nerven durch emotionale Zustände hoch erregt sind, dann schüttet der Körper das Stresshormon Cortisol aus, das, ähnlich wie Superbenzin für das Auto, uns gegen Belastungen wappnet. Hält dieser Zustand jedoch länger an, dann können körperliche Symptome, wie gehäufte Infekte, Arterienveränderungen, Osteoporose oder Morbus Cushing auftreten. Auf psychischer Ebene können sich Depressionen, Burn-out und Schlafstörungen zeigen, und immer, wenn der Geist erregt ist, ist der Körper ebenfalls beteiligt und sollte mitbeachtet werden. In Situationen größter Aufregung können zum Beispiel unsere Hände zittern, wir erröten und unser Herz schlägt schneller, deshalb sind regelmäßige Bewegung, ausreichend Trinken und frische Luft wichtig, um den Körper fit und „standfest" zu halten, damit er nicht so schnell aus der Balance gerät.

Wie steht es um Ihre Ernährung? Gibt es vielleicht auch hier etwas, was Sie ändern möchten? Trinken Sie oft Kaffee und muten Sie Ihrem Körper damit vielleicht zu viel zu? Wer hier einmal genau hinsieht, kann schon sehr viel für sich tun, ohne gleich auf alles verzichten zu müssen. Meistens gibt es hervorragende Alternativen, die gesund sind, gut schmecken und vor allem nicht belasten. Mehr noch: Essen und Trinken ist an sich etwas Wohltuendes für den Körper, und ich denke da nicht nur an die positiven Wirkungen von Kräutern, mit denen man Speisen würzen kann, oder speziellen Heilkräutern, die man als Tee aufgießen kann, sondern auch an das „ganz normale Essen". In Asien, zum Beispiel, haben viele Speisen eine bestimmte Funktion, einen Sinn, der sich in Erklärungen wie „… ist gut für …" oder „… hilft bei … " zeigt. Aber auch hier in Europa gibt es mehr und mehr Ernährungsexperten, die nicht nur bei der Reduktion des Körpergewichtes ihre kompetente Unterstützung anbieten.

Gönnen Sie sich ausreichend Schlaf und ein Plätzchen zu Hause, an dem Sie sich wohl fühlen und wo Sie bei Bedarf ein wenig ausspannen können, ohne gestört zu werden. Diese Phasen der Entspannung müssen sich nicht zwangsläufig stundenlang ausdehnen, aber besonders wenn Sie Kinder haben und mal ein Viertelstündchen für sich brauchen, sind derartig feste Plätze bestens geeignet, um auch hier eine Grenze festzulegen und für andere sichtbar aufzuzeigen. Dies kann eine gemütliche Leseecke sein, ein Hängesessel oder sogar ein kleines Zimmer, dass Sie nur für sich selbst haben und wo Sie bei Bedarf signalisieren können: „Bitte jetzt nicht stören, dann bin ich anschließend wieder für alle da und meine Akkus sind aufgeladen". Stellen Sie für diese Zeit, wenn es möglich ist, auch das Handy und das Telefon aus oder schalten Sie den Anrufbeantworter ein, denn ich denke nicht, dass man immer und überall erreichbar sein muss.

Auch Farben beeinflussen unser Wohlbefinden auf unbewusste Weise und vielleicht denken Sie bei Ihrer nächsten Renovierung mal über einen „Tapetenwechsel" nach. Auch wenn Ihr Arbeitsplatz oder Ihr Büro grau in grau ist, ein schönes Bild, Pflanzen und ein paar kleine persönliche Gegenstände oder Symbole, die Ihre Stimmung aufhellen, können oftmals wahre Wunder wirken. Einen ähnlichen Effekt haben Düfte, denn auch sie berühren unsere

Sinne und haben einen emotionalen Charakter. Sie beeinflussen sogar unseren persönlichen Raum (Tachikawa u. Daibo 2000) und die damit verbundenen Grenzen. Leider ist bis heute von allen Sinnen der Geruch in allen wissenschaftlichen Disziplinen der am wenigsten erforschte und wird häufig, im Vergleich mit visueller und auditiver Wahrnehmung, den „niederen" Sinnen zugeordnet (Burdach 1987, Raab 2001). Gerüche können jedoch starke Gefühle erzeugen sowie intensive Erinnerungen hervorrufen, zum Beispiel beim Geruch eines geliebten Menschen. Möglicherweise wird sogar der Geruch von Mottenkugeln, der an die Großmutter erinnert (vgl. Kollbrunner 2000), als sehr angenehm und beruhigend erlebt. Ein aromatisches Bonbon, vielleicht mit Mentholgeschmack, lässt uns in stressigen Situationen nicht nur buchstäblich durchatmen, sondern klärt auch auf emotionaler Ebene die Lage.

Ganz ähnliche Wirkung hat auch Musik, denn sie kann uns motivieren und in Schwung bringen, beruhigen oder von lästigen Geräuschen und Verletzungen des persönlichen Raumes ablenken, ganz nach Ihrem augenblicklichen Bedarf. Sie können einen MP3-Player, Ihr Handy usw. benutzen, denn hier lässt sich für jeden Augenblick das Passende abspeichern. Sie können ein solches Gerät vor allem auch dann benutzen, wenn lästige Geräusche Sie stören und einfache Ohrstöpsel zur bloßen Geräuschdämmung als unangenehm empfunden werden. Beim Zahnarzt, an überfüllten Plätzen, im Wartezimmer oder in der U-Bahn – die richtige Musik trägt Sie sicherlich in ruhigere Gefilde.

Spieglein, Spieglein an der Wand ...

Nichts bewahrt uns so gründlich vor Illusionen wie ein Blick in den Spiegel.

Aldous Huxley

In dem Märchen *Schneewittchen* fragt die böse Königin ihren Zauberspiegel: „Spieglein, Spieglein an der Wand, wer ist die Schönste im ganzen Land?" Der Spiegel antwortet wahrheitsgemäß: „Frau Königin, Ihr seid die Schönste hier, aber Schneewittchen, hinter den Bergen bei den sieben Zwergen, ist noch tausend Mal schöner als Ihr!"

Von je her gilt der Spiegel als Symbol der Wahrheit. Das, was der Spiegel sieht, wirft er zurück, ohne davon etwas wegzunehmen oder hinzuzufügen. Er reflektiert ankommende Strahlen im Verhältnis Eintrittswinkel gleich Austrittswinkel, das lehrt die Optik.

Für uns Menschen ist der Spiegel sehr wichtig, denn sonst wüssten wir gar nicht, wie wir aussehen. Wir könnten zwar Brust, Bauch, Arme und Beine sehen, aber das Wichtigste, unser Gesicht, bliebe uns verborgen. Wir würden uns, zeigte man uns ein Porträt von uns, selbst nicht erkennen! Mit anderen Worten: Wir wären uns selbst fremd. Zum Glück gibt es in der heutigen Zeit eine Fülle von Spiegeln, sodass wir uns jederzeit von außen betrachten können.

Aber sagt uns der Spiegel auch die Wahrheit? Blicken wir Menschen in einen solchen Zauberspiegel, wie im Märchen von *Schneewittchen*?

Wie Sie sich vermutlich schon denken können, ist dies nicht der Fall, sondern wir unterliegen in Bezug auf die eigene Person und natürlich auch in Bezug auf andere Personen so mancher Fehleinschätzung. Der Spiegel sagt uns nicht die Wahrheit, denn es kommt maßgeblich darauf an, was wir von ihm erwarten. Stellen wir zu hohe Erwartungen an unser Spiegelbild, dann fühlen wir uns nicht schön genug, halten zum Beispiel unsere Nase für zu groß und unsere Lippen zu schmal. Wir haben die Erwartung so perfekt auszusehen, wie eine Vergleichsperson, zum Beispiel ein Supermodel. Dies beeinflusst unser Selbstwertgefühl, wir werden zum „Tiefstapler" und stellen unser Licht allzu oft unter den Scheffel. Dieses „tiefstapelnde" Verhalten wiederum wird von anderen Menschen derart interpretiert und angenommen, dass sie uns nicht achten und nicht wertschätzen, denn sie können nur das Äußere sehen. Der innere Mensch bleibt ihnen verborgen und so erfüllt sich eine selbst verursachte Prophezeiung.

Es gibt jedoch auch die gegensätzliche Möglichkeit und wir erwarten zu wenig von unserem Spiegel, denn wir betrachten unser Bild durch die „rosarote Brille". Selbstkritik ist hier völlig fehl am Platz und im Vergleich zu anderen Menschen neigen wir dann dazu, uns selbst ein wenig zu überschätzen. Wir werden zum „Hochstapler". Auch hier bleibt dem außen stehenden Betrachter der innere Mensch verborgen und wir erfahren Wertschätzung für eine Sache, die gar nicht den Tatsachen entspricht.

Sie sehen, der Spiegel, den wir nutzen, ist äußerst flexibel und hat großen Einfluss auf unser Leben, denn das Bild, das wir aussenden, wird seinerseits auch wieder gespiegelt und kommt zurück wie ein Bumerang. Hochsensitive Menschen haben – bedingt durch ihren ausgeprägten Gerechtigkeitssinn – die Tendenz „tiefzustapeln" und möchten am liebsten immer bei der Wahrheit bleiben. Lieber abwarten und mit der Zeit Kompetenzen zeigen, das ist ihre Maxime, statt am Anfang direkt den Himmel auf Erden zu versprechen. Hier wird leider oft etwas unterschätzt, was Psychologen den *Primary Effect* nennen. Der Effekt des ersten Eindruckes überstrahlt die weitere Beurteilung durch andere Menschen und lässt sich nur zögerlich revidieren. Dazu möchte ich ein – zugegeben etwas überzogenes – Beispiel anführen:

Stellen Sie sich vor, Sie lernen einen möglichen Geschäftspartner kennen und präsentieren sich im Anzug und mit Ihrem sehr sauber polierten, in Wahrheit aber geliehenen Mercedes. Sie reden über Ihre erfolgreiche Firma und persönlichen Kompetenzen ganz so, als sei Erfolg für Sie das Normalste der Welt. Im Verlauf des Gespräches unterläuft Ihnen jedoch ein Fehler und Ihr Gegenüber muss Sie korrigieren. Was meinen Sie, was wird Ihr Gesprächspartner denken?

1. *„Der macht mir etwas vor und ist sicher ein Hochstapler."*

Oder:

2. *„Der hat bestimmt so viel zu tun, da kann man schon einmal durcheinander kommen. Es wäre gut, mit ihm ins Geschäft zu kommen."*

Nach dem Gesetz des ersten Eindrucks wird Ihr Gegenüber das Zweite vermuten, denn seine Interpretation tendiert in positiver Richtung. Analoges passiert natürlich auch umgekehrt und wenn sie als schüchterne Person wahrgenommen werden, die ihre eigenen Kompetenzen nicht klar darstellen kann, wird Ihnen der erstbeste Fehler als mangelnde Kompetenz ausgelegt. Dabei spielt es überhaupt keine Rolle, welche Umstände dazu geführt haben.

Öffentliche und private Selbstaufmerksamkeit

Wir haben bisher nur über den äußeren Spiegel gesprochen, aber natürlich gibt es auch einen inneren Spiegel. Der innere Spiegel ist uns in der Regel sehr freundlich gesonnen und tendiert zuweilen auch zur „Hochstapelei", nämlich immer dann, wenn er sich in Konkurrenz mit dem äußeren Spiegel befindet. Wir Menschen denken nämlich von uns selbst, dass wir uns gut kennen und unser inneres Spiegelbild ganz klar ist und immer die Wahrheit sagt. Mitunter versucht jedoch auch das innere Spiegelbild uns zu manipulieren und manche Menschen, die einen Persönlichkeitstest machen und anschließend ein entsprechendes Profil von sich bekommen, berichten davon, dass ihnen „ein Licht aufgegangen" sei im Hinblick auf die eigene Person. Sie haben dadurch ihr inneres Spiegelbild deutlicher erkannt.

Solch eine Erkenntnis setzt natürlich voraus, dass man sich mit dem inneren Bild auseinandersetzt und ihm Aufmerksamkeit schenkt. Stellt man sich zum Beispiel Fragen wie „Wie bin ich wirklich?", deutet dies im Allgemeinen an, dass die Wahrnehmung nicht auf die Außenwelt, sondern auf die Innenwelt gerichtet ist. So, wie man einen Scheinwerfer schwenken kann, können wir unsere Aufmerksamkeit daher auf Dinge in unserer Umgebung richten, also in der Außenwelt, oder auf uns selbst und auf unsere Innenwelt.

Dieses Schwenken auf die eigene Person wird innerhalb der Psychologie als Selbstaufmerksamkeit bezeichnet und diese wiederum lässt sich in öffentliche und private Selbstaufmerksamkeit aufteilen. In dem einen Fall ist der innere Spiegel nur halb geschwenkt und berücksichtigt auch noch Aspekte der Außenwelt, im anderen Fall hat der Spiegel eine komplette Drehung nach innen vollzogen. Nachfolgend finden Sie eine Auflistung typischer Aussagen zur Unterscheidung der beiden Arten und Sie können recht gut für sich selbst beurteilen, welche Wahrnehmung Sie persönlich bevorzugen (Brehm u. Kassin, 1996).

Öffentliche Selbstaufmerksamkeit
— Es ist mir wichtig, wie andere über mich denken.
— Ich achte darauf, wie ich aussehe.
— Ich mache mir Gedanken darüber, wie ich auf andere Menschen wirke.
— Ich achte darauf, dass ich in einem guten Licht erscheine.
— Bevor ich aus dem Haus gehe, werfe ich einen letzten Blick in den Spiegel.

Private Selbstaufmerksamkeit
— Ich versuche, etwas über mich selbst herauszufinden.
— Ich erforsche gründlich meine Absichten.
— Ich denke viel über mich nach.
— Ich spüre sehr schnell, wenn sich meine Stimmung verändert.
— Ich spüre richtig, wie mein Kopf arbeitet, wenn ich ein Problem löse.

Sicherlich kennen Sie Zeiten, in denen Sie mal das eine und dann wieder das andere bevorzugen. Doch kommen wir nun zum zentralen Punkt: Die Selbstaufmerksamkeitstheorie geht davon aus, dass sich der Mensch als Objekt in der Welt betrachtet, und dies bedeutet, dass Sie in Bezug auf Ihre öffentliche Selbstaufmerksamkeit, zum Beispiel bei der Aussage „Es ist mir wichtig, wie andere über mich denken", mit den Augen anderer Menschen von außen auf sich blicken. Natürlich gehen Sie davon aus, dass die meisten Menschen die Welt genau so differenziert und tiefgründig sehen wie Sie, aber dies ist definitiv nicht der Fall. Sie wissen ja von sich selbst, dass Sie als HSM zuweilen innen ganz anders als außen sind, doch objektiv betrachtet kann dies natürlich niemand wissen. Das über Sie gefällte Urteil durch andere Menschen bleibt an der Oberfläche stehen und das Spiegelbild Ihrer öffentlichen Selbstaufmerksamkeit begeht nun einen Kardinalfehler: Es interpretiert mehr hinein, als es in Wirklichkeit hergibt. Das Spiegelbild „stapelt hoch", obwohl dies eigentlich gar nicht beabsichtigt war.

Die öffentliche Selbstaufmerksamkeit ist in diesem Fall nicht völlig objektiv, sondern subjektiv. Daraus kann so manches Missverständnis entstehen, sodass es zuweilen ganz ratsam ist, hier einmal genauer nachzufragen, wie Außenstehende die Dinge sehen. Ihre eigene Vorstellung, wie andere Menschen Sie persönlich anhand Ihrer Äußerlichkeiten und Handlungen beurteilen, kann teilweise massiv davon abweichen, was Ihr Gegenüber interpretiert.

So kann es zum Beispiel passieren, dass Sie in einer Diskussion über ein bestimmtes Thema das Gefühl haben, hier wird eine falsche Richtung eingeschlagen. Vielleicht vermuten Sie auch, dass noch etwas anderes hinter dem Problem steckt, aber Sie können es nicht sagen, sie haben es eben nur „im Gefühl". Um der Sache nun auf den Grund gehen zu können, müssten Sie alleine sein, um in Ruhe nachdenken zu können, was jedoch augenblicklich nicht möglich ist. Sie beteiligen sich also so gut wie gar nicht an der um sie herum lebhaft geführten Diskussion, schauen vielleicht zu Boden oder auf das vorliegende Blatt und versuchen alle Umweltreize so weit wie möglich auszublenden, um mit einem Ohr den Gesprächen zu folgen, und mit „dem anderen Ohr" nachzudenken und der Sache auf den Grund zu gehen, da Sie das Thema für sehr wichtig halten und sich mit vollem Einsatz einbringen wollen. Für Sie ist klar, dass Sie Ihr Bestes geben, aber das Diskussionsteam um Sie herum ist vielleicht der Meinung, dass das Thema Sie langweilt und Sie einfach keine Lust haben, sich zu beteiligen, dass Sie sich ignorant verhalten und die Besprechung nicht ernst nehmen oder nicht kompetent sind. Wenn man Sie gut kennt, wird das Team Ihrer Kompetenz vertrauen und wissen, dass Sie nachdenken, aber ein Fünkchen Unsicherheit bleibt natürlich auch hier bestehen, denn wer kann schon in Ihren Kopf schauen? Schlimmeres passiert jedoch, wenn man Sie nicht so gut kennt, denn dann wird Ihr Verhalten vermutlich fehlinterpretiert. Um diesem Dilemma zu entfliehen, rate ich Ihnen in einem solchen Fall, einen Mittelweg zu gehen, wenn Ihnen wichtig ist, was die Gruppe über Sie denkt. Sie könnten sich ein wenig an der Diskussion beteiligen, auch wenn es aus Ihrer Sicht sinnlos ist. So haben Sie jedoch die Möglichkeit, Ihrer Skepsis Ausdruck zu verleihen. Entscheiden Sie auch, je nach Situation, ob es angebracht ist, Ihr Gefühl mit ins Spiel zu bringen, denn auch das kommt nicht immer so an, wie es unter Umständen von Ihnen gemeint ist. Wenn Sie allerdings als kompetenter Gesprächspartner auftreten, können Sie es sich mit der Zeit auch „leisten", Ihre Gefühle und Intuition einzubringen.

Individuelle Ziele, Arbeit und Geld

Arbeit ist das innerste Wesen des Lebendigseins.
Marie Jahoda

Die wenigsten hochsensitiven Menschen sind in der glücklichen Lage, den für sie richtigen Beruf ergriffen zu haben und auch das nötige Geld zu verdienen. Das ist jedoch kein Grund, den Kopf in den Sand zu stecken, denn es ist tatsächlich nie zu spät, daran etwas zu ändern. Es gibt einen schönen Satz von Martin Luther, über den ich meine Klienten bitte, nachzudenken.

> „Und sollte morgen die Welt untergehen, so pflanze ich heute noch ein Apfelbäumchen."

Erfahrungsgemäß werden zunächst alle möglichen Arten von Zweifeln vorgebracht, denn die Angst vor einer Veränderung ist riesengroß. Ich höre dann Argumente wie:

- „Ich weiß gar nicht, welcher Beruf für mich der richtige ist."
- „Ich habe keine Zeit, etwas Neues zu lernen."
- „In meinem Alter lohnt sich das nicht mehr."
- „Ich weiß nicht, ob ich das Richtige tue, wenn ich etwas anderes anfange."
- „Heutzutage muss man doch froh sein, wenn man überhaupt einen Job hat."
- „Ich muss doch meine Familie ernähren."
- „Ich glaube nicht, dass ich das schaffe. Ich bin doch jetzt schon überlastet."
- „Ich bin arbeitslos und habe kein Geld für eine Weiterbildung oder die Gründung eines Unternehmens."
- „Wenn ich etwas mit jemandem zusammen machen könnte, ja, aber alleine?"

Der erste Schritt besteht darin, die Zweifel aus dem Weg zu räumen, denn warum sollte man sich für den Rest seines kostbaren Lebens mit etwas abfinden, was offensichtlich nicht zu passen scheint? Die Welt der Arbeit ist für uns Menschen unglaublich wichtig und besonders Hochsensitive brauchen nicht nur einen Beruf, sondern eine Berufung. Sie sind das „blühende Leben", wenn sie den richtigen Beruf gefunden haben. Arbeit gibt dem Leben einen Sinn und bewahrt uns vor Langeweile, Lethargie und Mutlosigkeit. Egal, ob wir nun einem Hobby nachgehen, ein Ehrenamt leisten oder eine klassische Erwerbstätigkeit ausführen, Arbeit ist ein ganz zentraler Baustein im Leben des Menschen, neben der Liebe vielleicht sogar der zentralste.

Es lohnt sich also, intensiv darüber nachzudenken, aber überlegen Sie bitte auch nicht allzu lange, bis Sie daran möglicherweise fast verzweifeln. Nehmen Sie sich einen Stift und einen Zettel und schreiben Sie auf, was Sie gut können, was sie gerne tun und was Ihnen nicht so besonders liegt. Schreiben Sie auch auf, was Sie auf gar keinen Fall tun möchten und stellen Sie sich vielleicht dabei vor, Sie stehen vor dem „lieben Gott" und dürften sich etwas wünschen. Beschreiben Sie Ihren Wunsch bezüglich einer Arbeit so gut wie möglich, und wenn Sie damit fertig sind, ist bestimmt schon ein relativ klares Berufsbild entstanden, mit dem Sie nun weiterarbeiten können. Grundsätzlich ist das Schreiben mit eine der besten Möglichkeiten für die persönliche Entwicklung, und ich möchte Ihnen diese Vorgehensweise dringend ans Herz legen. Immer, wenn Sie sich nicht wohl fühlen oder nicht weiterwissen, dann schreiben Sie es auf!

Viele Hochsensitive sind begnadete Schreiber und könnten diese Gabe zum Beruf machen, doch es gibt natürlich auch einige unter ihnen, denen das Schreiben schwer fällt. Nutzen Sie in diesem Fall das Angebot einer Schreibwerkstatt oder einen Kurs in kreativem Schreiben; dort lernen Sie, Ihre Gedanken, ihren inneren Dialog in Worte zu fassen und strukturiert zu Papier zu bringen. Auch wenn hochsensitiven Menschen Small Talk oftmals schwer fällt, sind sie innerlich doch eine richtige „Plaudertasche" und führen fortwährend einen mentalen Dialog mit sich selbst. Wenn Ihnen Reden also leichter fällt als Schreiben, dann nutzen Sie doch einfach ein kleines Diktiergerät. Wichtig ist, dass Sie lernen, Ihre wirklichen Gefühle und Gedanken nach außen zu transportieren.

Träumen Sie ein wenig von Ihren beruflichen Wünschen und scheuen Sie sich nicht, auf den ersten Blick unrealistische Wünsche zu formulieren:

- „Ich möchte gerne nach Asien fahren und dort etwas einkaufen, um damit einen fairen Handel zu betreiben!"
- „Ich wollte immer schon zu Ärzte ohne Grenzen!"
- „Ich würde gerne Menschen beraten!"
- „Ich würde gerne etwas Künstlerisches tun!"
- „Ich möchte ein Buch schreiben"

Der nächste Schritt besteht nun darin, in der Außenwelt entsprechende Informationen einzuholen. Vielleicht ist ja auch eine Weiterbildung oder ein Studium für Ihren Berufswunsch erforderlich.

Eine Fernuniversität bietet beispielsweise für HSM ideale Bedingungen: keine überfüllten Hörsäle, lernen im gewohnten Umfeld, freie Zeiteinteilung. Ganz nebenbei üben Sie sich auch in Selbstdisziplin und eigenverantwortlichem Arbeiten, denn niemand macht Ihnen Vorschriften. Denn es reicht nicht aus, sich alles zu wünschen und alles zu wollen, Sie müssen es auch *tun*!

Richten Sie Ihren Blick auf das augenblicklich Mögliche, das Ihrem gefühlten Ziel nahe kommt, und gehen Sie kleine Schritte. Fangen Sie einfach an, setzen Sie Ihre Idee in die Realität um, auch wenn das vorläufige Ergebnis Ihrer Idealvorstellung noch nicht entspricht – Sie werden Kraft Ihres Naturells Ihr Vorhaben sowieso mit der Zeit perfektionieren, aber Sie müssen sich diese Zeit auch gönnen! Die Welt außerhalb Ihres Kopfes dreht sich langsamer, sie ist von Rückschlägen und Stolpersteinen durchsetzt und oftmals nicht gerade ideal. Lassen Sie sich jedoch nicht davon beeinflussen und geben Sie ihr Vorhaben nicht gleich bei der ersten Hürde auf, sondern gehen Sie einfach Ihren Weg.

> „Es ist nicht genug, zu wissen, man muss auch anwenden; es ist nicht genug, zu wollen, man muss auch tun."
> — Johann Wolfgang von Goethe

Wenn Sie nicht alleine arbeiten möchten, dann suchen Sie Gleichgesinnte, doch dazu müssen Sie ihr Projekt zunächst darstellen, damit ein möglicher Partner überhaupt erst gefunden werden kann. Nutzen Sie das Internet, schreiben Sie vielleicht in speziellen Foren für Hochsensitive, besuchen Sie soziale Netzwerke und suchen Sie dort konkret nach anderen Menschen, die Ähnliches vorhaben. Sie können auch traditionelle Medien benutzen und eine Annonce schalten oder etwas ans „schwarze Brett" hängen. Wenn es Ihnen schwer fällt, eine konkrete Idee zu formulieren, dann beschreiben Sie zunächst sich und Ihre Gefühle und bedenken Sie dabei, dass es anderen HSM vermutlich genauso geht: Auch sie warten relativ isoliert darauf, dass ihnen etwas zugetragen wird, und verspüren den Wunsch, etwas mit Gleichgesinnten zu unternehmen. Es kostet Sie vielleicht Überwindung, sich der Außenwelt zu zeigen – aber wie sollen andere HSM denn sonst auf Sie aufmerksam werden?

Eine entsprechende Beschreibung Ihrer Situation und Gefühle könnte zum Beispiel folgendermaßen aussehen:

„Ich trage mich schon seit einiger Zeit mit dem Gedanken, meine Hochsensitivität in beruflicher Hinsicht als Kompetenz zu zeigen und suche einen Partner für eine mögliche Zusammenarbeit.

Ich bin gelernte Erzieherin und wünsche mir eine selbstständige Tätigkeit in beratender oder helfender Funktion. Ich habe zwar noch keine konkrete Idee, aber ich suche eine Person, der es ähnlich geht. Ich stelle mir vor, dass wir eine gemeinsame Projektidee entwickeln, die sich vielleicht sogar aus zwei unterschiedlichen Berufsfeldern zusammensetzt. Ich habe mich privat vielseitig weitergebildet und bin offen für innovative Vorhaben. Wünschenswert ist ein Kontakt im Raum NRW."

Wie Sie sehen, müssen Sie nicht immer alles perfekt zu Ende gedacht haben, denn dies ist Ihre „Achillesferse" und hält Sie oftmals davon ab, etwas überhaupt erst in Gang zu bringen! HSM haben nämlich die Tendenz, erst dann zu handeln, wenn es sicher, ideal und bis ins Kleinste durchdacht ist. Sie sind ständig bemüht, gedanklich den perfekten Weg zu suchen. Diese Strategie ist jedoch nicht immer die erfolgreichste, denn mitunter geht es einfach nur darum, einen Schritt zu tun, damit weitere Schritte folgen können. Manche Hochsensitiven haben die Befürchtung, sie seien nicht gut genug vorbereitet und suchen weitere Bildung in Büchern, Ausbildungen, Selbsterfahrungskursen, im Internet oder im esoterischen Bereich, bis sie völlig müde, überfrachtet und verzweifelt sind. Einige lassen sich von den unterschiedlichsten Personen und Institutionen beraten und möchten von anderen wissen, wer sie sind und was sie tun sollen. Bedenken Sie bitte bei alldem, dass es immer einen Punkt gibt, an dem das Maß voll ist. Dann wird es

Zeit, für sich selbst und ganz alleine festzulegen, was Sie wirklich tun und wer Sie wirklich sein wollen. Sie dürfen und müssen dies tatsächlich selbst entscheiden und formulieren, entweder alleine oder unter Mithilfe eines ausgebildeten Beraters. Erst in einem nächsten Schritt geht es darum, dies mit dem eigenen Partner, der Familie und den Möglichkeiten in Einklang zu bringen.

In diesem Zusammenhang taucht oftmals auch die Frage auf, wie Sie von anderen Menschen gesehen und beurteilt werden wollen. Was soll man von Ihnen denken? Sollen sie zum Beispiel Ihrem Arbeitgeber sagen, dass Sie ein hochsensitiver Mensch sind? Sollen Sie mit Nachbarn, Freunden und Bekannten über Hochsensitivität sprechen – und wenn ja, wie? Mit nahestehenden Personen ist ein Gespräch sicher sinnvoll, und der eigene Partner, enge Freunde oder Verwandte sind bestimmt offen und dankbar für diese Informationen. Dadurch lassen sich Fehlbeurteilungen aus der Vergangenheit auf jeden Fall aufklären und auch für die Zukunft wird es etwas leichter werden. Wenn Sie dann zum Beispiel auf einer Geburtstagsfeier ein ruhiges Plätzchen aufsuchen oder etwas früher gehen, reicht vielleicht schon ein kleiner Hinweis aus: „Du weißt doch, ich bin …!"

Im Arbeitsumfeld ist es etwas problematischer, doch Sie können ein Gespräch auch mit allgemeinen Formulierungen beginnen, wenn Sie sich nicht ganz sicher sind. Zum Beispiel können Sie von einem Bericht im Fernsehen oder in der Zeitung erzählen, um das Thema darauf zu lenken. Sie werden schnell merken, ob Interesse oder Ablehnung bei Ihrem Gegenüber vorhanden ist. Fallen Sie jedoch nicht gleich mit der Tür ins Haus, sondern geben Sie auch anderen Menschen die Gelegenheit, sich langsam daran zu gewöhnen. In unserer Gesellschaft werden Persönlichkeitsmerkmale in dieser Form nicht direkt vermittelt, sodass die Aussage „Ich bin hochsensibel" falsch aufgefasst werden kann. Sensibilität wird üblicherweise mit Schwäche assoziiert und der Begriff Sensitivität ist noch zu wenig bekannt, sodass Ihr mutiges Coming-out vielleicht nicht den von Ihnen erhofften Erfolg hat. Überlegen Sie in diesem Zusammenhang auch, ob man etwas Ähnliches, zum Beispiel eine Hochbegabung, auch allen Menschen mitteilen würde? Wenn ich Ihr Arbeitgeber wäre und Sie würden mir von Ihrer Hochbegabung berichten, dann würde ich Sie umgehend fragen, welche Auswirkungen dies für das Unternehmen hat? Ich würde gezielt nach den positiven Aspekten fragen, die eine derartige Begabung mit sich führt.

Vielleicht denken Sie einmal darüber nach, was Sie mit der Beschreibung Ihres Persönlichkeitsmerkmals ganz konkret erreichen wollen. Anerkennung, Verständnis, Akzeptanz oder Rücksicht? Sicher, all das ist wünschenswert, aber möchten Sie wirklich mit einer Art Schild um den Hals herumlaufen, auf dem „Hochsensitiv" steht? Denken Sie bitte nicht, damit wäre dann alles in Ordnung, denn so funktioniert unsere Gesellschaft nicht! Es geht also in erster Linie nicht darum, das Phänomen beim Namen zu nennen, sondern zu zeigen, was es in der Praxis bedeutet. Entgegen der derzeitigen Meinung handelt es sich im Falle von Hochsensitivität ja nicht nur um eine ausgeprägte Sensibilität, sondern in Ihnen schlummern auch besondere Kompetenzen. Diese gilt es zu entwickeln und zu zeigen. Alles andere klingt allzu sehr nach einer „billigen" Entschuldigung oder Bitte um Verständnis für diese oder jene Macken. Es ist besser, die positiven Aspekte von Hochsensitivität deutlich herauszustellen, denn andere Menschen stellen schließlich auch nicht ständig ihre Defizite zur Schau. Ganz im Gegenteil! Jeder Mensch hat seine Stärken, aber eben auch seine Schwächen, und Sie als hochsensitiver Mensch müssen lernen, Ihre Stärken ebenfalls darzustellen. Wie ist es bei Ihnen zum Beispiel mit der Geräuschempfindlichkeit? Es ist hier ein großer Unterschied, ob Sie Ihren Kollegen mitteilen, dass Sie geräuschempfindlich sind, oder ob Sie ihnen sagen, dass Sie ein ausgeprägtes und feines Gehör haben! Könnten Sie sich vorstellen Ihre Arbeitskollegen höflich zu kritisieren, wenn es einmal lauter wird, indem Sie ihnen ihre „Dickhäutigkeit" spiegeln? Zugegeben, das ist kein einfaches Unterfangen und verlangt einiges an Einfühlungsvermögen und Taktgefühl, gepaart mit dem geeigneten Zeitpunkt. Aber manchmal bewahrheitet sich das Sprichwort „Ehrlich währt am Längsten", und anstatt alle möglichen Vorwände einzubringen, könnten Sie es ja auch einmal mit der Wahrheit versuchen?

Das ist vermutlich ungewohnt für Sie und wird Ihnen vielleicht auch ein wenig schwer fallen, aber warum sollten Sie Ihre Gabe verstecken müssen? Auch Ihrem Chef gegenüber können Sie ruhig darlegen, dass Sie komplexe und problematische Fälle sehr gut und gewissenhaft bearbeiten könnten, würde man Ihnen etwas Ruhe und Zeit zugestehen. Ich weiß, dies sind nur einige wenige Beispiele und diese müssen auch nicht zwingend zu Ihrer augenblicklichen Situation passen, aber es ist mir wichtig, Ihnen das Prinzip der Selbstdarstellung zu erläutern. Gehen Sie also mit gutem Beispiel voran und akzeptieren Sie Ihre Stärken zunächst einmal für sich selbst, denn erst dann können Sie auch Akzeptanz von Ihren Mitmenschen erwarten.

Die Macht der Ziele – eine Beispielgeschichte

Eines Tages entschloss sich Mathias bei mir anzurufen und einen Gesprächstermin in meiner Praxis zu vereinbaren. Lange hatte er überlegt, das Für und Wider abgewogen und war dann doch zu dem Schluss gekommen, es einmal zu versuchen und sich beraten zu lassen. Er arbeitete als Dachdecker und hatte herausgefunden, dass er hochsensitiv ist. Schon länger war er in seinem Leben und seinem Beruf nicht mehr glücklich und als sich dann körperliche Symptome in Form von Drehschwindel einstellten, stürzte ihn das in eine tiefe Krise. Er lief von Arzt zu Arzt, aber physisch war mit ihm alles in bester Ordnung. Es war längere Zeit krankgeschrieben; während seiner Zeit zu Hause besserte sich sein Zustand und er konnte wieder arbeiten gehen. Er merkte jedoch sehr bald, dass sich an seiner Grundsituation nichts geändert hatte und bekam

Angst, dass sein Leben ihm aus den Fingern gleiten würde. Als er zu mir kam, fragte er mich ratlos:

„Was soll ich jetzt machen?"
„Die Antwort darauf liegt in Ihnen selbst, sie steckt schon in Ihnen drin. Sie müssen sich nur vertrauen, dann wird die Antwort auch herauskommen."
„Ich dachte, Sie hätten eine Antwort?"
„Nein, ich kann Ihnen nur helfen, die Antwort zu finden."
„Hmm."
„Keine Sorge, zur Not wende ich Gewalt an und prügle die Antwort aus Ihnen heraus, wenn sie nicht kommen will, das klappt immer."

Wir mussten beide lachen und Mathias entspannte sich ein wenig. Ich frage ihn, ob er schon einmal über einen Berufswechsel nachgedacht hätte und er entgegnete mir, dass dies auf keinen Fall möglich sei. Er habe schließlich nichts anderes gelernt und außerdem sei er nun schon 40 Jahre alt. Mathias war voller lähmender Angst, und doch hatte er einen sehr wichtigen Schritt getan: Er hatte eine Beratung gesucht und dies zeigte, dass seinem Verhalten ein Motiv zugrunde lag: Er *wollte*, dass sich an seinem augenblicklichen Zustand etwas änderte. Motive und die daraus entstehende Motivation geben unserem Verhalten Stärke und Richtung. Wir alle haben Zeiten, in denen wir in hohem Maße motiviert sind, und wir haben Zeiten, da fühlen wir uns antriebs- und lustlos. Nach Phasen der Hochstimmung kommt auch immer wieder mal ein Tief, doch manchmal fällt man in ein Loch, aus dem nur noch schwer herauszukommen ist. Der Psychologe Seligman bezeichnete das als „erlernte Hilflosigkeit". Er hatte festgestellt, dass Menschen nach Zuständen erlebter Hilf- und Machtlosigkeit ihr Verhalten derart reduzieren, dass sie zwar etwas gegen diesen negativen Zustand tun könnten, es aber nicht mehr tun. Sie ergeben sich einfach ihrem Schicksal.

Mathias benötigte ein neues Ziel in seinem Leben, damit er sich zu etwas hin bewegen konnte. Ich versuchte ihm klar zu machen, dass er zunächst vermutlich nicht vor Energie und Motivation sprühen würde, sondern dass die ersten Schritte eher schwer sein würden. Die Kunst besteht jedoch darin, sich ruhig und konzentriert auf den Weg zu machen und sich beständig auf ein vorher eindeutig formuliertes Ziel zuzubewegen. Gefühle wie Angst, Ärger und Lustlosigkeit spielen dabei eine nur untergeordnete Rolle, denn der Mensch kann sich rein theoretisch auch bewegen, wenn er nicht gerade in bester Verfassung ist. Zugegeben, für manch Hochsensitiven ist das schwierig, aber dennoch nicht unmöglich. Und wenn es an einem schlechten Tag gelungen ist, sich trotzdem zu bewegen, dann ist diese Anstrengung die beste Belohnung.

Ich arbeitete mit Mathias ein konkretes Ziel für ihn heraus, und das fiel ihm unendlich schwer. Er konnte zunächst nicht sagen, was er wollte, denn er war es nicht gewohnt, seine Wünsche zu formulieren. Nach ein paar Terminen stellte sich heraus, dass er seine Arbeit als Dachdecker sehr gerne mochte und vor Ideen nur so sprühte, wenn es darum ging, hochwertige und kunstvolle Dächer zu entwerfen. Er litt sehr darunter, unter Zeitdruck arbeiten zu müssen, und war enttäuscht, seine Kunden nicht angemessen beraten zu können. Er fühlte sich fremdgesteuert, denn ihm wurden von seinem Chef Arbeiten zugeteilt, die er in vorgegebener Weise schnellstmöglich zu erledigen hatte. Er musste oftmals Dinge ausführen, die er selbst viel besser konzipiert hätte und er befand sich in einem ständigen Konflikt mit dem, was er tun musste, und dem, was er nach seinem Dafürhalten hätte besser machen können. Zögerlich und leise sagte er schließlich: „Am liebsten hätte ich mein eigenes, kleines Unternehmen, aber ich habe ja noch nicht einmal einen Meistertitel!"

Wir kamen im weiteren Verlauf unserer Gespräche überein, dass Mathias einen Kooperationspartner unter den zahlreichen Absolventen einer Meisterschule in seiner Region finden sollte, um so den Schritt in die Selbstständigkeit zu wagen. Wir formulierten einen entsprechenden Text, in dem Mathias sich und seine Kompetenzen und Vorstellungen klar darlegte, und er machte sich in der Meisterschule und bei der Innung bekannt. Nach nur einer Woche meldete sich ein angehender Absolvent bei ihm, der einen kleinen Betrieb seines Vaters übernehmen musste, da dieser schwer erkrankt war. Der junge Meister hatte kaum Berufserfahrung und traute sich auch noch nicht zu, einen Betrieb alleine zu führen. Dies war die Chance, auf die Mathias insgeheim gewartet hatte und es ergab sich eine wundervolle Kooperation, da sich beide Männer auf Anhieb sympathisch waren und sich ergänzten. Mathias hatte seine Berufung gefunden und der Betrieb entwickelte sich in nur zwei Jahren zu einem kleinen, aber feinen Unternehmen. Mathias entdeckte aufgrund seiner Selbstständigkeit eine neue Seite an sich, denn Kundenberatung und Auftragsgewinnung zählen heute zu seinen absoluten Stärken. Hier kann er seine sensitiven Eigenschaften positiv einbringen und sich so von der Konkurrenz abheben. Ich freue mich immer noch sehr über seine positive Entwicklung, denn er zählte zu meinen ersten Klienten und wir haben, auch aufgrund der regionalen Nähe, gelegentlich noch Kontakt.

Wenn es Ihnen ähnlich geht, wie einst Mathias, dann möchte ich Ihnen ebenfalls die Frage stellen:

„Was wollen Sie?"

Vielleicht sind Sie es auch nicht gewohnt, etwas zu wollen, und all Ihre Probleme beginnen bei genau dieser Fragestellung. Fangen wir also noch einmal an:

„Was möchten Sie tun? Wie möchten Sie leben?"

Ihrem Wesen entsprechend wünschen Sie sich bestimmt ein Häuschen im Grünen, vielleicht am Waldrand, Sie möchten Menschen helfen und beraten oder vielleicht auch künstlerisch tätig sein. Eine Selbstständigkeit ist Ihnen vermutlich angenehmer als die Vorstellung, im „Business" täglich einen harten Kampf zu führen. Es wäre bestimmt schön, wenn Sie Ihr Heim nicht verlassen müssten und die Menschen einfach zu Ihnen nach Hause kämen, um sich einen Rat zu holen. Warum nur muss man dafür einen professionellen Internetauftritt planen, Werbung machen, sich anpreisen und in den schillernsten Farben darstellen, ja, all diese schrecklichen Dinge tun, die Ihnen so schwer fallen und irgendwie „zuwider" sind?

Vielleicht möchten Sie sich aber auch weiterbilden und in der Forschung oder an einer Universität arbeiten? Vielleicht liegen Ihr Talent und Ihre Berufung ja auch im Schreiben. Es könnte auch sein, dass die Arbeit mit Tieren, die Gartenarbeit oder der Naturschutz Ihre Passion sind. Möglicherweise sind sie auch ein begnadeter Handwerker und sollten sich mit einem kleinen Unternehmen auf die Anfertigung erlesener Unikate spezialisieren.

Vielleicht haben Sie aber auch den Wunsch Eis in Alaska zu verkaufen oder ein Sonnenstudio in Florida eröffnen zu wollen? Sie finden, das klingt nach weniger guten Ideen? Weit gefehlt, denn mit der Sonnenbankidee haben sich zwei deutsche Frauen sehr erfolgreich im Sonnenstaat Kalifornien selbstständig gemacht. Sie haben die Vorteile einer Sonnenbank überzeugend darstellen können, und was sich zunächst nach einer „Schnapsidee" anhörte, hat sich als sehr erfolgreiches Geschäftsmodell erwiesen.

Sie sehen, die Welt steckt voller Möglichkeiten und Ihnen stehen alle Türen offen, also hören Sie tief in sich hinein, um Ihrer inneren Stimme zu lauschen. Nehmen Sie sich Zeit dafür, vielleicht ist ein Kuraufenthalt eine gute Möglichkeit, einmal abzuschalten und die Seele „baumeln" zu lassen? Oder sie tauschen Ihren Sommerurlaub für eine Zeit im Kloster ein und nutzen diese Zeit, um vom hektischen Treiben abzuschalten und zur Ruhe zu kommen.

> „Nur wer sein Ziel kennt, findet den Weg."
> Lao Tse

Generell ist eine solche Auszeit, wo und wie auch immer sie stattfindet, ein guter Startpunkt auf dem Weg zu neuen Ufern. Springen Sie aber nicht einfach so ins „kalte Wasser", sondern packen Sie in aller Ruhe Ihre Sachen und überlegen Sie sich, wie das andere Ufer beschaffen sein soll.

Empathen

Testfragen für empathische HSM

> *Logik ist der Anfang*
> *aller intellektuellen Weisheit,*
> *nicht das Ende.*
>
> Mr. Spock

- Wissen Sie, was andere Menschen denken und fühlen?
- Können Sie scheinbar Gedanken lesen?
- Haben Sie Ahnungen und Visionen, die sich schon oftmals bestätigt haben?
- Besitzen Sie eine ausgeprägte Intuition?
- Spüren Sie die Traurigkeit und Schmerzen anderer Menschen wie die eigenen?
- Merken Sie, wenn Ihr Gegenüber lügt oder Ihnen etwas vormachen will?
- Fühlen Sie „dicke Luft" oder Disharmonien sofort, wenn Sie einen Raum betreten oder mit jemandem telefonieren?
- Haben Sie „ungewöhnliche" Erlebnisse?
- Spüren Sie ganz genau, wenn etwas „in der Luft liegt" oder etwas kommen wird?
- Haben Sie das Gefühl, dass nach traumatischen Erfahrungen und / oder Nahtoderfahrungen (physisch oder psychisch) diese Fähigkeiten sich noch verstärkt haben?
- Haben Sie Träume, auch Tagträume, die oftmals dann auch so geschehen?
- Haben Sie manchmal das Gefühl, in die Zukunft sehen zu können?
- Können Sie das Leid anderer Menschen oder Tiere kaum ertragen?
- Haben Sie eine Art innere Stimme?

- Haben Sie das Gefühl, Sie brauchen eine Art alten Lehrmeister?
- Können Sie in andere Menschen, Tiere, Bücher, die Natur usw. „eintauchen"?
- Haben Sie Erinnerungen an frühere Leben?

Wenn Sie diese Fragen mehrheitlich mit „Ja" beantworten konnten, dann gehören Sie vermutlich zu den empathischen Hochsensitiven und ich heiße Sie herzlich willkommen in der „Welt von Morgen"!

Realität oder Science-Fiction?

Was man heute als Science-Fiction beginnt,
wird man morgen vielleicht
als Reportage zu Ende schreiben müssen.
Norman Mailer

Grundsätzlich ist jeder hochsensitive Mensch empathischer[*] als die Mehrheit der Bevölkerung, aber manche HSM sind noch ein wenig stärker mit dieser besonderen Gabe „ausgestattet", sodass es gerechtfertigt erscheint, hier von Empathen zu sprechen.

Hat die Zukunft schon längst begonnen und keiner scheint es gemerkt zu haben? Gibt es zu Beginn des 21. Jahrhunderts eine stattliche Anzahl von Empathen und weder die Empathen selbst, noch die Allgemeinheit weiß etwas davon? Kann so etwas möglich sein?

---

[*] Der Begriff Empathie ist ein modernes Kunstwort; es ist eine Anlehnung an den deutschen Begriff „Einfühlung" und ist verwandt mit dem griechischen Wort „Sympathie". Häufig wird es synonym verwendet mit „Einfühlungsvermögen".

Lassen Sie uns zunächst einen kleinen Ausflug in die 1960er-Jahre machen, als der Amerikaner Gene Roddenberry sich die Fernsehserie *Raumschiff Enterprise* ausdachte. Nach anfänglichen Schwierigkeiten, ein derartiges Format zu vermarkten, erlangte die Serie im Verlauf der Zeit jedoch nicht nur Kult-Status, sondern stand auch bei manch wissenschaftlicher Entdeckung Pate, denn „Science-Fiction" bedeutet wissenschaftliche Annahme oder Vision. Die Inhalte sind also keineswegs aus der Luft gegriffen, sondern zeugen auf naturwissenschaftlicher und philosophischer Seite von tief greifenden Überlegungen; die Serie hat also mehr als bloßen Unterhaltungswert.

Eine Figur aus der Serie soll uns in diesem Kapitel besonders interessieren, nämlich die psychologische Beraterin (Counselor) Deanna Troi. Sie berät und unterstützt den Kapitän und die Crew bei persönlichen Problemen und Entscheidungsfindungen und nutzt dabei ganz wesentlich ihre herausragenden empathischen Fähigkeiten. In unklaren Situationen weist sie den Weg, spürt Irrtümer auf und weiß als Erste, wenn etwas nicht *richtig* ist. In einer Kommunikationssituation kann sie einschätzen, ob jemand lügt oder emotional unter Stress steht. Ihr Einfühlungsvermögen versetzt die Figur in die Lage, tiefer in die Wirklichkeit zu „sehen". Auf der anderen Seite ist sie sehr sensibel und empfindsam und muss manchmal – für Außenstehende scheinbar grundlos – weinen, da sie aufgrund ihrer sensitiven Fähigkeiten viel mehr wahrnimmt als andere. Die Empathin genießt aufgrund ihrer besonderen Fähigkeiten großen Respekt und hohes Ansehen und nicht selten basieren wichtige Entscheidungen auf ihrer Intuition.

Nach diesem kurzen Ausflug in die Zukunft kehren wir nun aber wieder zurück zur Erde in das Jahr 2009. Empathen gibt es offiziell noch gar nicht und auch der Begriff wird nicht benutzt, er existiert eigentlich gar nicht. In der psychologischen Forschung kennt man zwar die *Empathie*, aber noch sehr eingeschränkt und hier steht in den meisten Fällen das daraus resultierende Mitleid und prosoziale Verhalten im Vordergrund. In der Alltagssprache wird Empathie im

Sinne von Einfühlungsvermögen so gut wie gar nicht verwendet, lediglich Künstlern oder auch Schauspielern ist der Terminus wohl vertraut. Wie so oft scheint es auch in diesem Fall nur Künstlern vorbehalten zu sein, „das Gras wachsen" zu hören und einen Blick in die Zukunft zu riskieren. Dennoch weiß man um die menschliche Empathiefähigkeit, die im Allgemeinen als Einfühlungsvermögen bezeichnet wird, denn jeder Mensch ist irgendwie empathisch. Empathie macht uns zu sozialen Wesen und wird als emotionale und soziale Kompetenz betrachtet. Man weiß auch, dass es Unterschiede zwischen Menschen hinsichtlich ihrer Fähigkeit zur Empathie gibt, neu ist jedoch, dass diese Differenzen zum Teil extreme Ausmaße haben. Das liegt auch daran, dass viele Empathen es selbst nicht wissen. Nicht selten sind sie etwas scheue Einzelgänger und leben unerkannt mitten unter uns. Man findet Empathen auch unter den „Sensibelchen" und unter denjenigen, die sich aufopferungsvoll um Familie, Freunde und soziale Projekte kümmern. Manchmal werden sie mit einem diagnostischen Etikett versehen, zum Beispiel Schizotypie, Schizophrenie, Depressionen, ADS, dem Borderline-Syndrom, oder ihnen wird ein autistisches Spektrum oder sogar eine Lernstörung attestiert. Diese Liste erhebt keinen Anspruch auf Vollständigkeit und es ist in diesem Zusammenhang sehr wichtig, eine sorgfältige Abgrenzung und Diagnose vorzunehmen. Die genannten Personengruppen sind mitnichten *automatisch* Empathen, genauso wenig wie Empathen *automatisch* mit psychischen Störungen in Verbindung stehen. Es kann jedoch vorkommen, dass Erklärungen für bestimmte Phänomene, die in Wirklichkeit mit einer ausgeprägten Empathiefähigkeit zu tun haben, in völlig anderen Bereichen gesucht werden!

Empathen gehören grundsätzlich zu den hochsensitiven Menschen und Hochsensitivität ist keine Krankheit! Es ist jedoch auch möglich, dass eine unerkannte Hochsensitivität in ihrer jeweiligen Ausprägung zu psychischen Störungen führen kann, die dann primär behandelt werden müssen. Wird allerdings hier die wahre Ursache nicht erkannt, dann beginnt der pathologische Kreislauf wahrscheinlich erneut. Der umgekehrte Fall ist natürlich auch möglich, denn so, wie jeder Mensch an einer Krankheit leiden und *gleichzeitig* besondere Fähigkeiten haben kann, so ist es natürlich auch bei empathischen HSM. Es kann also vorkommen, dass einem Empathen zum Beispiel Depressionen zugeschrieben werden müssen, die nicht ursächlich mit einer unentdeckten Hochsensitivität in Verbindung stehen und quasi parallel verlaufen. Hier sind also keine pauschalen Feststellungen zu treffen und jeder Einzelne sollte im Zweifel und bei Problemen fachlichen Rat und Hilfe einholen. Grundsätzlich sind Empathen aber „ganz normale HSM", für die es völlig normal ist, die Welt auf eine einfühlende Weise zu betrachten.

Was ist Empathie?

*Intuition ist,
etwas zu wissen,
ohne zu wissen,
warum man es weiß.*
Eric Berne

Im deutschen Sprachraum kennt man den Begriff *Empathie* seit dem Ende der 1960er-Jahre. Er ist eng verflochten mit dem Terminus *Einfühlung*. Empathie wird allerdings auch im Sinne von *Mitgefühl* und *Mitleid* verwendet. In der Psychologie ordnet man der Empathie eine kognitive (erkennende) und eine affektive (**altruistische**, im Sinne von Hilfeleistung) Komponente zu. Das eine bezieht sich also im weitesten Sinne auf die Wahrnehmung, das Erkennen, das andere thematisiert die entsprechende Reaktion des Menschen darauf. Die Fähigkeit, das Leid des Gegenübers wahrzunehmen, führt nämlich oftmals zu einer Hilfeleistung, weil sogar die Schmerzen des anderen wie die eigenen gefühlt werden. Dies wird von Empathen zum Teil so stark erlebt, dass Zittern, Übelkeit und Schmerzen aller Art den eigenen Körper befallen und dieser Zustand so schnell wie möglich beseitigt werden muss. Diese „Beseitigung" funktioniert allerdings nicht, wenn der Empath mit diesen Symptomen selbst zum Arzt geht, sondern die andere Person muss Hilfe erhalten. Dann verschwinden auch die Symptome des Empathen.

Allgemein bezeichnet Empathie die Fähigkeit eines Menschen, sich kognitiv in ein anderes Lebewesen hineinzuversetzen, dessen Gefühle zu teilen und sich somit über das Handeln und Erleben des Gegenübers klar zu werden. Empathie hat je nach Sichtweise einen engen, streng wissenschaftlichen Gegenstandsbereich, wird aber auch im weiteren Sinne verwendet, denn man bringt Empathie auch mit sogenanntem Hellfühlen, mit dem Hören von Stimmen sowie mit Telepathie in Verbindung. Im Unterschied zur Empathie meint Telepathie jedoch eine echte Gedankenübertragung, ohne sinnliche oder physikalische Parameter, und dies wird zum Beispiel in Teilgebieten der Parapsychologie erforscht. Hellfühlen kann eher der aufkommenden esoterischen Bewegung zugeordnet werden. Hier wird dann von einem Medium gesprochen und von Techniken wie „Channeling", was sich am ehesten mit „einen Kanal öffnen" übersetzen lässt.

Neueste Forschungen bringen Empathie auch mit Synästhesie in Zusammenhang, wie die Wissenschaftler Michael Banissy und Jamie Ward (2007) vom University College in London nachweisen konnten. Sie untersuchten Synästhetiker und konnten bei ihnen eine außergewöhnlich hohe Empathiefähigkeit feststellen, die bei Teilnehmern einer Kontrollgruppe nicht auszumachen war.

Aus der Vielzahl der Definitionen und Beschreibungen zur Empathie habe ich hier Auszüge von Carl Rogers (1959) zusammengestellt, der als empathischer Mensch die Gesprächspsychotherapie maßgeblich entwickelt hat. Für Rogers bedeutet Empathie:

„(...) Die innere Haltung eines anderen Menschen klar wahrzunehmen und die emotionalen Komponenten und ihre Bedeutung für diese Person wahrzunehmen, so „als ob" man diese Person ist. Jedoch ohne jemals die „als ob"-Komponente zu verlieren. Demgemäß meint es die Trauer oder das Glück eines anderen zu fühlen, wie er es fühlt, und die dazugehörigen Gründe wahrzunehmen, wie sie sich für diese Person darstellen. Um es noch einmal deutlich zu machen: Dies alles geschieht, ohne jemals die Kenntnis darüber zu verlieren, dass es sich dabei so anfühlt, als ob man (selbst) traurig oder fröhlich ist. Man muss also das Bewusstsein haben, dass es sich dabei nicht um die eigenen Gefühle handelt."

1975 schrieb Rogers weiterhin:

„Empathie ist primär ein Vorgang als ein Zustand und bedeutet 'sich in die private Wahrnehmungswelt einer anderen Person zu begeben und sich dort zu Hause zu fühlen'.

Empathisch zu sein, beinhaltet in jedem Moment sensitiv und sensibel zu sein und zu den wechselnden Gefühlen, welche durch eine andere Person strömen, Zugang zu haben und ihre wirkliche Bedeutung zu spüren. Also zu der Angst, der Wut, der Empfindsamkeit oder Verwirrung, oder was immer diese Person erfährt.

Es bedeutet weiterhin, das Leben der anderen Person zu leben, sich sanft darin zu bewegen, ohne zu urteilen und die gefühlten Bedeutungen, die der betreffenden Person selbst kaum bewusst sind, zu erkennen. Diejenigen Gefühle, die der anderen Person nicht bewusst sind, werden dabei nicht aufgedeckt und angesprochen, denn das würde zu bedrohlich sein.

Empathisch zu sein, beinhaltet fernerhin, über die Gefühlswelt des anderen vorsichtig und einfühlsam zu sprechen. Der Empath nimmt mit seinem klaren, unvoreingenommenen Blick Elemente wahr, die die Person belasten. Häufig lässt sich *der empathische Mensch durch die Äußerungen und Antworten der anderen Person durch deren Gefühlswelt führen, um größtmögliche Klarheit und Sicherheit der Ergebnisse zu erreichen.*

Er ist gegenüber anderen Personen ein vertrauensvoller Gefährte durch ihre innere Welt. Die Hilfe besteht darin, die jeweiligen Bedeutungen des Erfahrungsflusses herauszustellen und die Konzentration auf die wesentlichen Hinweise zu leiten, um die subjektiven Wahrnehmungen exakter zu erfassen und damit ein Voranschreiten im Sinne der Hilfe zu gewährleisten.

Um für eine gewisse Zeit mit jemand anderem in dieser Art und Weise zu sein, werden die persönlichen Betrachtungen und Bewertungen beiseitegelegt, um in die Welt eines anderen einzutreten und zwar ohne Vorurteile.

In diesem Sinne meint es, sich quasi neben sich zu legen. Dies kann nur von einer Person gemacht werden, die eine gewisse Selbstsicherheit und Erfahrung hat. Diese Person muss das sichere Wissen haben, nicht in der manchmal bizarren Welt des anderen verloren zu gehen. Nur so kann er/sie wieder wohlbehalten in die eigene Welt zurückkehren. Vielleicht macht diese Beschreibung klar, was es bedeutet, empathisch zu sein, und dass es sich um einen komplexen, anspruchsvollen und strengen sowie feinfühligen Weg des Seins handelt."

Sie haben nun meiner Meinung nach mit diesen Ausführungen schon einen guten Einstieg in die Empathie erhalten. Meinen eigenen Untersuchungen zufolge ist das jedoch noch längst nicht alles, was einen empathischen HSM ausmacht. Die bisherigen Schilderungen bezogen sich weitgehend auf andere Menschen und hier im Besonderen auf deren Gefühlswelt. Empathen können aber auch einen vertieften Zugang zur Tier-, Pflanzen- und Naturwelt haben, sie können in Bücher und in die dazugehörigen Autoren „eintauchen", in Gegenstände, Sachverhalte, Problemlagen, Zukunft und Vergangenheit und natürlich auch in das eigene und fremde psychische System. Diese Einfühlung ermöglicht es ihnen auch, außergewöhnliche Bewusstseinszustände zu erleben und Zugang zum kollektiven Unbewussten zu erlangen. Empathen können einen inneren „Film" vor- und zurückspulen lassen und so immer wieder Neues entdecken, was ihnen im Vorfeld noch nicht aufgefallen ist. Empathen haben die Fähigkeit sogenannte *Tags* zu gehen; dieser Begriff leitet sich aus der Informatik ab. Dort sind *Tags* Meta- oder Zusatzinformation, die an Dateien angefügt werden. Eine tiefe Einfühlung ist immer mit solchen Zusatzinformationen verbunden, und diese erlauben ein gedankliches Weitergehen auf dem Pfad.

Ein gutes Beispiel liefert das *Profiling*, das zum Beispiel bei der Verfolgung von Straftätern verwendet wird. Bekommt ein Empath Informationen über eine bestimmte Person, dann kann er in die jeweilige Person eintauchen, mit dessen Augen in die Welt sehen und Entscheidungen für zukünftige Verhaltensweisen vorhersagen. Er kann anhand der gegebenen Informationen Strukturen ausmachen und relativ genau berechnen, was der Straftäter wahrscheinlich als Nächstes tun wird. Er geht auf den Pfaden der empathischen Informationen einfach weiter, denn eine derartige Empathie ist wider Erwarten eine ganz rationale Sache, ein wenig wie puzzeln. Hierbei wird gedanklich geprüft, welche Dinge in Frage kommen, zusammengehören und zur Struktur passen. Auch Fritz Breithaupt, der einen Lehrstuhl für deutsche und vergleichende Literaturwissenschaft an der Indiana University im amerikanischen Bloomington leitet, kommt zu dem Schluss, dass Empathie etwas mit gedanklichen Erzählungen zu tun hat. Seine eigene Persönlichkeit kann ein empathischer Mensch für diese Zeit verlassen oder beiseitelegen und sich somit voll und ganz in der anderen Person wiederfinden und ihre „Geschichte" erzählen.

Viele Empathen berichten auch, dass sie den Tod eines nahen Verwandten gespürt haben. So erzählte mir eine Dame, dass sie vor fast 40 Jahren ein ungewöhnliches Erlebnis hatte, auf das sie sich noch immer keinen Reim machen kann. In der Nacht, als ihr Vater starb, war sie mit dem Auto auf dem Weg zu ihrem Elternhaus. Plötzlich glaubte sie einen Strick über die Fahrbahn gespannt zu sehen, der jedoch gar nicht vorhanden war. Obwohl sie so fest davon überzeugt war, konnte sie jedoch weder beim Passieren des angeblichen Seils, noch bei einer Untersuchung der Stelle am nächsten Tag etwas entdecken. Sie hatte offenbar in dem Augenblick eine außergewöhnliche Wahrnehmung, als ihr Vater entschlief. Ich versicherte ihr, dass ich so etwas für möglich halte und dass sensible Menschen manchmal Dinge spüren, die etwas unerklärlich erscheinen, weil unser Gehirn manche Informationen vermutlich einfach in andere Wahrnehmungen umlenkt, wenn es nicht genau weiß, wie es sich „ausdrücken" soll.

Ein eindrucksvolles Beispiel für das „Hinzufügen" und „Umdeuten" des Gehirns liefern Versuche mit sogenannten Prismenbrillen. Dem ist zunächst voranzustellen, dass das Bild, das in unserem Auge auf der Netzhaut entsteht, auf dem Kopf steht, obwohl wir die Welt ja richtig herumsehen! Korrigiert man diese kleine Paradoxie mithilfe einer Prismenbrille, die im Auge des Betrachters ein aufrecht stehendes Bild erzeugt, dann sieht man plötzlich alles auf dem Kopf stehend. Nach ein paar Tagen des Lebens in einer „verkehrten" Welt, ausgelöst durch das Tragen der Brille, dreht sich dieses Bild jedoch wieder um und man sieht alles wieder normal, so, wie vorher auch; das Gehirn dreht das Bild einfach wieder richtig herum. Nimmt man die Prismenbrille dann jedoch wieder ab, dann steht auf einmal wieder alles auf dem Kopf und es dauert wiederum eine Weile, bis das Gehirn korrigierend einschreitet. Diese Versuche zeigen recht eindrucksvoll, wie unser Gehirn versucht, alles „gerade zu rücken", und ich gehe davon aus, dass es mit Wahrnehmungen oder Empfindungen jenseits des Alltäglichen ähnlich verfährt, um sie in das „normale" Weltbild zu integrieren.

Mithilfe dieser tiefen Einfühlung in Form von Empathie ist auch eine größere Spannbreite der Wahrnehmung des elektromagnetischen Spektrums verbunden und dies kann ganz unbewusst erlebt werden. Empathen sehen jedoch nicht zwingend Dinge, die jenseits des sichtbaren elektromagnetischen Spektrums liegen (sichtbares Licht), aber sie können sie unter Umständen *spüren*! So werden mitunter auch Veränderungen wahrgenommen, die von anderen Personen ausgehen, wenn sie sich zum Beispiel in Gefahr befinden.

Diese Phänomene werden auch von Müttern berichtet, die das Gefühl hatten, ins Kinderzimmer gehen zu müssen, um dann festzustellen, dass ihr Kind tatsächlich mit hohem Fieber im Bett liegt und dringend Hilfe benötigt. Hier muss die betreffende Person jedoch nicht zwangsläufig ein empathischer HSM sein, doch es ist davon auszugehen, dass ein Mutter-Kind-Verhältnis vergleichsweise sehr tief geht und sich Mütter weit über das normale Maß hinaus in ihre Kinder einfühlen können. In diesem Fall handelt es sich tatsächlich um eine Form von Empathie, die die Wirkweise empathischer Informationen eindruckvoll verdeutlicht.

Die exemplarisch dargestellten Gegebenheiten sind für Empathen völlig „normal" und haben sicher nichts mit „Spinnerei" oder „Hokuspokus" zu tun, denn sie gehören ganz zentral zu ihrer Wirklichkeit.

Empathische HSM

*Das,
was der feinste Stoff ist,
ist die Seele der ganzen Welt.
Das ist das Wahre.
Das ist Atman,
das bist Du.*

Chandogya-Upanishade

Im Allgemeinen lassen sich die folgenden Merkmale eines empathischen HSM isolieren:

- Eher Einzelgänger
- Licht-, Geruchs- und / oder Geräuschempfindlichkeit
- Empfindsamkeit für Stimmungen und Gefühle
- Außergewöhnliche Intuition
- Bevorzugen die Kommunikation mit nur einem Gesprächspartner und weniger die Kommunikation mit mehreren Personen zu gleicher Zeit
- „Ungewöhnliche" Erlebnisfähigkeit
- Verspüren einen inneren Ruf oder Drang, dessen Ursprung sie nicht richtig ausmachen können.

Besonders die Empathen unter den hochsensitiven Menschen haben mehrheitlich einen langen Leidensweg hinter sich, denn das tiefe Einfühlungsvermögen in die unterschiedlichsten Realitätsdimensionen wird eher als Fluch denn als Segen empfunden. Der äußere Lebensweg, der beispielsweise durch Ausbildung, Beruf und Karriere sowie Freunde, Liebe und Partnerschaft geprägt ist, verläuft selten gerade und besticht durch Ungewöhnlichkeit. Auch der innere, psychische Lebensweg ist durch die vielfältigen Belastungen einmal mehr, einmal weniger ins Wanken geraten. Da innere und äußere Komponenten in einer engen Wechselwirkung stehen, führt dieses Gesamtpaket an Be- und Überlastungen nicht selten zu psychosomatischen Beschwerden und auch Psychopathologien, von denen ich Ihnen bereits einige genannt hatte. Typische Diagnosen sind zum Beispiel auch Depressionen, Burn-out, posttraumatische Belastungsstörungen und Angststörungen, sodass viele Empathen nicht in der Lage sind, ihrer beruflichen Tätigkeit nachzugehen. Die ausgeprägte Empathiefähigkeit kann als grundlegende Ursache zu den genannten Phänomenen geführt haben, und eine wirkliche Heilung ist nur dann Erfolg versprechend, wenn die wahre Ursache erkannt wurde.

Es gibt aber auch noch eine weitere Gruppe von Empathen, die günstigere Umweltbedingungen erleben durften. Vielleicht geht es Ihnen auch so, dass Sie im Verlauf Ihres Lebens festgestellt haben, dass Sie verletzlicher und mitfühlender sind als Ihre Mitmenschen? Es kann auch sein, dass es Ihnen mit der Zeit recht merkwürdig vorkam, dass sich Ihre Ahnungen bewahrheiteten, und Sie waren nicht ganz sicher, ob es sich vielleicht doch nur um Zufälle gehandelt haben könnte?

Empathische Kinder werden nicht selten durch elterliche Disharmonien stark belastet und legen sich in jungen Jahren schon eine gewisse Verantwortlichkeit dafür auf; möglicherweise fühlen auch Sie sich für das Wohlergehen anderer Menschen verantwortlich? Empathische Erwachsene sehen viel Leid in der Welt und können darüber regelrecht verzweifeln, da sie keine Möglichkeit sehen, sich zu schützen und daran etwas zu ändern. Vielleicht kennen Sie diesen „Weltschmerz"? Wenn ja, dann wissen Sie, was ich meine, und all das sind deutliche Anzeichen einer ausgeprägten Empathiefähigkeit. Alleine sind Sie jedoch mit dieser Fähigkeit ganz und gar nicht, denn ein beträchtlicher Teil aller HSM fühlt ähnlich wie Sie!

Lassen Sie sich auch nicht verunsichern durch Fragen wie: *„Ist es wahr, können Sie wissen, was der andere fühlt und denkt? Können Sie dem anderen wirklich derart in den Kopf schauen?"*, auch wenn Sie der Meinung sind, dass jeder klar denkende Mensch auf solche Fragen natürlich mit „Nein" antworten sollte.

Die Angst für „verrückt" gehalten zu werden und die Unsicherheit darüber, ob denn nun die eigenen Gedanken und Empfindungen „richtig" sind, oder ob doch alles nur Einbildung ist, stürzt Empathen mitunter in erhebliche Selbstzweifel. Sie fühlen sich hin- und hergerissen und wissen am Ende gar nicht mehr, wer sie wirklich sind und was mit ihnen los ist. Die permanenten Schwankungen bringen sie regelrecht zur Verzweiflung; in den meisten Fällen orientieren sie sich im Rahmen sozialer Vergleichsprozesse an ihren Mitmenschen, ergeben sich ihrem Schicksal und schweigen. Wie soll man seinem Gegenüber auch sagen, dass man weiß, was und wie der andere denkt und fühlt, und wie soll man formulieren, dass er sich seine oberflächlich gesprochenen Worte sparen kann? Wie soll man sagen, dass „Small Talk" langweilig und sinnlos ist?

Je älter und erwachsener ein empathischer Mensch wird, umso mehr wird er oberflächlichen Gesprächen ein gewisses Vermeidungsverhalten entgegen bringen, denn solche Kommunikation wird als anstrengend, ermüdend und langweilig erlebt. Schon die Suche nach einem gemeinsamen Gesprächsthema ist mit großen Anstrengungen verbunden, sodass solchen Begegnungen schon im Vorfeld mit Sorge entgegengesehen wird.

Alleine die übliche Begrüßungsfloskel unserer Kultur in der Form „Wie geht's?" ist für Empathen nicht wirklich einsichtig, denn unabhängig von dem wahren Zustand der befragten Person wird in der Regel mit „Gut" geantwortet. Hier stellt sich dann die berechtigte Frage, was diese Unterhaltung überhaupt soll, welchen Sinn sie hat? Entweder ist die Frage überflüssig, weil der Betreffende die immer gleiche Antwort schon kennt, oder die Antwort ist eine Lüge, die ein Empath sofort erkennt und sich fragt, warum Menschen sich etwas vormachen und belügen, wo das Gegenteil doch offensichtlich und klar erkennbar ist? An dieser Stelle muss betont werden, dass derartige Kommunikationsstrukturen in unserer Kultur fest etabliert sind und ein Regelwerk darstellen, das auch vieles erleichtert. Man muss nicht permanent überlegen und abwägen, wie der andere begrüßt wird, sondern folgt einfach den allgemein akzeptierten, als freundlich und höflich geltenden Regeln.

Nicht jeder Mensch kann die Stimmungen und Gefühle seines Gegenübers unmittelbar wahrnehmen, und was für Empathen ganz eindeutig ist, kann für andere Personen völlig aus der Luft gegriffen und überzogen sein. Auch Empathen unterliegen mitunter einer Fehlbeurteilung in Bezug auf andere Menschen, denn sie gehen davon aus, dass jeder die Welt auf *ihre* Art und Weise sieht. Dies tun im Übrigen alle Menschen, es ist eine Art Kardinalfehler im menschlichen Denken. Tatsache ist jedoch, dass aufgrund der Vielzahl unterschiedlicher Individuen, jeder Mensch eine andere Sicht der Dinge hat. Manchmal sind die Unterschiede zwischen den Personen sehr groß, manchmal auch nur minimal, doch wenn wir alle auf derselben „Wellenlänge" schwömmen, würde es vermutlich keine Konflikte und Missverständnisse mehr geben. Dann hätte jedoch kein Mensch eine eigene Persönlichkeit und wir wären alle gleich – wie Fließbandware. Ein großes, harmonisches Kollektiv ist vielleicht der Endzustand der menschlichen Evolution, doch davon sind wir noch weit entfernt. Bis dahin ist unsere Verschiedenheit eine unbedingte Notwendigkeit, und ganz nebenbei bringt sie auch eine gute Portion „Würze" ins Leben, denn schon der Volksmund sagt: „Gegensätze ziehen sich an".

Wir müssen allerdings lernen, die Meinungsverschiedenheiten positiv zu akzeptieren und uns in unserer Verschiedenheit anzunehmen.

Empathen müssen lernen, mit ihren besonderen Fähigkeiten umzugehen, sonst werden sie ihre „Gabe" in dieser Welt eher als Belastung empfinden. Manchmal entwickeln Empathen dann Verhaltensweisen, die man eher Menschen mit einem autistischen Spektrum zuordnen würde. In stimulierenden Situationen wird Augenkontakt gerne vermieden, Gespräche werden durch einen Toilettengang oder Erledigungen unterbrochen. Ich werde oftmals gefragt, ob Empathie etwas mit Autismus zu tun hat, doch die Gemeinsamkeiten betreffen nur den Grad der Introversion, des Gekehrtseins in sich, nicht den Grad der Emotionalität. Autistischen Menschen fällt es schwer, soziale Beziehungen einzugehen und die Gefühlsebene scheint kaum eine Rolle zu spielen; dies ist jedoch bei Empathen ganz und gar nicht der Fall, wenngleich es auch zuweilen den Anschein hat. So paradox dies klingt, aber Empathen können eine regelrechte Gefühlskälte zeigen. Nachfolgend finden Sie ein typisches Gespräch aus meiner Praxis, denn solche Fragen tauchen recht häufig auf:

„Ich frage mich immer wieder, ob meine Sensibilität etwas mit Gefühlskälte zu tun haben kann? Kann beides sein? Mir ist nämlich schon passiert, dass ich zu viel gefühlt habe und das hat dann zu einer extremen Distanz geführt, wie ein Schalter, den ich umlege. Oder wie eine Art Panzer, an dem alles abprallt. Komisch ist auch, dass ich in Situationen, in denen andere Leute völlig außer sich sind, ganz ruhig bleibe, irgendwie umgekehrt zu meinen sonstigen Empfindungen. Zum Beispiel ist mein Vater in unserem Garten während einer Feier von der Leiter gefallen, weil er noch Lichter aufhängen wollte. Ich war die Einzige, die scheinbar ohne Emotionen reagiert hat. Ich habe ihn in die stabile Seitenlage gebracht, meine Tante gleichzeitig angewiesen, den Rettungswagen zu rufen, und ich

habe meine Mutter beruhigt und sie ins Haus geschickt, um eine Decke und ein Kissen zu holen. Erst als ich wieder zu Hause und alles überstanden war, konnte ich zwei Tage lang nicht arbeiten gehen. Auch heute träume ich noch manchmal davon, denn seit dem Unfall ist mein Vater berufsunfähig und auch manchmal sehr traurig. Ich muss dies alles immer mitfühlen und ich ertrage das gar nicht.

Kann man als Gegenmittel sich immer nur zurückziehen und zum Eigenbrötler werden, oder einen Panzer aufbauen, mit dem man unerwünschte Einflüsse von sich fernhält? Wissen Sie, das belastet mich ungemein, dass man mir auch heute noch sagt, ich wäre ja zu keiner Gefühlsregung fähig, weil ich damals so rational reagiert habe. Sie denken alle, ich spiele meine Sensibilität nur vor, damit auf mich Rücksicht genommen wird, oder was weiß ich? Aber genau das Gegenteil ist ja der Fall, wie soll man das nur erklären?

Wenn ich so darüber nachdenke, finde ich es auch gut, dass ich gelernt habe, Dinge von mir wegzuhalten, denn das war eine bittere Lehrzeit, bis ich das konnte. Ich kann das jetzt schon ganz gut, aber wenn Menschen mir nahestehen, dann ist es fast unmöglich."

Diese Schilderungen zeigen recht eindrucksvoll, worin die Stärken von Empathen bestehen. Trotz tiefer Gefühle stand das helfende Verhalten im Vordergrund, denn alle anderen Gäste waren wie gelähmt und nicht gewohnt, mit intensiven Gefühlen umzugehen. Empathen sind intensive Gefühle gewohnt und haben in solchen Situationen die Fähigkeit, den Überblick zu behalten und zu registrieren, dass kein anderer in der Lage ist, sich zu bewegen. Sie fühlen sich wieder einmal in der Verantwortung und bringen die Kraft auf, hier zu helfen und den eigenen Schmerz und die eigene Panik zurückzustellen. Hier kommt dann tatsächlich die rationale Seite eines Empathen durch, denn selbstverständlich gehören auch empathische HSM zu den besonders begabten Menschen, sie sind schließlich in erster Linie „ganz normale HSM". Dies ist den meisten Empathen jedoch ganz und gar nicht klar, denn die tiefe Einsicht in andere Menschen wird, wie gesagt, mehrheitlich als Belastung erlebt.

Empathen können das Leben anderer Menschen nach- und vorleben, um es zu verstehen. Dabei fühlen sich die gewonnenen Informationen wie die eigenen an, denn sonst wären sie nicht so treffend. Die große Gefahr besteht jedoch darin, von diesen Eindrücken überflutet zu werden und nicht mehr differenzieren zu können, was nun zu der eigenen und was zu der fremden Person gehört. Besonders Kindern fällt es noch sehr schwer, hier eine Unterscheidung vorzunehmen und sie machen schon in jungen Jahren Bekanntschaft mit extremer Traurigkeit, die sie sich auch nach vielem Nachdenken nicht erklären können. Für empathische Kinder ist ein liebevolles, schützendes Elternhaus sehr wichtig, damit sie Selbstvertrauen entwickeln können. Wenn erwachsene Empathen auf ihre Kindheit zurückblicken, dann berichten sie über Erlebnisse, die sie schon ganz früh als belastend erlebt haben. Sie erzählen von unangenehmen Stimmungen, komischen negativen Gefühlen und von der permanenten Frage, ob es vielleicht an ihnen liegt. Wie ein roter Faden zieht sich die Frage „Bin ich dran schuld?" durch ihr Leben und es fühlt sich an wie eine ewige Jagd nach Beruhigung und Bestätigung, dass alles in Ordnung ist und sie keinen Fehler gemacht haben. Sehr früh lernen sie auch, gar nicht erst danach zu fragen, denn als Kinder werden ihre Aussagen meist nicht für „voll" genommen und eher als übertriebene Schwäche und Sensibilität klassifiziert.

All das führt dazu, dass Empathen oftmals erst in späten Jahren Vertrauen in das eigene Urteilsvermögen entwickeln können, in einem langsamen Prozess Kontakt mit der einfühlsamen, intuitiven Seite ihrer Persönlichkeit aufnehmen und diese dann als Gabe annehmen. So erging es auch Heidi, die im Alter von 42 Jahren ihre wahre Berufung finden wollte und dazu eine entsprechende Beratung bei mir besuchte.

„Wenn ich heute darüber nachdenke, dann konnte ich, glaube ich, schon als Kind den Charakter anderer Menschen recht gut einschätzen. Jetzt habe ich das schon so oft getestet und ich weiß, dass ich andere Menschen und besonders ihre Probleme gut beurteilen kann. Ich sehe, ob jemand depressiv ist oder so, und das hat sich bisher immer bestätigt. Wenn ich Menschen anschaue, dann sehe ich, was in ihnen vorgeht. Ich kann sehen, ob Paare glücklich verheiratet sind, oder ob etwas nicht ganz in Ordnung ist. Ich dachte immer, dass das jeder kann, aber das stimmt wohl nicht.

Ich habe das aber auch, wenn ich an einen bestimmten Ort gehe, dann überkommt mich ein furchtbares Gefühl. In den Bergen, zum Beispiel, bin ich so ergriffen von der Gewalt der Natur, dass ich sogar schon weinen musste. Ich komme mir manchmal auch so vor, als würde ich eine Unmenge negativer Energien aufsaugen, deshalb kann ich wohl auch nicht allzu lange unter Menschen sein. Mein Haus ist mein Rückzugspunkt, hier kann ich aufatmen und meine Batterien wieder aufladen. Ich habe allerdings auch schon Menschen getroffen, in deren Nähe ich unglaublich glücklich war. Der Dalai Lama wäre, glaube ich, auch ein solcher Mensch."

Das tiefe Einfühlungsvermögen im Sinne von Empathie bezieht sich nicht nur auf die Gefühlsebene von Menschen, sondern ist als allgemeine Fähigkeit zu verstehen, eine vertiefte Einsicht (Kognition) in nahezu allen Bereichen zu erlangen. Ob nun Musik, Kunst, Umgebungen, Natur, Fernsehfilme oder sogar wissenschaftliche Problemstellungen; ohne Empathie wäre die Art der erweiterten Wahrnehmung, wären die „feinen Antennen" nicht möglich. Empathie hilft, verbale und auch nonverbale Informationen zu interpretieren und zu verstehen, wie sie sich tatsächlich darstellen.

Wie „funktioniert" das?

*Die wichtigste Transformation oder Transzendenz
besteht jedoch in der wachsenden Fähigkeit,
sich in andere hineinzuversetzen,
also nicht bloß einzusehen,
dass andere die Dinge anders sehen,
sondern deren Perspektive tatsächlich
innerlich rekonstruieren zu können,
in ihre Haut zu schlüpfen.*

Ken Wilber

Empathische Hochsensitive nutzen objektive, über die Sinne aufgenommene Informationen als eine Art „Eintrittskarte" in die subjektive Gefühlswelt ihres Gegenübers. Empathie hat nichts mit übernatürlichen Kräften zu tun, sondern stützt sich auf zwei Komponenten menschlicher Wahrnehmungsfähigkeit. Meinen Untersuchungen zufolge möchte ich Empathie wie folgt definieren:

Empathie beschreibt eine differenzierte und tiefe Datenerkennung über die Sinne und eine entsprechende dazugehörige kognitive Übersetzungsfähigkeit in den Erlebnisaspekt der Wahrnehmung sowie ein inneres „Dazuschalten" einer spirituellen und zum Teil unbewussten Erkenntnisfähigkeit.

Nun besitzt jeder Mensch ein gewisses Einfühlungsvermögen bzw. Empathiefähigkeit, denn es handelt sich hierbei um eine zentrale Eigenschaft der emotionalen und sozialen Intelligenz. Vielleicht fragen Sie sich jetzt, ob man im Fall von ausgeprägter Empathiefähigkeit nicht einfach von Emotionaler Intelligenz (EI) sprechen sollte? Tatsächlich konnte ein positiver Zusammenhang, eine sogenannte Korrelation, zwischen Messungen zur Wahrnehmung eigener und fremder Gefühle (Meta-Mood-Dispositionen) und emotionaler Intelligenz festgestellt werden (Litschetzke, Eid, Wittig u. Trierweiler 2001; Fitness u. Curtis 2005). Nach Goleman sind Denken und Fühlen eine Einheit, die das Handeln und die intellektuellen Fähigkeiten des Menschen bestimmen. Emotionale Intelligenz bedeutet also, sich selbst und die eigenen Gefühle gut einschätzen zu können, aber es bedeutet vor allem auch, sie entsprechend einzusetzen. Emotional intelligente Menschen haben gelernt, negative Stimmungslagen, wie Angst, Gereiztheit und Melancholie, im Zaum zu halten und diese nicht als Störfaktoren bei ihren eigenen Denk- und Fühlprozessen zuzulassen. EI meint zwar die Fähigkeit, sich in andere Menschen hineinzuversetzen, doch es geht bei diesem Konstrukt im Wesentlichen darum, die eigenen, zum Teil auch hedonistischen (eigennützlichen) Ziele zu erreichen. Das bedeutet, die Gefühle des anderen werden zwar wahrgenommen, doch der helfende Aspekt rückt dabei in den Hintergrund. Aus diesem Grund sollten Empathie und Emotionale Intelligenz sorgfältig getrennt werden, wenngleich auch Berührungspunkte vorhanden sind.

Nach diesen theoretischen Ausführungen möchte ich Ihnen nun die Geschichte vom *Klugen Hans* erzählen:

Der kluge Hans galt als hochbegabtes Tier und lebte um die Wende des 18./19. Jahrhunderts. Er gehörte einem Herrn von Osten, der seinem Pferd Unterricht erteilte, sodass es Zahlen addieren, subtrahieren, multiplizieren und dividieren konnte. Aber der kluge Hans konnte noch mehr: Er buchstabierte, las, zog Wurzeln und löste musikalische Harmonieaufgaben. Das alles tat Hans, indem er nach erhaltener Aufgabenstellung mit seinem Vorderhuf die richtige Lösung klopf-

te. Die Gesellschaft stand hier vor einem Rätsel, sollte dieses Pferd tatsächlich so etwas wie hochbegabt sein?

Mehrere Wissenschaftler untersuchten dieses Phänomen, jedoch ohne Erfolg. Ein weiterer Forscher, der Psychologe Oskar Pfungst (1907, zitiert nach Lück 1986), unternahm einen weiteren Versuch und machte eine erstaunliche Entdeckung. Hans löste die gestellten Aufgaben zwar auch dann, wenn Herr von Osten nicht anwesend war und sie von einer anderen Person gestellt wurden, war aber sichtlich irritiert, wenn man ihm Scheuklappen aufsetzte. Er konnte die Aufgaben auch dann nicht lösen, wenn der Aufgabensteller die Lösung selbst nicht wusste oder sich nicht innerhalb seines Blickwinkels befand. Pfungst kam zu dem Ergebnis, dass das Tier ungewöhnlich empfindsam und sensibel auf fast unmerkliche Hinweiszeichen reagierte, sodass man wirklich von einem klugen Pferd sprechen konnte, allerdings in einem etwas anderen Sinne als zunächst angenommen. Der kluge Hans achtete auf leichte Aufwärtsbewegungen des Kopfes, kleinste Bewegungen der Augenbrauen, Erweiterung der Nasenlöcher und/oder Veränderungen der Nasenflügel beim Aufgabensteller und konnte so herausfinden, wann er mit dem Klopfen aufhören sollte. Menschen verraten ihre Empfindungen durch unbewusste nonverbale Kommunikation und Hans konnte in den Gesichtern der betreffenden Personen „lesen", sie waren für ihn ein offenes Buch.

Diese Geschichte sollte Ihnen verdeutlichen, dass Empathie sich auf die Fähigkeit einer detailgenauen Wahrnehmung bezieht, das heißt, ein Empath bemerkt jede kleinste Veränderung in seiner Umgebung. Das kann eine leicht veränderte Stimmlage seines Gegenübers betreffen, eine unübliche Wortwahl, ein leichtes Zucken mit den Mundwinkeln, ein ganz kurzer Augenblick der Traurigkeit in den Augen des anderen, ein unmerkliches Zögern, aber auch Veränderungen in Form von Nicht-Handeln oder

Nicht-Sagen. Betritt ein empathischer Mensch einen Raum, kann er augenblicklich die „dicke Luft" riechen, die negativen „Schwingungen" spüren. Gleiches gilt für positive Ausstrahlungen, auch hier werden die Signale aus der Umgebung viel differenzierter wahrgenommen.

Was sind Spiegelneurone?

Neurologisch lässt sich eine ausgeprägte Empathiefähigkeit nachweisen und erklären mit der Anzahl von Spiegelneuronen, die von Giacomo Rizzolatti entdeckt wurden (vgl. Bauer 2006). Rizzolatti arbeitete auf einem eher langweilig erscheinenden Forschungsgebiet, denn er beschäftigte sich mit den sogenannten Handlungsneuronen, die in einer vergleichsweise niederen Gehirnregion zu finden sind. Sensationelle Entdeckungen waren hier eher nicht zu erwarten, doch 1992 wendete sich das Blatt für den Wissenschaftler. Rizzolatti und sein Team untersuchten Schweinsaffen, die normalerweise das Verhalten von Artgenossen nicht nachahmen. Ihnen war bewusst, dass Affen, so wie der Mensch auch, wahrgenommene Verhaltensweisen, wie Lachen oder Gähnen, nachahmen. Man sagt auch, diese Dinge wirken „bahnend" im Gehirn. Die Forscher legten Nüsse auf den Boden und beobachteten, welches Handlungsneuron feuerte, wenn der Affe nach der Nuss griff. In einer zweiten Variante des Experiments setzten sie den Affen hinter eine Glasscheibe, sodass er nur *beobachten* konnte, wie ein Mitarbeiter des Teams nach der Nuss griff. Dann geschah etwas Merkwürdiges: Das Handlungsneuron feuerte auch in dieser Situation, obwohl der Affe selbst keine Handlung ausführte. Es spielte also keine Rolle, ob der Affe selbst nach der Nuss griff oder ob er diese Bewegung nur geistig nachvollzog, denn in beiden Fällen feuerten die Neuronen genau gleich.

Rizzolatti nannte diejenigen Nervenzellen, die für die geistige Imitation einer Handlung zuständig waren, also so, als ob diese Handlung selbst ausgeführt wurde, Spiegelneurone. Plötzlich stürzten sich Wissenschaftler in der ganzen Welt auf die Erforschung der Spiegelneurone und machten wichtige Entdeckungen für das Verständnis menschlicher Verhaltensweisen. So zeigten Gehirne von Versuchspersonen, die angaben, sich besonders gut in Menschen hineinversetzen zu können, eine auffallende Aktivität der Spiegelzellen. Im Gegenzug fand man eine auffallend geringe Aktivität bei Kindern mit autistischen Störungen. Die Spiegelneurone befinden sich in Gehirnarealen, die nichts mit bewusstem Planen, Wollen oder Entscheiden zu tun haben, sondern vielmehr in etwas „primitiveren" Regionen. Die Resonanzaktivität der Neuronen hat nichts mit dem Bewusstsein zu tun, denn es handelt sich vielmehr um ein unbewusstes Einfühlungsvermögen. Man kann also praktisch gar nichts dagegen tun, es *passiert* automatisch. Aus den genannten Gründen ist es daher für Empathen sehr wichtig, sich dieser Prozesse in ihrem Gehirn bewusst zu werden, weil es zunächst für sie keine Rolle spielt, ob sie Beobachter oder Akteur sind. Beides löst identische Prozesse im Gehirn aus und fühlt sich gleich an. „Ich fühle, was du fühlst", ist eine Gabe, die man nur bedingt lernen kann, aber umso wichtiger ist es, *darüber* zu lernen. Permanente Resonanzen der wahrgenommenen Vielheit erzeugen eine ebensolche Vielheit im Kopf des Empathen, als ob er selbst die Vielheit wäre. Wo bleibt dann das, was man *Ich* nennt? Der Philosoph Richard David Precht nennt darum sein Buch völlig passend: *Wer bin ich und wenn ja, wie viele?*

Das *Philosophen-Syndrom*, Weisheit und Empathie stehen in einem sehr engen Zusammenhang und „schuld" daran sind die Spiegelneuronen im Gehirn, die für so manche Besonderheit sorgen. Sie feuern nämlich auch dann, wenn nur Teile einer Handlungssequenz beobachtet werden. Eine kurze Momentaufnahme reicht aus, um uns eine intuitive Ahnung dessen zu vermitteln, was gerade vor sich geht. Die Spiegelzellen „wissen" um die fehlenden Elemente, sodass die Wahrnehmung kurzer Teilsequenzen genügt, um schon vor Beendigung des Gesamtablaufs zu erkennen, welcher Ausgang bei der beobachteten Handlung zu erwarten ist. Spiegelneurone treten in Resonanz mit dem Geschehen und schwingen mit. Bauer (2006, S. 31) schreibt: „Spiegelneurone können beobachtete Teile einer Szene zu einer wahrscheinlich zu erwarteten Gesamtsequenz ergänzen".

Das bedeutet auch, dass Empathen mit zunehmendem Alter und / oder aufgrund zunehmender Lebenserfahrung immer intuitiver werden und sich dadurch die Empathie verstärkt. „Die Alten werden Träume haben", schreibt C.G. Jung in späten Jahren und aus seinen Worten spricht die Erfahrung eines empathischen Lehrmeisters.

Vielen Empathen reicht es völlig aus, das Leben anderer Menschen mitzuleben, denn es fühlt sich für sie aufgrund der Aktivität ihrer Spiegelzellen so an, als würden sie es selbst erleben. Sie haben ihre Antennen immer „ausgefahren" und ihr System steht permanent auf Input, sodass sie sich selbst völlig aus den Augen verlieren können. Besonders empathische Kinder kommen gar nicht erst auf die Idee, selbst Akteur einer Handlung zu sein. Ihnen reicht es, nur zuzuschauen. Sie verschenken ihre Lieblingsspielsachen, weil die Beobachtung der Freude des Beschenkten sich genauso anfühlt, als hätten sie selbst ein Geschenk bekommen. Es fühlt sich für sie einfach großartiger an, etwas zu schenken, als etwas geschenkt zu bekommen und „einfach nur" zu besitzen und sich daran zu erfreuen. Sie können das beobachtete Geschehen auch besser „scannen" und abspeichern, sodass sie sich im Nachhinein diesen inneren Film immer wieder ins Gedächtnis rufen können. Nicht selten stehen Eltern hier vor einem Rätsel: „Wie kann das Kind nur sein neues Spiel verschenken? Warum bittet es andere Kinder auf seiner Geburtstagsparty, das gerade erhaltene Lego-Flugzeug zusammenzubauen? Warum fordert es andere Kinder auf, mit seinen Sachen zu spielen? Empathen fällt es leichter, mit Dingen außerhalb ihrer selbst in Resonanz zu treten als mit sich selbst. Ansonsten müssten

Sie sich nämlich selbst bei ihrer Freude beobachten, um sie in ihrer gewöhnten Art und Weise zu empfinden. Sie müssten sich also vor den Spiegel stellen und sich selbst beim Freuen über das erhaltene Geschenk beobachten, so als wären sie eine andere Person. Sie müssten sich objektiv betrachten, mit den Augen einen externen Beobachters. Das alles hört sich vermutlich kompliziert an, und in der Tat ist es das auch. Empathen können dies nicht von heute auf morgen lernen und hier ist es sehr wichtig, frühzeitig zu beginnen, diese Prozesse einzuüben. Das fühlt sich für Empathen so an, als würde man verlangen, plötzlich nicht mehr mit der rechten, sondern mit der linken Hand zu schreiben! Das ist mühsam, wenig befriedigend und anstrengend, und Empathen sehnen sich danach wieder die angestammte Hand zu dürfen, weil es einfach leichter und angenehmer ist. Die Spiegelzellen feuern nicht, wenn keine Handlung beobachtet wird, und um eigene Handlungen beobachten zu können, müsste man die Perspektive wechseln!

Jeder Mensch tut bevorzugt das, was er am besten kann und was ihm leicht von der Hand geht. Die Lieblingsbeschäftigung von Empathen ist, die Umgebung und andere Menschen zu „scannen". Um jedoch empathische Fähigkeiten entsprechend einsetzen zu können, müssen sie sich – wie von außen – immer fragen: „Was mache ich jetzt gerade? Mache ich das, was *ich* will? Wie fühle *ich* mich in diesem Augenblick?"

Ein Stück weit müssen Empathen dann von sich selbst verlangen, sich „dumm" zu stellen und nur das zu akzeptieren, was sich objektiv zeigt, zum Beispiel verständnislos zu reagieren, wenn die Arbeitskollegin schlechte Laune hat. Es ist schwer, hier nicht in Resonanz zu treten, weil die Spiegelzellen ihre Tätigkeit ja automatisch antreten. Wenn also ein empathischer Mensch jemand anderen kritisieren muss, dann fühlt sich dies unter Umständen sogar viel stärker an, als wenn er selbst kritisiert würde. Hier hilft nur eine „egoistische" *Ich*-Perspektive aufzubauen und die Resonanzen auszublenden, damit die Spielneurone nicht ständig dazwischenfunken.

Woher kommt die Weisheit der Empathen?

*Wahrlich,
keiner ist weise,
der nicht das Dunkel kennt.*
Hermann Hesse

Empathen sind außerordentlich gute und genaue Wahrnehmer, doch Wahrnehmung ist nur die halbe Miete. Alle Wahrnehmungsdaten werden im Gehirn nochmals in eine andere Form umgewandelt. Es handelt sich dabei um eine Transformation in die Sprache der Emotionen, denn jedes Datenelement erhält durch die Übersetzung zusätzlich eine bestimmte Qualität, wird intensiv erlebt und gefühlt. Diese Intensität des Erlebens ist bei Empathen um ein Vielfaches ausgeprägter als beim Großteil der Bevölkerung.

Vieles läuft jedoch auch unterhalb der Bewusstseinsgrenze ab und bestimmte Qualitäten müssen dem Bewusstsein nicht zugänglich sein. Eine derart unbewusste Wahrnehmung führt bei Empathen dazu, dass in ihrem Gehirn Daten abgespeichert werden, von denen sie gar nichts wissen. Diese unbewussten Prozesse sind jedoch unbedingt vonnöten, denn unser Bewusstsein arbeitet wesentlich langsamer als das Unbewusste, denn das Bewusstsein muss sich zusätzlich immer alles vergegenwärtigen. So kann ein Empath mit enormer Geschwindigkeit Situationen einschätzen und hat dabei in Wirklichkeit aber überhaupt keine Ahnung, anhand welcher Parameter er zu seiner Einschätzung gekommen ist. Dafür müsste er nämlich über seine intuitiv gewonnenen Erkenntnisse nach-denken, und das dauert ein wenig länger, da er die Gründe für seine Beurteilung erst einmal finden und ins Bewusstsein bringen muss. Sicherlich haben Sie sich auch schon einmal gefragt „Wie bin ich denn nur darauf gekommen? Warum weiß ich das? Warum habe nur so ein komisches Gefühl bei der Sache?", und erwischen sich beim permanenten Nachdenken und Grübeln. Es kann nämlich auch sein, dass sich Ihre Intuition auf Informationen gründet, die Sie irgendwann in Ihrem Leben unbewusst abgespeichert haben. In diesem Fall müssen Sie unter Umständen ganz schön lange in Ihrem riesigen Gehirnspeicher suchen. „Warum brauche ich immer so lange, bis ich mich entscheiden kann?" – haben Sie sich das auch schon einmal gefragt? Voilà, nun wissen Sie es! Sie können nämlich schneller denken, als es Ihnen bewusst ist. Vertrauen Sie Ihren Gefühlen, ohne langes Nachdenken, vertrauen Sie Ihren empathischen Fähigkeiten, denn sie sind Ihre „Eintrittskarte" zur Weisheit.

Im Folgenden gehen wir der Frage nach, woher die Weisheit der Empathen kommt, damit Sie lernen, Ihren eigenen Fähigkeiten zu vertrauen. Es kann zwar längst nicht jeder Mensch „weise" werden, doch es gibt ganz bestimmte neurologische Besonderheiten im Gehirn, die diesen Prozess begünstigen. Sind sie nicht vorhanden, ist der Zugang zu den empathischen Informationen erschwert und es fehlt unter Umständen ein beträchtlicher Teil an Informationen, der Weisheit ganz entscheidend ausmacht.

Wir sprachen bereits über Denkprozesse und welche Bedeutung die Emotionen dabei haben. Das Emotionssystem „denkt" schneller, liegt jedoch oftmals im Unbewussten. Das Emotionssystem ist ein entwicklungsphysiologisch gesehen altes System in unserem Gehirn, damit hat vermutlich alles angefangen. Aus diesem Grund nahm man lange Zeit an, dass es nicht mehr so wichtig sei, und bewertete seine Aufgaben als sekundäre Qualitäten. So wie wir bei unserem Computer in der Regel nur mit der Software arbeiten und uns den grundlegenden Prinzipien des Zusammenspiels von 1 und 0 gar nicht bewusst sind, so nahm man an, dass die Emotionen zwar da sind, aber keine große Rolle spielen. Ohne die Erfindung der prinzipiellen Funktionsweise eines Computers ergibt jedoch auch die neuste Version einer Software keinen Sinn! Diese Tatsache gerät allzu leicht in Vergessenheit, aufgrund der immer schillernder werdenden Programme, die beim Benutzer naturgemäß im Vordergrund stehen. Für die Funktionsweise unseres Gehirns bedeutete dies, dass der Intellekt bejubelt wurde und die Emotionen bestenfalls als „hässliches Entlein" dargestellt wurden.

Wieder einmal glänzte das Falsche, denn immer wenn das Emotionssystem an Denkprozessen beteiligt ist, fließen Elemente des kosmologischen Bewusstseins, des kollektiven Unbewussten mit ein. Es handelt sich dabei um ein unbewusstes, intuitives Wissen, das genauso alt ist wie die Zeit. Hier sind die Prinzipien des Lebens, unseres Ursprungs, gespeichert und dieses alte Wissen schwingt bei empathischen Denkprozessen immer mit.

Sie können sich dieses Wissens allerdings bewusst werden und damit Ihre empathischen Fähigkeiten in vollem Umfang nutzen. Die Reise ins kollektive Unbewusste ist ein individueller, spiritueller Weg, und niemand kann sagen, wie lange sie dauert. Die Reise zur Weisheit in den entwicklungsgeschichtlich alten Teil unseres Gehirns gibt mitunter auch Informationen über unsere „früheren Leben" (Seelenverwandten) preis. Nehmen Sie diese Informationen an, denn Weisheit wird immer „wiedergeboren". Der Körper ändert sich, das Prinzip existiert jedoch über Zeit und Raum hinweg.

Typisierung von Empathen: Zu welcher Gruppe gehören Sie?

Jeder Empath hat einen oder manchmal auch mehrere Bereiche, in die er sich bevorzugt einfühlt. Diese Bereiche lassen sich in Hauptkategorien einteilen, die ich als *physisch, emotional, intellektuell* und *spirituell* bezeichnen möchte.

Der physische Empath spürt am eigenen Körper die Befindlichkeiten seines Gegenübers, wie Schmerzen, Unwohlsein und mögliche Krankheiten. Er spürt jedoch auch psychische Probleme in Form von Informationen, die der eigene Körper aussendet. Zum Beispiel könnte ein physischer Empath Lügen seines Gesprächspartners körperlich in Form von Atemnot oder Magenbeschwerden spüren; die „Symptome" können insgesamt höchst verschieden sein. Ich habe „Symptome" bewusst hervorgehoben, denn allzu leicht kann eine derartige Reaktion als Hypochondrie gewertet werden. „Der eingebildete Kranke", der immer denkt, ihm fehle etwas, ist geboren. Ein physischer Empath muss daher lernen, sich abzugrenzen, denn diese Form der Empathie ist sehr deutlich und zeigt sich mitunter recht schmerzvoll.

Der emotionale Empath übersetzt die auf ihn einströmenden Informationen in die Sprache der Gefühle. Er ist das, was man mit einem klassischen hochsensiblen Menschen in Verbindung bringen würde. Hier sind es nicht die körperlichen Schmerzen, die in Extremsituationen im Vordergrund stehen, sondern mitunter eine extreme Traurigkeit und Angst, die diese Form von Empathie begleitet. Das „Sensibelchen", das allzu leicht verletzt wird, scheinbar zu viel fühlt und sich nicht durchsetzen kann, all das sind Phänomene dieser emotionalen Empathie. Während die physische Empathie mehr eine äußere Gabe ist, so ist emotionale Empathie eine innere Gabe, die viele Empathen lange im Stillen leiden lässt, bevor sie sich öffnen können.

Der intellektuelle Empath ist in der Lage, Wahrnehmungen gedanklich nachzuvollziehen. Er ist von allen HSM derjenige, der am stärksten nach dem Warum fragt. Er kann in Computerprogrammen, Büchern und bei der Verfolgung von Gedankenprozessen anderer Menschen regelrecht verloren gehen. Da er viele Dinge nachvollziehen kann, wirkt er zuweilen wie ein „Fähnchen im Wind" und wird nicht recht ernst genommen. Der intellektuelle Empath muss lernen, ein stabiles Ich zu entwickeln, damit er zwischen Informationen, Zusatzinformation (Tags), zwischen *Ich* und *Du* unterscheiden kann.

Der spirituelle Empath ist dem Geheimnis der Innenwelt aller hochsensitiven Menschen am nächsten. Für ihn ist das, was man als feinstoffliche Wahrnehmungen bezeichnet, äußerst real. Das Spüren des Todes eines nahen Verwandten und Erinnerungen an „frühere Leben" begleiten diese Form der Empathie. Die spirituelle Welt der Esoterik, Schamanen, Druiden, Heiler und auch der Buddhismus lassen ihn zuweilen der irdischen Welt etwas entrückt sein und er läuft Gefahr, seine natürliche Erdung zu verlieren.

Neben den hier aufgeführten Kategorien von Empathie gibt es noch diejenigen Formen, die sich zum Beispiel bevorzugt in die Tierwelt oder die Natur einfühlen. Empathie heißt ja „nur" Einfühlungsvermögen, und die Dimensionen der Wirklichkeit sind so zahlreich, dass es unmöglich ist, hier alle aufzuführen. Hören Sie also tief in sich hinein und versuchen Sie herauszufinden, was Ihr *Ich* zu Ihnen sagt. Entspannen Sie sich und fragen Sie Ihr Ich – gerne auch laut – *wo* es sich befindet und *was* ihm am meisten liegt. Ich bin sicher, mit etwas Übung werden Sie eine Antwort erhalten. Nutzen Sie diese Fähigkeit zum Dialog ganz gezielt, indem Sie eindeutige Fragen stellen. „Träumen" ist immer dann geeignet, wenn Sie kreative Prozesse initiieren wollen, aber konkrete Fragen nutzen Ihnen dann, wenn Sie Ihre Gabe für eine ganz bestimmte Sache einsetzen wollen.

Irrungen und Wirrungen: Magie, Engel, Geisterwesen und die spirituelle Welt

Empathische hochsensitive Menschen haben die Fähigkeit, sich in andere Menschen, Dinge und Sachverhalte der Außenwelt – also extern – tiefer und genauer einzufühlen. Wenn sie jedoch ihre Aufmerksamkeit auf das eigene psychische System lenken – auf die Innenwelt – dann haben sie natürlich auch zu diesen Wahrnehmungen einen vertieften empathischen Zugang. Sie als Empath können tiefer als andere in sich selbst eintauchen und in Bereiche Ihres Bewusstseins vordringen, die dem **kollektiven Unbewussten** und dem transpersonalen Bereich entsprechen. Manche Empathen haben von je her Kenntnis archetypischer Bilder, einige entdecken diesen Bereich in Krisensituationen, beim Übergang von der ersten in die zweite Lebenshälfte oder auch ganz spontan. Besonders spirituelle Empathen sind hier zu Hause. Nicht immer können allerdings diese Bilder und Traumreisen angemessen eingeordnet und interpretiert werden, denn dazu sind umfangreiche psychologische Kenntnisse vonnöten. Der Psychoanalytiker Klaus Harre (1981, S. 159) schreibt: „Eine fortgesetzte Traumdeutung durch den Laien ohne zwischenzeitlich fachliche Hilfe, halte ich nicht nur für gefährlich, was die Entwicklung des betreffenden Träumers betrifft, sondern für ebenso dilettantisch."

Archetypische Bilder, die von der analytischen Psychologie als Urbilder aus dem kollektiven Unbewussten differenziert werden, treten bei empathischen Reisen in den Bereich des Bewusstseins. Hier werden sie als innere Bilder wahrgenommen. Da alles Urdenken in Bildern geschieht, beruhen viele Archetypen auf den Urerfahrungen der Menschheit, zum Beispiel Geburt und Tod. Ein Archetyp als solcher ist unanschaulich und unbewusst, er kann nur in symbolischen Bildern seine Wirksamkeit zeigen. Diese Bilder ähneln sich in verschiedenen Kulturen sehr stark, sodass tatsächlich von einer kollektiven Erfahrung gesprochen werden kann. Archetypische Symbole, wie der Engel, der Krieger, der Heilsbringer, die große Mutter, der Wanderer, der Baum des Lebens, aber auch Symbole wie der Kreis oder das Kreuz, werden rund um den Erdball von alters her thematisiert. Beispielsweise wird ein Kreis als Symbol der Geschlossenheit, der Ganzheit und Vollständigkeit angesehen. Ein Kreuz wird mit den vier Himmelsrichtungen oder den vier Elementen einer strukturierten Ganzheit assoziiert, aber auch mit einem Mittelpunkt. Der Kreis, der auch als Mandala bezeichnet wird, ist mit den Erscheinungen der Himmelskörper verbunden, während das Kreuz mit der Orientierung im Raum zusammenhängt. In den meisten Kulturen wird der Kreis als himmlisch und das Kreuz beziehungsweise Quadrat als irdisch angesehen. Ich möchte Ihnen hier deutlich machen, dass archetypische Bilder Symbole sind, die für etwas stehen, jedoch selbst keine Bedeutung haben. So steht der Engel für ein bestimmtes Stadium während der psychischen Entwicklung, er kann als Bote und Begleiter für einen richtigen Weg angesehen werden. Seine Funktion bezieht sich darauf, zwischen dem psychischen „Himmel" und der psychischen „Erde" zu vermitteln. Die Engel selbst sind nur ein Abbild dessen, was die betroffene Person denkt, sie sind „(…) ein sonderbares Genus. Sie sind gerade das, was sie sind und können nichts anderes sein: an sich seelenlose Wesen, die nichts anderes darstellen, als die Gedanken und Intuitionen ihres Meisters." (Jung 2005, S. 330).

Nach meiner Erfahrung versuchen Empathen sich in derartigen Situationen zunächst selbst zu helfen, in dem sie sich psychologischen Themenbereichen zuwenden. Hier sind jedoch die Antworten oftmals unzureichend, sodass die Ahnung und Erkenntnis von irgendetwas, und sei es auch nur die Tatsache, dass zwischen Himmel und Erde weit mehr Dinge existieren, als die überwiegende Mehrheit glaubt, zwangläufig in den esoterischen und spirituellen Bereich führt. Der Glaube an das Übersinnliche führt jedoch zuweilen in eine Falle, denn allzu leicht werden Aussagen für bare Münze genommen, die jeglicher Grundlage entbehren. Grundsätzlich halte ich ein seriöses Medium oder einen Lichtarbeiter nicht per se für gefährlich, doch die einseitige Sichtweise einer solchen Szene aus Gleichgesinnten lässt einen Menschen mitunter die Bodenhaftung verlieren. Psychische Phänomene, wie die *Inflation*, bei der vormals unbewusste Inhalte in das Bewusstsein strömen und es überfluten, gehören in die Hand professioneller Betreuung. Hier kann der Laie nicht helfen und entsprechend differenzieren.

Seien Sie vielleicht etwas vorsichtig mit der Deutung und Interpretation derartiger Bilder und wenn Sie sich unsicher sind, konsultieren Sie im Zweifelsfalle immer einen Psychologen.

Das Projekt www.empathen.de

Das Projekt *www.empathen.de* ist im Verlauf meiner Auseinandersetzung mit dem Thema Hochsensitivität entstanden sowie während des Schreibens an diesem Buch. Sie finden im Internet weitergehende Informationen unter der gleichnamigen Website.

Schon zu einem sehr frühen Zeitpunkt hatte ich mich gefragt, wie die positiven Aspekte von Hochsensitivität für unsere Gesellschaft von Nutzen sein können, und alles schien auf den Bereich Arbeit hinzudeuten. Dabei ging es mir von Anfang an ganz wesentlich um das Themenfeld Empathie, und eines Tages war mir klar, dass empathische HSM genau diejenigen Fähigkeiten besitzen, die in modernen Unternehmen dringend gebraucht werden. Wissenschaftliche Studien belegen nämlich, dass sogenannte weiche Faktoren (Soft Skills), wie Emotionen und die Fähigkeit des Einfühlungsvermögens, mehr und mehr an Bedeutung gewinnen. Ich

| www.empathen.de |

stellte daraufhin einige Informationen auf die Homepage meines Instituts und verwendete, wenn auch noch zögerlich, den Begriff Empathen. Daraufhin nahmen unzählige Menschen Kontakt mit mir auf und einige davon kamen sogar in meine Praxis. Hier zeigte sich dann, dass mein Gefühl mich nicht getäuscht hatte, denn der Wunsch, den richtigen Beruf zu finden, wurde in jedem Gespräch thematisiert.

Manche Empathen arbeiteten in helfenden Berufen, aber das ganze Leid (mit-) zu ertragen und gleichzeitig den normalen, reglementierten Arbeitsalltag zu absolvieren, überstieg ihre Belastungsfähigkeit. Einige waren nicht mehr in der Lage, ihren Beruf auszuüben und hatten zum Teil eine lange Odyssee von Arzt zu Arzt und Therapeut zu Therapeut hinter sich, bis sie schließlich selbst daran glaubten, krank zu sein. Ich lernte allerdings auch empathische HSM kennen, die eine Tätigkeit in der Wirtschaft oder Industrie ausübten, wenn dies auch vergleichsweise seltener vorkam. In diesen Fällen waren die Umweltbedingungen recht günstig, aber auch hier zeigten sich Tendenzen, die beruflichen Belastungen und Stressoren über kurz oder lang nicht mehr kompensieren zu können. Die größte Gruppe der Empathen fand sich jedoch im künstlerischen, esoterischen und spirituellen Bereich, zum Beispiel als Reiki-Meister oder Heilpraktiker für Psychotherapie. Die Gründe, warum meines Erachtens in Führungspositionen, im Management und in der Politik Empathen so gut wie gar nicht anzutreffen sind, sind das Arbeiten in Großraumbüros, die permanente Kommunikation, der Zeit- und Termindruck, die Selbstdarstellung, die Erwartung schneller Entscheidungen sowie die vielfältigen emotionalen Belastungen. In gewisser Weise haben Arbeitgeber dieses Problem erkannt und filtern durch standardisierte Einstellungstests all diejenigen heraus, die dem vorgegebenen Ideal nicht entsprechen. Sogenannte Kompetenzen, die mehrheitlich extrovertierten Persönlichkeiten zugeschrieben werden, wie Teamfähigkeit und Kommunikationsstärke, lassen in Firmen eine Personal- und Führungsstruktur entstehen, die recht homogen ist. Homogenität ist jedoch nicht gleichzusetzen mit *Harmonie* und Wir-Gefühl, denn es herrscht in Unternehmen ein immenser Konkurrenzkampf. Ganze Abteilungen arbeiten gegeneinander und in jüngster Zeit versucht man, diesem Konkurrenzkampf durch Testung und Schulung von „Soft Skills" entgegenzuwirken. Meiner Meinung nach ist das „ein Tropfen auf den heißen Stein", denn es ist relativ bekannt, dass kostenintensive Seminare und aufwendige Analysen keine wesentlichen Änderungen nach sich ziehen. Eine derartig aufgestellte Organisation ist ein eindimensionales, künstlich geschaffenes System, das von den zahlreichen Persönlichkeitstypen, die in der Natur des Menschen vorkommen, nur eine kleine Auswahl berücksichtigt. Introvertierte Menschen werden schon bei der Einstellungsdiagnostik so gut wie gar nicht berücksichtigt, erst recht nicht bei der „Karriereleiter".

All diese Faktoren schienen darauf hinzudeuten, dass moderne Unternehmen ein Defizit in der Personalstruktur aufweisen, das erhebliche Nachteile mit sich bringt, und das von empathisch veranlagten Menschen möglicherweise ausgeglichen werden könnte. Auf der einen Seite brauchen Unternehmen neue Impulse, auf der anderen Seite möchten Empathen sinnvoll arbeiten und könnten genau diese Unterstützung leisten, doch beide scheinen sich nicht zu finden.

Ich beschäftigte mich also mit der Frage, wie man die besonderen Fähigkeiten von HSM für Unternehmen sichtbar und auch nutzbar machen könnte. Dabei erschien es mir wichtig, das Thema einzugrenzen, und ich konzentrierte mich also auf den Faktor Empathie und was Empathen bei der Beratung von Unternehmen leisten könnten. Aus den theoretischen Annahmen entwickelte ich die Hypothese, dass Analysen hinsichtlich der zwischen- menschlichen Kommunikation von Empathen wesentlich effizienter und genauer erhoben werden können, als dies mit der herkömmlichen „Fragebogenmethode" der Fall ist. Dies betrifft beispielsweise den Umgang mit Kunden oder Geschäftspartnern, den Führungsstil, die

Unternehmenskultur, die Mitarbeiter- und Kundenzufriedenheit sowie die Zufriedenheit und Motivation des Führungspersonals.

Die nächste Schwierigkeit war ganz praktischer Natur, denn wie sollte ich ein Unternehmen von einer scheinbar verrückten Idee überzeugen? Ich stellte mir schon vor, wie ich allein und als unbekannte Psychologin vor einem Werkstor stehen würde, und hörte mich sagen: „Wissen Sie eigentlich, dass es Empathen gibt und ihr Betrieb immens davon profitieren kann?"

Die Gefahr, nicht ernst genommen zu werden, war recht groß, und ich überlegte, wie ich einem Unternehmen vermitteln sollte, dass Analyseinstrumente zwar praktisch sind, aber dass es Menschen gibt, die das viel besser können? Ich war also im Begriff, einen neuen Beruf zu „erfinden" und für dieses Projekt benötigte ich zum einen eine Zielsetzung, zum anderen einen Namen.

Ziele des Projektes

Das Projekt *Empathen.de* verfolgt gemäß seiner theoretischen Ausrichtung der Aktions- oder Handlungsforschung eine doppelte Zielsetzung, nämlich *Forschen und Helfen* zugleich.

Empathen.de möchte die Fähigkeiten von besonderen Menschen darstellen, ausbilden und fördern, damit sie sinnvoll und zum Wohle von Unternehmen und Organisationen und der gesamten Gesellschaft Wirkung zeigen können.

Empathen.de teilt sich in zwei große Bereiche, der eine betrifft die Unternehmen und Organisationen, der andere die empathischen HSM. Mit der Einrichtung einer Internetseite wurde eine Plattform geschaffen, die das Projekt und seine Bestandteile darstellt. Wichtig erschien mir von Anfang an mit der Thematik an die Öffentlichkeit zu gehen und darauf hinzuweisen, dass es „so etwas" wie Empathen tatsächlich gibt und welche Fähigkeiten und Qualifikationen damit in Zusammenhang stehen. Wirtschaftliche Unternehmen und Organisationen finden eine konkrete

Beschreibung der Beratung- und Entwicklungsangebote auf der Seite *www.empathen.de*. Empathische HSM ihrerseits finden reichhaltige Informationen sowie Möglichkeiten einer Ausbildung und Mitarbeit bei diesem Projekt.

Welchen Namen bekommt das „Kind"?

Jedes Kind braucht einen Namen und es erschien mir nicht sinnvoll, von „ausgebildeten" oder „professionellen" Empathen zu sprechen. Für Unternehmen und Organisationen, die mit der Thematik nicht vertraut sind, ist es wichtig, einen entsprechenden Titel anzubieten, mit dem sie die Stellung und Wertigkeit von empathischen Beratern oder Teams beurteilen können. Der Name sollte auch eine vermittelnde Funktion haben und vor allem weder mystisch, noch esoterisch klingen, gleichzeitig aber die Berufsbezeichnung eindeutig klassifizieren. Für Empathen sollte die Bezeichnung klar erkennbar sein und eine ausbildende Funktion haben. Die Entscheidung für eine Berufsbezeichnung fiel leicht, denn das Vorbild des empathischen Counselors Troi aus der Fernsehserie *Star Trek* bot sich geradezu an. Wörtlich übersetzt bedeutet der Begriff (psychologischer) Berater und er ist im anglo-amerikanischen Raum recht verbreitet.

Ich möchte die Bezeichnung „Counselor" wie folgt verwenden und definieren:

Ein Counselor ist ein empathischer, hochsensitiver Mensch, der seine besonderen Fähigkeiten je nach Ausbildungsgrad geschult hat und in beratender Funktion tätig ist. Für die spirituelle, beratende und fachliche Kompetenz kann er entsprechende Nachweise erbringen.

Abgesehen von einer traditionellen fachlichen Ausbildung benötigen Empathen eine Schulung und Entwicklung ihrer besonderen

Anlagen, denn nahezu alle Empathen sitzen auf riesigen „Reserven", wissen jedoch nicht, wie sie sie nutzen können. Ihre Art der Wahrnehmung überwältigt sie und Stresssituationen entstehen dadurch, weil sie – wie ein Schwamm – immerzu ungefilterte Informationen von anderen Menschen aufsaugen. Empathen müssen jedoch erst lernen, diese Wahrnehmungsinhalte zuzuordnen, zu sortieren, zu bündeln, zu verarbeiten und anschließend abzulegen. Schmerzen von anderen Menschen wie die eigenen zu spüren, innere und äußere Stimmen mit einer Fülle von Informationen zu hören, stellt eine Belastung dar, die ohne entsprechende Aufklärung und Anleitung nicht bewältigt werden kann. Empathie als Gabe funktioniert nur in Entspannungszuständen ohne Stress, deshalb ist es sehr wichtig zu lernen, sich abzugrenzen.

Der Weg zum Counselor

Wenn Sie als Empath beginnen, sich über ihr eigenes Wesen Gedanken zu machen und Ihre Hochsensitivität zu entdecken, dann ist damit ein wichtiger Grundstein für die weitere Entwicklung gelegt. Es geht anfänglich ganz wesentlich darum, sich theoretisches Wissen anzueignen, sich selbst besser zu verstehen und allmählich kennen zu lernen. Diese Phase ist gekennzeichnet durch Input, und dies ist auch die dominante Funktion aller Empathen, denn die Fähigkeit, eine Fülle von Daten nahezu aufzusaugen, wurde ihnen in die Wiege gelegt. Mit zunehmender Akzeptanz der empathischen Fähigkeiten steigt auch der Wunsch, diese in die Praxis umzusetzen und eigene Grenzen auszutesten.

Grundsätzlich lassen sich zwei große Gruppen unterscheiden, nämlich diejenigen unter Ihnen, die ihre Fähigkeiten über Fremdwahrnehmung erhalten, und diejenigen, die ihre Gabe über Selbstwahrnehmung beziehen. Wie ist das bei Ihnen? Stellen Sie sich vor, Sie treffen Ihre beste Freundin und wissen schon während der Begrüßung, wie sie sich fühlt. Ist es so, dass Sie sie ansehen und

„es" einfach sofort wissen, oder spüren Sie es „am eigenen Leib", an Veränderungen, die Sie selbst betreffen?

Es gibt also Empathen, die eine gewisse Distanz wahren und ihre Fähigkeiten recht präzise einsetzen können, und es gibt Empathen, die sofort mit anderen Dingen verschmelzen. Letztere müssen lernen, sich zu distanzieren, sonst werden sie von den Eindrücken überflutet und können ihre Fähigkeiten nicht richtig kanalisieren. Aus dem *Ich* wird sofort ein *Wir* und diese Empathen funktionieren wie eine Art Waage, die immer alles in Balance halten will. Wenn sie einen Menschen treffen, der unsicher und kognitiv unterlegen erscheint, werden sie sich anpassen und sich auch so fühlen. Sie fühlen sich plötzlich auch unsicher und ihr *Ich* verschwindet und versucht durch die Zusammenführung eine gemeinsame Basis zu finden, wenngleich dies auch bedeutet, sich selbst zurückzuhalten. Treffen sie allerdings einen Menschen, der sich überlegen darstellen kann, dann fühlen sie sich durch so viel wahrgenommene Stärke und Überlegenheit in die Defensive gedrängt. Empathen übernehmen nicht gerne eine überlegene Führungsposition, denn das würde bedeuten, die andere Perspektive aufzugeben. Empathen möchten alles im Gleichgewicht halten, denn sie sind die geborenen Vermittler und Mediatoren zwischen den verschiedenen Lebenswelten.

Die Welt ist wie eine Theaterbühne und für die meisten Zuschauer zählt nur das, was auf der Bühne stattfindet. Empathen sehen „hinter den Vorhang" und mehr noch, denn ihr wahres Zuhause liegt sogar noch irgendwo weiter „dahinter", sodass ihnen nicht immer klar ist, welche Welt nun die Realität ist: die innere geistige, gefühlte Welt oder die Außenwelt?

Wenn Sie hierüber nachdenken, wird Ihnen klar, warum es mitunter so schwierig ist, mit anderen Menschen ein gemeinsames Gesprächsthema zu finden. Die anderen reden über die gespielten Szenen auf der Bühne, Sie hingegen möchten lieber über die Bühnentechnik, die Maske, den Kostümfundus, das Lampenfieber der Schauspieler oder die viele Vorarbeit der Akteure bei den vorangegangenen Proben reden. Was ist nun die Realität? Das, was auf der Bühne stattfindet, oder das, was sich dahinter abspielt? Empathen sind gezwungen, beide Welten in Einklang zu bringen, deshalb nutzen sie die Informationen anderer Menschen, um sich anzupassen. Anpassen, nicht Führen, ist ihre Devise, denn nur allzu selten treffen sie auf ihresgleichen, und ist das tatsächlich einmal der Fall, dann sind Unsicherheit und Angst allzu groß, frei und ungezwungen darüber reden zu können. Auf andere Menschen können die Fähigkeiten eines Empathen bedrohlich wirken, wie ein großer „Lauschangriff", der ohne ihre Zustimmung stattfindet. Für Empathen ergibt es daher oftmals keinen Sinn, am „alltäglichen Theater" teilzunehmen und sie verhalten sich wie stille Beobachter, die nicht so recht dazuzugehören scheinen. Sie bringen sich nicht aktiv ein, weil sie noch kein stabiles *Ich* aufbauen konnten, dass sich selbstbewusst darstellen kann. Dazu müssten sie nämlich Führung übernehmen und zwar in erster Linie für sich selbst.

Werden Sie also Ihr eigener Regisseur! Machen Sie mit, denn Ihre ersten Schritte als Empath bestehen jetzt darin, sich selbst ein wenig wichtiger zu nehmen und zu überlegen, wie Sie Ihr neu gewonnenes Wissen über die „Funktionsweise des Theaters" nutzen können, um besser im Spiel des Lebens zurechtzukommen.

HSM und die Innenwelt

Die andere Seite der Medaille

*Bei ihm,
der einpflanzte die Vielzahl unserem Geiste,
sie,
die Quelle und Wurzel der ewig strömenden Schöpfung.*

Schwurformel der Pythagoreer

In den folgenden Kapiteln geht es im Wesentlichen um geistige, das heißt spirituelle bzw. mystische* oder religiöse Aspekte der Hochsensitivität, und wir verlassen nun das Gebiet der klassisch-empirischen Psychologie, um weitere Informationen von Tiefenpsychologen, Philosophen und Mystikern zu erhalten.

Das ist besonders für diejenigen HSM von Belang, die Erlebnisse in Form von außergewöhnlichen Bewusstseinszuständen gemacht haben, oder die das Bedürfnis verspüren, Näheres zur Tiefe der Innenwelt zu erfahren. Die Affinität zu einem derartigen Bedürfnis kann sich schon bei hochsensitiven Kindern durch das besondere Interesse an Märchen, Religion, Geschichte, Feen und Elfen sowie mystisch geprägten Computerspielen zeigen. Im Jugend- und Erwachsenenalter zeigt sich unter Umständen eine besondere Faszination für Filme, die einen philosophischen Hintergrund haben, wie *Star Wars*, *Das fünfte Element* oder *Matrix*, oder das ungewöhnlich frühe Interesse für Psychologie, Quantenphysik oder

---

* Mystik kommt aus dem Griechischen und bedeutet „geheimnisvoll". Das Themenspektrum der „Mystik" ist Forschungsgegenstand innerhalb von Theologien der Offenbarungsreligionen und der Religionswissenschaften, in Kultur-, Geschichts- und Literaturwissenschaft, in der Philosophie und Psychologie. Das umgangssprachliche Wort „mysteriös" steht für Erfahrungen, die man sich nicht auf Anhieb erklären kann.

Philosophie. Dies resultiert aus der intuitiven Vermutung eines psychischen Geheimnisses (vgl. Jung 2005, S. 346 ff.) und der Wahrnehmung archetypischer Motive.

Spirituelle Betrachtungsweisen der menschlichen Psyche stehen der östlichen Philosophie näher als der westlichen „rein naturwissenschaftlichen" Sichtweise, und so macht es für die betreffende Person einen großen Unterschied, in einer Klinik oder Praxis als psychotisch diagnostiziert zu werden oder sich „nur" in einer spirituellen Krise zu befinden. Die Beurteilung derartiger Bewusstseinszustände steht im übergeordneten Sinn mit den jeweiligen Grundpfeilern des Wissenschaftsverständnisses in Zusammenhang und dies ist, wie gesagt, wesentlich philosophisch geprägt. Es kommt also darauf an, ob sich der betreffende Diagnostiker mit derartigen Fragen auseinandergesetzt hat und seine Position dem Patienten oder Klienten gegenüber klar benennen kann.

Auch Albert Einstein äußerte sich zu diesem Thema in Form eines grundlegenden Bekenntnisses, das er zugunsten der Deutschen Liga für Menschenrechte 1932 sogar auf Schallplatte sprach:

„(...) Ich bin zwar im täglichen Leben ein typischer Einspänner, aber das Bewusstsein, der unsichtbaren Gemeinschaft derjenigen anzugehören, die nach Wahrheit, Schönheit und Gerechtigkeit streben, hat das Gefühl der Vereinsamung nicht aufkommen lassen.

Das Schönste und Tiefste, was der Mensch erleben kann, ist das Gefühl des Geheimnisvollen.

Es liegt der Religion sowie allem tieferen Streben in Kunst und Wissenschaft zugrunde. Wer dies nicht erlebt hat, erscheint mir, wenn nicht wie ein Toter, so doch wie ein Blinder.

Zu empfinden, dass hinter dem Erlebbaren ein für unseren Geist Unerreichbares verborgen sei, dessen Schönheit und Erhabenheit uns nur mittelbar und in schwachem Widerschein erreicht, das ist Religiosität. In diesem Sinne bin ich religiös. Es ist mir genug, diese Geheimnisse staunend zu ahnen und zu versuchen, von der erhabenen Struktur des Seienden in Demut ein mattes Abbild geistig zu erfassen."

Die Innenwelt, das *matte Abbild*, von der im Folgenden die Rede sein wird, ist unter anderem Gegenstand der Tiefenpsychologie, und dieser haftet aus genannten Gründen eine gewisse Subjektivität an. So lässt sich das Erleben einer reichen und tiefen Innenwelt, wohlmöglich gepaart mit außergewöhnlichen Bewusstseinszuständen, schlecht nachweisen, unter Umständen bleibt dem Außenstehenden also nichts anderes übrig, als es dem Berichterstatter zu *glauben*, und infolgedessen fällt die Beurteilung in Bezug auf die reine Wissenschaftlichkeit wohl oder übel irgendwie spekulativ, mysteriös oder, da wir von *Glauben* sprechen, mithin auch religiös aus.

Seele auf Tauchstation

> *Wie der stille See*
> *seinen dunklen Grund*
> *in der tiefen Quelle hat,*
> *so hat die Liebe eines Menschen*
> *ihren rätselhaften Grund*
> *in Gottes Licht.*
>
> Søren Kierkegaard

Hochsensitive Menschen haben eine reiche und komplexe Innenwelt, das trifft besonders auf diejenigen zu, die introvertiert sind. Während die Introvertierten in unserer Gesellschaft eine Minderheit darstellen, machen sie den Großteil aller hochsensitiven Menschen aus. Nun ist es jedoch keineswegs so, dass die

Mehrheit unserer Bevölkerung keine Innenwelt hat, aber sie nehmen sie nicht so detailliert wahr, weil Außen- und Innenwelt für sie nahezu identisch sind. HSM differenzieren jedoch zwischen der Welt außerhalb ihres Kopfes, der materiellen Außenwelt, und der psychischen, geistigen Welt in ihrem Inneren, und dabei wird die äußere Welt oftmals als kalt, grau, anstrengend, böse, laut, grell und auch langweilig beschrieben. Die andere Seite hingegen, die Welt der Gedanken, Fantasien, Träume, Visionen, Gefühle und Empfindungen, wird als angenehm, vertraut, leicht, interessant und frei von Zwängen erlebt. Während einem HSM Sätze wie „Meine Innenwelt ist alles, was ich habe und was mich wirklich ausmacht", nur allzu verständlich erscheinen, endet dieser Satz für diejenigen, die nicht so sind, nur mit einem großen Fragezeichen und sie haben Mühe, sich vorzustellen, was damit gemeint sein könnte.

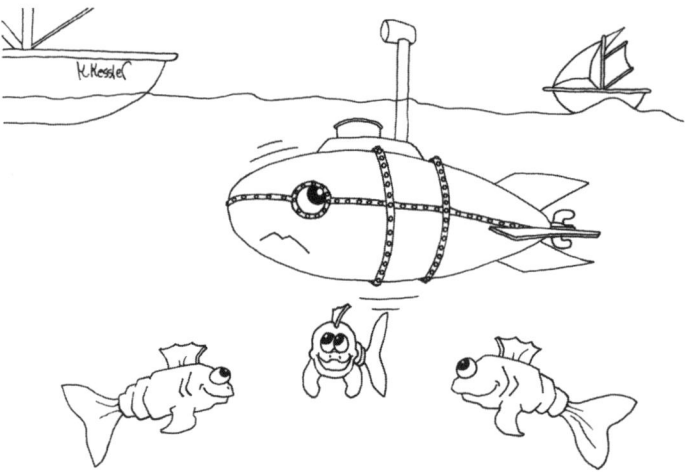

Mehr noch: Eine solch differenzierte Betrachtungsweise der Welten klingt für all diejenigen, die mit beiden Beinen fest auf der Erde stehen, allzu sehr nach Schizophrenie oder bestenfalls, in ihrer abgeschwächten Form, nach Schizotypie, denn unsere Kultur ist nicht geprägt von der Unterscheidung zwischen materieller Außenwelt und der Welt jenseits von Zeit und Raum.

Ohne nun irgendeine Bewertung vorzunehmen, können Sie sich in diesem Zusammenhang einfach vorstellen, als U-Boot – im Gegensatz zu Schiffen – geboren zu sein, mit der Fähigkeit in den dunklen, tiefen Ozean Ihres Geistes und Ihrer Seele abzutauchen. Dorthin, wo kein Außensteher Ihnen folgen kann, und wo Sie nur alleine mit sich selbst sind. Dieses Alleinsein und diese Einsamkeit brauchen Sie als HSM zuweilen mehr als andere Menschen. Vermutlich genießen Sie die Stille des Ozeans und sind sogar froh und stolz darüber, dass diese Welt nur Ihnen alleine gehört. Dorthin können Sie auch immer dann zurückkehren und sich verschließen, wenn jemand Sie gekränkt hat. Vermutlich kennen Sie den Zustand, wenn Sie nach außen nichts zeigen und einfach am Eingang zu Ihrer tieferen Innenwelt eine Tür für denjenigen zugemacht haben, der Ihnen übel mitgespielt hat. Die Innenwelt ist auch immer dann relevant, wenn Situationen für Sie sehr stimulierend waren und in denen Sie viele äußere und innere Daten aufgenommen haben. Als U-Boot können Sie sich ja sowohl unterhalb wie auch oberhalb der Wasseroberfläche aufhalten und dem Schiffsverkehr und bunten Treiben „da oben" zusehen und teilnehmen. Haben sie genügend Daten „gesammelt" oder geht ein langer Arbeitstag zu Ende, tauchen sie einfach ab und verarbeiten diese Daten. Manche hochsensitiven Menschen können sehr tief tauchen und finden den Weg zur Wasseroberfläche kaum mehr alleine, sie brauchen Hilfe, denn sie haben sich in ihrer Innenwelt verloren und wissen nicht mehr, wo „oben und unten" ist und wo sie hingehören.

Die Mehrheit jedoch hat im Laufe der Zeit eine gute Strategie entwickelt, um mit den zwei unterschiedlichen Lebensräumen umzugehen, auch wenn Sie sich vielleicht mitunter die Frage stellen, was all das zu bedeuten hat.

Haben Sie bereits Ihr Periskop entdeckt? Das Periskop erlaubt Ihnen, sich einige Meter unter der Wasseroberfläche vor Überstimulation zu schützen, sich aber trotzdem noch einen Rundumblick zu erhalten und ein wenig „oben" zu sein. Generell ist diese Sehrohrtiefe ein bequemes Plätzchen, um nach denjenigen Dingen

Ausschau zu halten, die wichtig und interessant erscheinen. Dies kann eine spannende Lektüre, ein interessanter Mensch, ein neues Hobby oder eine tolle Idee sein, die Sie in die Tat umsetzen wollen.

Immer dann tauchen U-Boote nämlich wie aus dem Nichts auf und steuern volle Fahrt darauf zu, sie „hyperfokussieren" und können leidenschaftlich in diesen Dingen aufgehen. Die Motivation für eine solche Überwasserfahrt ist wesentlich emotional geprägt und sie muss von allem eines: Sinn ergeben.

Haben U-Boote also keine Lust, erscheint die Welt der „Überwasserschiffe" langweilig, anstrengend und zu stimulierend, dann wird der Sinn eines Auftauchmanövers gar nicht gesehen und sie bleiben auf gewohnter Tauchstation.

Leider, und dies ist meines Erachtens ein Dilemma, gibt es noch keine „U-Boot-Schule", niemand sagt den kleinen und großen U-Booten, was das Besondere an ihnen ist, was sie können und vor allem, worauf sie beim Abtauchen achten müssen. So bleibt jeder sich selbst überlassen und muss alles Stück für Stück alleine herausfinden, und nicht selten wächst die Erkenntnis, dass hier wirklich etwas nicht zu stimmen scheint. Manche wollen doch einfach nur so sein, wie alle anderen, doch je mehr sie das versuchen und je weniger sie abtauchen, desto überstimulierter werden sie. Manchmal kommt es auch zu einer Radikalwende und sie tauchen ab, wann immer sie möchten. Wenn die Welt über Wasser nicht länger von Wichtigkeit ist, dann kann es zu ihrem Schicksal werden, ziellos im Ozean zu treiben.

Hochsensitive „U-Boote" brauchen die Stille und Tiefe des Ozeans, aber sie brauchen auch ihre Umwelt und Kontakt zu anderen Menschen, das heißt, sie *müssen* auftauchen. Ideal ist hier ein Platz jenseits von „viel befahrenen Wasserstraßen", denn wer aus der schier endlosen Stille und Dunkelheit auftaucht, dem erscheint die obere Welt oft ein Quäntchen zu laut und zu grell. HSM kommunizieren dann gerne mit etwas Abstand, das ermöglicht ihnen, in sicherer „Sehrohrtiefe" zu bleiben.

Schiffe an der Wasseroberfläche sind ihrerseits manchmal ein wenig verwundert über die seltsamen Fahrzeuge, die da plötzlich auftauchen, denn man kann sie kaum hören und meistens sind sie irgendwie nicht „da" und nicht so recht bei der Sache. Sie glauben, dass U-Boote vielleicht einen Konstruktionsfehler haben und deshalb nicht so richtig schwimmen können.

Stille Wasser sind tief

In Wirklichkeit erkennen wir nichts;
denn die Wahrheit liegt in der Tiefe.
Demokrit

Schließen Sie nun die Schoten vor der Außenwelt und tauchen Sie langsam mit mir in das dunkle und stille Reich Poseidons ab. Je mehr man sich von der Außenwelt entfernt, dessen Herrscher in der griechischen Mythologie Zeus ist, desto tiefer dringt man in die Innenwelt vor, die durch Poseidon, den Gott des Meeres, symbolisiert werden kann. Ähnlich wie ein Taucher, der allmählich in die Tiefe vordringt und sich immer weiter von der Wasseroberfläche entfernt, so kann man sich allen äußeren Reizen entziehen und sich den inneren Wahrnehmungen zuwen-  den. Je stiller ein Mensch daher nach außen erscheint, desto mehr kann er sich in sich selbst versenken. Eine derartige Meditation bezeichnet in seiner einfachsten Form ein tiefes Nachdenken über einen Sachverhalt, damit das Bewusstsein sich erweitern kann und neue Erkenntnisse gewonnen werden können. Gleiches gilt historisch betrachtet für die Kontemplation, die vor dem Aufkommen der Inquisition in der christlichen Welt praktiziert wurde. Diese spirituellen Aspekte des menschlichen Erkenntnisvermögens finden sich auch in der Alchemie und später in sogenannten Geheimgesellschaften wieder, wie bei den Rosenkreuzern oder Freimaurern. Aus unserem allgemeinen Gedankengut sind diese Dinge jedoch so gut wie verschwunden. Ganz anders verhält es sich in der östlich orientierten Welt, zum Beispiel im Buddhismus, Daoismus, Sufismus, in der Kabbala und in den Veden (Sanskrit). Die Veden beinhalten die heiligen Schriften des Hinduismus und in Indien hören seit 25 Jahrhunderten bedeutende Persönlichkeiten und Gelehrte besonders auf den Rat in den Upanishaden, worin sich folgender Vers findet:

Die große Waffe,
die Geheimlehre (Upanishad),
nehme er als Bogen,
lege darauf den durch Meditation geschärften Pfeil,
spanne ihn mit dem vom Herrn gegebenen Geiste;
in diesem Unwandelbaren …
erkenne dein Ziel.

Die Upanishaden gehen also davon aus, dass „die große Waffe" psychischer Natur ist und die Innenwelt des Menschen beträchtliche Ressourcen birgt, denen man sich mithilfe der Meditation bemächtigen kann.

Der Ruf der Sirenen

*Ach, in meinem wilden Herzen
schlummert obdachlos die Unvergänglichkeit.*
Rainer Maria Rilke

Nur wer liebt, kann Sehnsucht empfinden. Diese unbändige Sehnsucht hochsensitiver Menschen nach ihrer Seele, macht sie für ihren Ruf empfänglich und zwingt sie förmlich dazu, immer wieder in die Gedankenwelt abzutauchen. Wie der liebliche Gesang der Sirenen die Seefahrer magisch anzieht und von ihrem festgelegten Kurs abbringt, so besitzt auch der Ruf der Seele eine derartige Anziehungskraft und Energie, dass sich hochsensitive Menschen kaum dagegen wehren können.  Die Gedanken versinken in der Innenwelt und laufen Gefahr „irgendwo im Nirgendwo" zu landen, denn so, wie der Ruf der Sirenen tückisch sein kann, so ist es auch mit dem Ruf der Seele. In der griechischen Mythologie ist diese Ambivalenz deutlich herausgestellt und es geht nicht eindeutig hervor, ob die Sirenen böse Absichten verfolgen und mit ihren Lockrufen die Seefahrer vorsätzlich in die Irre und den sicheren Tod treiben wollen, oder ob sie letztlich Meerjungfrauen darstellen, die um ihrer Erlösung willen rufen. Die Meerjungfrauen stellen verdammte Fabelwesen dar, deren verlorene Seele nur durch die Liebe eines Mannes von ihrem Schicksal befreit werden kann. Wie alle weiblichen Wesen stellen auch die Meerjungfrauen einen Archetypus der Anima (Seele) dar, der einzig von dem männlichen Pendant des Animus (Geist) erkannt und erlöst werden kann. Beide Wesen finden nur durch die Sehnsucht zueinander und können dann zu einer Ganzheit verschmelzen.

Die Seele nutzt das einzige ihr zur Verfügung stehende Mittel, die Gefühle, um auf sich aufmerksam zu machen, und HSM spüren diesen Ruf mitunter unentwegt. Es ist das stärkste und gleichzeitig auch schwächste Mittel, denn die Welt der Gefühle und Empfindungen ist nicht recht fassbar, doppeldeutig und mitunter zerstörend. Hochsensitive Erwachsene und Kinder folgen dem lieblichen Ruf, wann immer es möglich ist, und sie leben gerne im Land der Träume und Fantasien.

Manchmal kommt jedoch für HSM eine Zeit, in der dieser Ruf ganz intensiv vernommen wird, und dies geschieht oftmals in Krisenzeiten oder im Übergang von der ersten in die zweite Lebenshälfte. Je stärker die Sehnsucht unterdrückt wurde, desto wahrscheinlicher sind auch psychosomatische Beschwerden, wie Schlafstörungen, Drehschwindel, Migräne, Antriebslosigkeit und Depressionen. Der Körper ruft „Alarm", weil die Seele weint und ihr Licht zu verlöschen droht. Es können aber auch plötzlich oder schleichend Fragen aller Art auftauchen, die vorher keine große Rolle gespielt haben, die nun aber auf eine Antwort drängen:

- *„Wer bin ich?"*
- *„Lebe ich so, wie ich leben will?"*
- *„Geht es immer so weiter, kommt nichts mehr?"*
- *„Bin ich intelligent?"*
- *„Was ist los mit mir?"*
- *„Gibt es Gott?"*
- *„Was ist die Seele?"*
- *„Lebe ich mit dem richtigen Partner zusammen?"*
- *„Warum mache ich mir so viele Gedanken darüber, warum ich so viel denke?"*

Je mehr die Außenwelt verschwindet, desto mehr Bedeutung erlangt die Innenwelt mit ihren Fragen und umgekehrt. Manche HSM berichten sogar davon, dass sie phasenweise das Gefühl hatten, ihre Gedanken würden sich selbstständig machen und sich nicht mehr abstellen lassen. Spätestens hier hat sich der Intellekt bereits aufgemacht, seine Seele zu suchen. Die Seele ruft mithilfe der Empfindungen, denn sie kann nicht von selbst zu uns kommen, sie muss vom Intellekt gefunden und erlöst werden. Erst dann ist sie frei und Geist (Animus) und Seele (Anima) verschmelzen zu einer Einheit. Unsere Seele ist sich nämlich nicht ihrer selbst bewusst, denn sie hat nichts, worin sie sich spiegeln könnte. Nur der Intellekt kann sie finden und ihr zeigen, wer sie ist. Er wird zum Spiegel der Seele und sie erkennt ihre wahre Natur. Hildegard von Bingen schreibt dazu:

„Alle himmlische Harmonie ist ein Spiegel der Göttlichkeit, und der Mensch ist ein Spiegel aller Wunder Gottes."

Eine derartige Erkenntnis von der Seele ist immer von veränderten Bewusstseinszuständen begleitet, die sich zwar auffallend ähneln, aber auch durch individuelle Unterschiede gekennzeichnet sind (vgl. Grof 2009, S. 7):

„Das höchste kosmische Prinzip lässt sich auf zweierlei Weise erleben. Manchmal lösen sich alle persönlichen Grenzen auf oder werden drastisch aufgehoben, und wir verschmelzen völlig mit dem göttlichen Ursprung, werden eins damit und sind nicht mehr davon zu unterscheiden.

Zu anderen Zeiten behalten wir das Gefühl der Eigenständigkeit und begeben uns in die Rolle eines erstaunten Beobachters, der oder die das Mysterium tremendum des Seins wie von außen betrachtet.

Oder es kann uns passieren, dass wir wie manche Mystiker die Ekstase von verzückten Liebenden fühlen, denen die Vereinigung mit dem oder der Geliebten zuteil wird."

Wegweiser durch die Innenwelt

Wer also, veranlasst durch seinen Daimon,
den Schritt über die Grenze der Zwischenstufe hinaus wagt,
kommt recht eigentlich
in das „Unbetretene, nicht zu Betretende",
wo keine sicheren Wege ihn führen
und kein Gehäuse ein schützendes Dach über ihn breitet.

C.G. Jung

Wir haben bisher über die Innen- und Außenwelt gesprochen, über Schiffe und U-Boote, über Geist und Seele und Intellekt- und Emotionssystem. Nun möchte ich diese Begriffe in ein Modell einfügen, damit Sie eine bildliche Vorstellung von Raum und Dynamik des psychischen Systems bekommen. Modelle sind immer dann brauchbar, wenn komplizierte Sachverhalte dargestellt werden sollen und Wissen aus unterschiedlichen Teilbereichen in ein sinnvolles Ganzes gebracht werden muss. Insofern haben die folgenden Ausführungen keine topografische Entsprechung im menschlichen Gehirn, man kann es jedoch so besser vermitteln und begreifen.

Beginnen wir nun an der „Wasseroberfläche", wie wir es bisher genannt hatten, und diese ist eng mit dem Begriff Intellekt und mit unserem Bewusstsein verbunden. Bewusstsein bedeutet, „sich über etwas bewusst zu sein", und an der Wasseroberfläche ist alles hell und klar. Daher wird das Bewusstsein oftmals als Licht dargestellt und auch in der Alltagssprache verwenden wir die Floskel „Mir ist ein Licht aufgegangen" für eine plötzliche Einsicht in unterschiedlichste Sachverhalte. Beides zusammen, Intellekt und Bewusstsein, macht den menschlichen Geist (Animus) aus, und der Intellekt fungiert dabei als Werkzeug der geistigen Arbeit. Die Leistungsfähigkeit dieses „Arbeiters" wird mithilfe des Intelligenzquotienten (IQ) gemessen. Der menschliche Intellekt gilt als das höchst entwickelte System, das uns bekannt ist, und wir haben in unserer Entwicklung die Tierwelt damit weit hinter uns gelassen. Zwar haben auch Tiere auf ihren jeweiligen Entwicklungsstufen Intellekt, doch mehrheitlich dürften sie wohl kein differenziertes Bewusstsein davon haben. Sie wissen nicht, dass sie erkennen. Nur der Mensch ist sich anderen Dingen und seiner selbst derart bewusst, dass er sich sogar über das eigene Bewusstsein relativ bewusst ist.

Taucht man nun in die Innenwelt ab, dann gelangt man mehr und mehr ins Unbewusste, also in Tiefen, von denen man nicht wusste, dass hier etwas abgespeichert wurde. Es wird allerdings nicht auf Anhieb „dunkel", denn wir sind uns durchaus vieler Dinge bewusst, zum Beispiel Erlebnissen aus der Vergangenheit. Vielleicht stellen Sie sich in diesem Zusammenhang Bereiche vor, wie das kristallklare Wasser rund um eine Südseeinsel, wo man bis auf den Grund sehen kann, und wiederum andere Bereiche, wo die See so dunkel ist, dass man gar nichts erkennen kann. Hier ist es dann schon aufwendiger, „Licht ins Dunkel" zu bringen, denn vieles spricht dafür, dass derartige Informationen in Form von unbewussten Gefühlen abgespeichert werden. Ganz so, wie ein Taucher in die Tiefe dringt und mehr und mehr entdeckt, wovon er vorher noch keine Kenntnis besaß, so lassen sich die Inhalte des Unbewussten ans Licht, also ins Bewusstsein bringen. Persönliche Erlebnisse, die unter Umständen weit zurückliegen und aus der Kindheit stammen, sind hier ebenso zu finden wie verdrängte Konflikte, für die keine Lösung gefunden werden konnte. Manchmal entdeckt man auch Dinge, die mit dem nötigen Abstand und der neuerlichen Betrachtung wegen ganz anders erscheinen. Genau hierin besteht auch die heilende Wirkweise der Psychoanalyse, denn die abgelegten Diskrepanzen und Konflikte können sich wie ein Knoten auflösen, den man entwirrt. Das Unbewusste hat eine große Wirkung auf uns, denn auch wenn wir die „Unterwasserwelt" von oben nicht sehen können, so existiert sie doch. Nur ein Sprung ins mitunter kalte und dunkle Wasser lässt uns sehen, was da am Werke ist und eröffnet uns die Möglichkeit, die negative Einflussnahme des Unbewussten zu ändern.

Symbole, wie das Taiji, versuchen universelle Prinzipien zu verdeutlichen. In Bezug auf das menschliche Erkenntnisvermögen symbolisiert der helle Teil das menschliche Bewusstsein mit dem dunklen Punkt als Intellekt. Der dunkle Bereich des Taiji steht für das Unbewusste, das andere, gegenteilige „Bewusstsein", mit einem hellen Punkt, der die Seele darstellen soll.

Neben dem Bereich eines derart persönlichen Unbewussten, dessen Entdeckung maßgeblich auf Sigmund Freud zurückgeht, existiert jedoch noch ein weiteres Feld, das auf Carl Gustav Jung zurückgeht, einen Schüler Freuds, und von ihm als „das kollektive Unbewusste" bezeichnet wurde. Das kollektive Unbewusste beherbergt weniger persönliche Daten, sondern vielmehr vererbte Eigenschaften unserer Lebensform als Instinkte, die uns ebenfalls unbewusst beeinflussen. Hier sind auch die Archetypen zu finden, und beides, Instinkte und Archetypen, sind weitgehend in allen Menschen gleichmäßig verbreitet, mithin universell. Typische Archetypen sind Bilder der großen Mutter, des alten Lehrmeisters, des Baumes mit seinem Wurzelwerk, des Wassers, der Energie, von Engelwesen und vom Licht.

Die Archetypen stehen für universelle Prinzipien, die in Form von inneren Bildern in unser Bewusstsein gebracht werden können. Derartige Imaginationen werden je nach Tiefe des heraufzuholenden „Materials" nur in Zuständen nicht alltäglichen Bewusstseins möglich und der simpelste davon ist der Entspannungszustand.

Dazu schrieb der amerikanische Psychologe und Philosoph William James schon 1901 (S. 390 f.):

„Es ist der Eindruck, dass unser normales Wachbewusstsein, das rationale Bewusstsein, wie wir es nennen, nur ein besonderer Typ von Bewusstsein ist, während um ihn herum, von ihm durch den dünnsten Schirm getrennt, mögliche Bewusstseinsformen liegen, die ganz andersartig sind. Wir können durchs Leben gehen, ohne etwas von ihrer Existenz zu ahnen (…). Keine Betrachtung des Universums kann abschließend sein, die diese anderen Bewusstseinsformen ganz außer Betracht lässt."

Je nach angewandter Technik lassen sich thematisch eingegrenzte Bilder und Erkenntnisse gewinnen oder auch geführte Imaginationen als Fantasiereisen unternehmen. Im Grunde genommen kann man über jede Frage und über jedes Problem meditieren und die geistigen Projektionen zunächst in Bildern festhalten, damit sie allmählich ins „normale" Bewusstsein gelangen.

Manchmal ist es jedoch auch so, dass wir uns an Antworten erinnern, wenn wir in der Außenwelt ein vergleichbares Bild sehen, wie es sich im Fall des Chemikers Friedrich August Kekulé zugetragen hat. Kekulé entwickelte die Benzol-Theorie, als er 1861 in einem Wachtraum das Funkenspiel des Kaminfeuers betrachtete. Er sah plötzlich die Kohlenstoff- und Wasserstoffatome vor seinen Augen tanzen und dachte dabei an das alchimistische Symbol der Schlange, die sich in den eigenen Schwanz beißt.

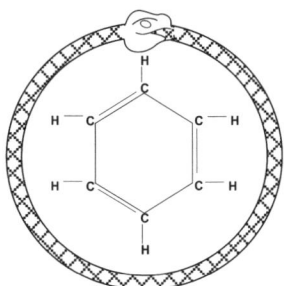

Nun war ihm die Ringstruktur des Benzols völlig klar, die bis dahin als ungelöstes Rätsel der Chemie galt. Kekulé hatte seine Imaginationen der Naturgesetze folgerichtig interpretiert und in Beziehung zu seiner wissenschaftlichen Arbeit gesetzt. Dadurch war er in der Lage, weiter in die Wirklichkeit zu *sehen*. Den passenden Begriffen für derartige Erlebnisse liegt daher immer ein *Schauen* zugrunde, zum Beispiel bei der alten Bezeichnung „Seher" oder dem modernen Wort „Visionär".

Deshalb möchte ich die letzten Worte meines Buches auch einem „Seher" überlassen, nämlich demjenigen, der bereits die „Eröffnungsrede" gehalten hat:

Liebe Nachwelt!
Wenn Ihr nicht gerechter,
friedlicher und überhaupt vernünftiger sein werdet,
als wir sind bzw. gewesen sind,
so soll Euch der Teufel holen.
Albert Einstein, Botschaft für eine Dokumentenkapsel

Glossar

Altruismus: Bezeichnung für eine durch Selbstlosigkeit und Hilfsbereitschaft ausgezeichnete Einstellung gegenüber Mitmenschen.

Angststörung: Anxiety Disorder; in einer etwas älteren Bezeichnung wird auch von Angstneurose gesprochen. Sie bezeichnet eine Klasse von klinisch auffälligen Angstzuständen und / oder vermeidenden Verhaltensweisen, die sich in Bezug auf bestimmte Gegenstände, Situationen, Ereignisse und / oder deren Vorstellungen äußern.

Axiom: Satz, der keinen Beweis braucht und die Grundlage eines Beweises bildet. Ein Axiom ist ein unmittelbar einleuchtendes Prinzip.

Bipolare Störung: Die bipolar affektive Störung, die auch unter dem Namen „manisch-depressive Erkrankung" bekannt ist, bezeichnet eine psychische Störung und gehört zu den Affektstörungen. Sie zeigt sich bei den Betroffenen durch episodische, willentlich nicht kontrollierbare und extreme Varianten des Antriebs, der Aktivität und der Stimmung, die weit außerhalb des Normalniveaus liegen. Hier zeigen sich die Extreme der Depression oder Manie.

Bullying: Hierbei handelt es sich im Wesentlichen um → Mobbing in der Schule. Einzelne Schüler werden regelrecht tyrannisiert und leiden unter massivem psychischen Druck.

Evolutionstheorie: Die Evolutionstheorie nach Charles Darwin (1809–1882) erklärt und beschreibt die Entstehung der Arten als das Ergebnis natürlicher Selektion. Diese Auslese geschieht nach seinen Vorstellungen weitgehend durch einen Kampf uns Dasein, den der am besten Angepasste gewinnt. Dabei werden sich diejenigen Lebensformen weiterentwickeln, die am schnellsten mit Veränderungen in ihrer Umwelt zurechtkommen, sich am erfolgreichsten gegen ihre Feinde zur Wehr setzen können und die das bestehende Nahrungsangebot am besten nutzen können.

Extrinsische Motivation: Charakteristik von zielgerichteten Verhaltensweisen, die in erkennbarem Bezug zu äußeren Anlässen oder Konsequenzen an- und ablaufen. Zum Beispiel auch Verhaltensweisen nach erfolgter Belohnung.

Fakultativ: Möglich, freiwillig, nicht zwingend erforderlich.

Intrinsische Motivation: Charakteristik von Verhaltensweisen, die ohne erkennbaren Bezug auf äußere Anlässe und Konsequenzen ablaufen, sozusagen um ihrer selbst willen. Ein typisches Beispiel ist das gute

Abschließen einer selbst gestellten Aufgabe, ohne dass dabei Anerkennungen oder Belohnungen eine entscheidende Rolle spielen.

Kognitiv: Erkennend; Kennzeichnung von Prozessen und Zuständen, die mit dem Erkennen und/oder mit der Verwendung ableitbaren, aussagbaren Wissens bei der Auseinandersetzung mit bestimmten Aufgaben oder Situationen zusammenhängen.

Kollektives Unbewusstes: Ein Begriff aus der analytischen Psychologie nach Carl Gustav Jung. Das kollektive Unbewusste beherbergt das psychische Erbe der Menschheitsgeschichte, das sich, ähnlich wie der biologische Körper, im Laufe der Evolution entwickelt hat. Alles, was irgendwann einmal von der individuellen Psyche eines Menschen ausgedrückt wurde, wird zu einem Bestandteil der psychischen Grundkonstitution eines Menschen. Ebenso wird es auf kollektiver Ebene zu einem Bestandteil der ganzen Gattung und damit zu einem Bestandteil des kollektiven Unbewussten.

Lautiermethode: Methode des Lesenlernens, die im Unterschied zur „Buchstabier"-Methode (Buchstabennamen „be", „ce", „de" usw.) vom tatsächlich ausgesprochenen Lautwert ausgeht. Um Einzellaute zu vermitteln, unterscheidet man die Sinnlaut-, Anlaut-, Interjektions- und Lautbildmethode.

Mobbing: Mobbing leitet sich ab aus dem englischen Begriff „to mob" und bedeutet so viel wie anpöbeln, angreifen, bedrängen oder über jemanden herfallen. Das Substantiv „Mob" kennzeichnet den Pöbel oder das Gesindel. Mobbing am Arbeitsplatz ist durch massiven Psychoterror gekennzeichnet, der das Ziel verfolgt, Betroffene aus dem Betrieb zu drängen. Auch in anderen Bereichen, wie im Gefängnis oder in Sportvereinen, dient Mobbing dazu, andere Menschen zu schikanieren, zu quälen und seelisch zu verletzen.

Motorik: Motorik bezeichnet im Allgemeinen die Fähigkeit des menschlichen Körpers sich zu bewegen. Man unterscheidet Grobmotorik (z. B. Reaktionsschnelligkeit und allgemeines Reaktionsvermögen sowie allgemeine Körper- und Gliederstärke und Bewegungskoordination) und Feinmotorik (z. B. Mimik, Fingergeschicklichkeit).

Neurotizismus: Neigung zu Erlebnis- und Verhaltensweisen, die für neurotische Störungen charakteristisch sind.

NLP: Neurolinguistisches Programmieren; es meint die Neugestaltung einer Reiz-Reaktions-Kette des Menschen. Das eigene Verhalten soll durch Analyse des alten Verhaltens erkannt und durch eine bewusste Neuprogrammierung gewünschter Reaktionen ersetzt werden. Der Schwerpunkt von NLP liegt bei Kommunikationstechniken sowie bei Mustern zur Analyse der Wahrnehmung.

Pathologisch: Krankhaft, krankheitsbezogen.

Psychosomatik: Systematische Ansätze zur Erforschung von Zusammenhängen zwischen psychischen Prozessen und relativ überdauernden Störungen umschriebener Organ- und Körperfunktionen.

Schatten: Der Schatten gehört zu den Archetypen und stellt die dunkle (im Schatten) liegende Seite der Persönlichkeit dar. Solange es keine bewusste Auseinandersetzung des *Ich* mit diesem unbewussten Schatten gibt, solange kann er nur außerhalb des *Ich* empfunden werden und wird deshalb häufig auf andere Personen projiziert. Die Auseinandersetzung mit diesem Archetypus, dessen Integration einen wichtigen und unabdingbaren Schritt auf dem Weg zur Ganzwerdung oder Individuation der Persönlichkeit darstellt, ist ein vorwiegend moralisches Problem, das für einen Menschen beträchtliche seelische Auseinandersetzung bedeutet.

Schizophrenie: Zu den psychischen Störungen zählende Diagnose, deren Grundsymptome auf ein Nichtzusammenpassen, auf eine „Spaltung" des Denkens und Handelns hindeuten. Es werden verschiedene symptomatische Erscheinungsformen klassifiziert.

Schizotypie: Ein durchgängiges Muster sozialer und zwischenmenschlicher Defizite, die jeweils von einem akut erlebten Unbehagen und von Mängeln in der Beziehungsfähigkeit begleitet werden. Es zeigen sich kognitive oder Wahrnehmungs-Störungen und ein mitunter exzentrisches Verhalten.

Syndrom: Als Syndrom wird in Medizin und Psychologie das gleichzeitige Vorliegen verschiedener Symptome (Krankheitszeichen) verstanden, deren ursächlicher Zusammenhang und dessen Entstehung und Entwicklung mehr oder weniger bekannt sind oder vermutet werden können. Von Syndromen wird häufig dann gesprochen, wenn es sich um zumindest in gewisser Hinsicht einheitliche und in vergleichbaren Fällen ähnliche Krankheitszeichen handelt.

Tic-Störung: In unregelmäßigen Abständen wiederholt auftretende, von momentanen Ausdrucks- oder Willkürbewegungen unabhängige Aktivitäten eines Muskels (zum Beispiel Stirnrunzeln, Zwinkern) oder einer Muskelgruppe (zum Beispiel Herunterziehen der Mundwinkel, ruckartige seitliche Kopfbewegungen, Kopfnicken, Kratzen), die unvermittelt einsetzen und keinem ersichtlichen Zweck dienen. Tics sind in der Mehrzahl psychisch bedingt, seltener organisch. Davon abzugrenzen ist das sogenannte Tourette-Syndrom.

Transzendenz: Aus dem Lateinischen übersetzt, bedeutet Transzendenz „übersteigen" und meint das Überschreiten einer Grenze, die jenseits der Empirie liegt. Ein passender Gegenbegriff ist daher „Diesseits" oder „Immanenz".

Vermeidungsverhalten: Vermeidungsverhalten bezeichnet das grundsätzliche Vermeiden bestimmter Situationen oder Handlungen, durch die Unannehmlichkeiten oder Bedrohungen für den Körper, die Seele oder die soziale Stellung erwartet werden.

Literaturverzeichnis

Alderson, R.M., Rapport, M.D. & Kofler, M.J. (2007). *Attention-Deficit / Hyperactivity Disorder and Behavioral Inhibition: A Meta-Analytic Review of the Stop-signal Paradigm.* Journal Abnormal Child Psychology, Vol. 35, S. 745–758.

Amelang, M. & Bartussek, D. (1990). *Differentielle Psychologie und Persönlichkeitsforschung* (3. Auflage). Stuttgart: W. Kohlhammer.

Aron, E. N., & Aron, A. (1997). *Sensory-processing sensitivity and its relation to introversion and emotionality.* Journal of Personality and Social Psychology, Vol. 73, S. 345–368.

Aron, E.N. (2002). *The highly sensitive child.* New York: Broadway Books.

Aron, E.N., Aron, A., & Davies, K.M. (2005). *Adult Shyness: The Interaction of Temperamental Sensitivity and an Adverse Childhood Environment.* Personality and Social Psychology Bulletin, Vol. 31, S. 181–197.

Averill, J.R. (2000). *Intelligence, Emotion, and Creativity.* In: Bar-On, R. & Parker, J.D.A. (Hrsg.). *The Handbook of Emotional Intelligence.* San Francisco: Jossey-Bass.

Barkely, R. A. (1997). *Behavioral inhibition, sustained attention and executive functions: Constructing a unifying theory of ADHD.* Psychological Bulletin, Vol. 121 (1), S. 143–155.

Banissy, M.J. & Ward, J. (2007). *Mirror-touch synesthesia is linked with empathy.* Nature Neuroscience, Vol. 10, S. 815–816.

Barnett, L. (1958). *Einstein und das Universum.* Frankfurt a.M.: Fischer.

Bauer, J. (2006). *Warum ich fühle, was Du fühlst.* Hamburg: Hoffmann und Campe Verlag.

Benham, G. (2006). *The highly sensitive person: Stress and physical symptom reports.* Personality and Individual Differences, Vol. 40, S. 1433–1440.

Bertrams, A. & Dickhäuser, O. (2007). *Zur Messung von Reizverarbeitungssensibilität: Adaptation und psychometrischer Vergleich der Highly Sensitive Person Scale und Trait Arousability Scale.* Manuskript in Vorbereitung.

Bouton, M.E. (1993). *Context, time, and memory retrieval in the interference paradigms of Pavlovian learning.* Psychological Bulletin, Vol. 114 (1), S. 80–99.

Brackmann, A. (2005). *Jenseits der Norm – hochbegabt und hoch sensibel?* Stuttgart: Klett-Cotta.

Brehm, S. & Kassin (1996). *Social Psychology*. Boston: Mifflin.

Breithaupt, F. (2009). *Kulturen der Empathie*. Frankfurt am Main: Suhrkamp.

Broadbent, D. (1954). *The role of auditory localization in attention and memory span*. Journal of Experimental Psychology, Vol. 47, S. 191–196.

Broadbent, D.E. (1958). *Perception and Communication*. London: Pergamon Press.

Burdach, K.J. (1987). *Geschmack und Geruch: Gustatorische, olfaktorische und trigeminale Wahrnehmung*. Bern; Stuttgart; Toronto: Huber.

Capra, F. (1983). *Wendezeit*. München: Scherz Verlag.

Capra, F. (1993). *Das Tao der Physik*. München: Scherz Verlag.

Carson, S., Higgins, D.M. & Peterson, J.B. (2003). *Decreased Latent Inhibition Is Associated With Increased Creative Achievement in High-Functioning Individuals*. Journal of Personality and Social Psychologie, Vol. 85 (3), S. 499–506.

Castaneda, C. (2007). *Die Lehren des Don Juan*. Frankfurt am Main: Fischer Verlag.

Cherry, E. C. (1953). *Some experiments on the recognition of speech with one and two ears*. Journal of the Acoustical Society of America, Vol. 25, S. 975–979.

Chen, X., Rubin, K. & Sun, Y. (1992). *Social reputation and peer relationships in Chinese and Canadian children: A cross-cultural study*. Child Development, Vol. 63, S. 1336–1343.

Choi, I., Koo, M. & Choi, J.A. (2007). *Individual Differences in Analytic Versus Holistic Thinking*. Personality and Social Psychology Bulletin, Vol. 33 (5), S. 691–705.

Chua, H.F., Boland, J.E. & Nisbett, R.E. (2005). *Cultural variation in eye movements during Scene perception*. National Academy of Sciences, Vol. 102 (35), S. 12629–12633.

Damasio, A.R. (1994). *Descartes' error: Emotion, reason, and the human brain*. New York: Grosset / Putnam.

Darwin, C. (1965). *The expression of the emotions in man and animals*. Chicago: University of Chicago Press.

Deutsch, J.A., & Deutsch, D. (1963). *Attention: Some theoretical considerations*. Psychological Review, Vol. 70, S. 80–90.

Döpfner, M., Frölich, J. & Lehmkuhl, G. (2000). *Hyperkinetische Störungen: Leitfaden Kinder- und Jugendpsychotherapie*. Göttingen: Hogrefe.

Döpfner, M. & Lehmkuhl, G. (2002). *ADHS von der Kindheit bis zum Erwachsenenalter – Einführung in den Themenschwerpunkt.* Kindheit und Entwicklung Vol. 11 (2), S. 67–72.

Dörner, D. (2001). *Bauplan für eine Seele.* Hamburg: Rowohlt.

Dueck, G. (2004). *Wild Duck.* Berlin Heidelberg: Springer-Verlag.

Duncan, J. & Humphreys, G.W.H. (1989). Visual search and stimulus similarity. Psychological Review, Vol. 96, S. 433–458.

Dunn, W. (1997). *The impact of sensory processing abilities on the daily lives of young children and their families: a conceptual model.* Infants and Young Children, Vol 9 (4), S. 23–35.

Ekman, P. (1999). *Basic emotions.* In: Dalgleish, T. & Power, M.J. (Hrsg.). *Handbook of cocnition and emotion.* New York: John Wiley.

Fischer, L. & Wiswede, G. (2002). *Grundlagen der Sozialpsychologie.* München; Wien: Oldenbourg.

Fitness, J. & Curtis, M. (2005). *Emotional Intelligence and the Trait Meta-Mood Scale: Relationssships with Empathie, Attributional Complexity, Self-control, and responses to Interpersonal Conflict.* E-Joural of Applied Psychology: Social Section. Vol. 1 (1), S. 50–62.

Freeman, J. (2004). *Hochbegabung in Gefahr? ADS und Hochbegabung.* In: Fitzner, T. & Stark, W. (Hrsg.). *Genial, Gestört, Gelangweilt?* Weinheim: Beltz.

Fröhlich, W.D. (2000). *Wörterbuch Psychologie.* München: DTV.

Gable, S.L., Reis, H.T. & Elliot, A.J. (2000). *Behavioral Activation and Inhibition in Everyday Life.* Journal of Personality and Social Psychology, Vol. 78 (6), S. 1135–1149.

Gray, J.A. (1981). *A citique of Eysenck's theory of personality.* In: Eysenck, H.J. (Hrsg.). *A model for personality.* New York: Springer.

Gray, J.A. (1985). *Issues in the neuropsychlogy of anxiety.* In: Ruma, A.H. & Maser, J.D. (Hrsg.). *Anxiety and disorder.* Hillsdale, NJ: Erlbaum.

Gray, J.A. (1991). *The neurophysiology of temperament.* In: Strehlau, J. & Angleitner, A. (Hrsg.). *Explorations in temperament: International perspectives on theory and measurement.* New York: Plenum.

Gray, J.A., Feldon, J., Rawlins, J.N.P., Hemsley, D.R. & Smith, A.D. (1991). *The neuropsychology of schizophrenia.* Behavioral and Brain Sciences, Vol. 14 (1), S. 1–84.

Harre, K. (1981). *Träume weisen Dir den Weg.* Freiburg im Breisgau: Verlag Herder.

Hartmann, T. (2000). *Kein Platz für „Jäger" – ADHS: Die neuen Untermenschen?* In: Fitzner, T. & Stark, W. (Hrsg.). *ADS: verstehen – akzeptieren – helfen.* Beltz: Weinheim und Basel.

Haynes, J.D. (2007). *Wissenschaftliches „Gedankenlesen" mithilfe von Gehirnbildern?* Max-Planck-Institut für Kognitions- und Neurowissenschaften Leipzig. Tätigkeitsbericht.

Hofmann, S.G. & Bitran, S. (2007). *Sensory-processing sensitivity in social anxiety disorder: Relationsship to harm avoidance and diagnostic subtypes.* Journal of Anxiety Disorders, Vol. 21 (7), S. 944–954.

Hull, C.L. (1943). *Principles of behaviour.* New York: Appleton.

Izard, C.E. (1971). *The face of emotion.* New York: Appleton-Century-Crofts.

Jahoda, M. (1994). *Sozialpsychologie der Politik und Kultur.* Graz-Wien: Nausner & Nausner.

James, W. (1997). *Die Vielfalt religiöser Erfahrung.* Frankfurt am Main und Leipzig: Insel Verlag.

Jawer, M. (2005). *Environmental Sensitivity: A Neurobiological Phenomenon?* Seminars in Integrative Medicine, Vol. 3, S. 104–109.

Jerome, E. M., & Liss, M. (2005). *Relationships between sensory processing style, adult attachment, and coping.* Personality and Individual Differences, Vol. 38, S. 1341–1352.

Johnston, W.A. & Heinz, S.P. (1979). Depth of nontarget processing in an attention task. Journal of Experimental Psychology, 5, 168–175.

Jung, C.G. (2005). *Erinnerungen, Träume, Gedanken.* Düsseldorf: Walter Verlag.

Kagan, J. (1994). *Galen's prophecy: Temperament in human nature.* New York: Basic Books.

Kagan, J., Moss, H.A. & Sigel, I.E. (1963). *Psychological significance of styles of conzeptualization.* In: Wright, J.C. & Kagan, J. (Hrsg.). *Basic cognitive process in children.* Monographs of the Society for Research in Child Development, Vol. 28, S. 73–112.

Kahneman, D. (1973). *Attention and Effort.* New York: Prentice Hall.

Kandel, E.R. & Schwartz, J.H. (1985). *Principles of neural science.* New York: Elsevier.

Kebeck, G. (1991). *Wahrnehmungspsychologie.* Hagen: Fernuniversität.

Keirsey, D. & Bates, M. (1990). *Versteh mich bitte.* Del Mar: Prometheus Nemesis Book Company.

Kemler, D. S. (2006). *Sensitivity to Sensoriprocessing, Self-Discrepancy, and Emotional Reactivity of Collegiate Athletes.* Perceptual and Motor Skills, Vol. 102, S. 747–759.

Kriz, J., Lück, H.E. & Heidbrink, H. (1987). *Wissenschafts- und erkenntnistheoretische Grundlagen der Psychologie.* Hagen: Fernuniversität.

Kruse, Lenelis (2005): *Verstehen ist kein Zufall. Lehren und lehren über Fachgrenzen hinweg.* In: politische Ökologie 93: *Baustelle Hochschule. Nachhaltigkeit als neues Fundament für Lehre und Forschung.* München: Oekom Verlag.

Lischetzke, T., Eid, M., Wittig, F. & Trierweiler, L. (2001). *Die Wahrnehmung eigener und fremder Gefühle.* Diagnostica, Vol. 47 (4), S. 167–177

Liss, M., Timmel, L., Baxley, K., & Killingsworth, P. (2005). *Sensory processing sensitivity and its relation to parental bonding, anxiety, and depression.* Personality and Individual Differences, Vol. 39, S. 1429–1439.

Lubow, R.E. (1989). *Latent inhibition and conditioned attention theory.* Cambridge: Cambridge University Press.

Lück, H.E., (1986). *Einführung in die Psychologie sozialer Prozesse.* Fernuniversität Hagen.

Meyer, B., Ajchenbrenner, M., & Bowles, D. P. (2005). *Sensory sensitivity, attachment experiences, and rejection responses among adults with borderline and avoidant features.* Journal of Personality Disorders, Vol. 19, S. 641–658.

Moray, N. (1967). *Where is capacity limited? A survey and a model.* Acta Psychologica, Vol 27, S. 84–92.

Neal, J. A., Edelmann, R. J., & Glachan, M. (2002). *Behavioural inhibition and symptoms of anxiety and depression: Is there a specific relationship with social phobia?* British Journal of Clinical Psychology, Vol. 41, S. 361–374.

Nisbett, R.E. & Miyamoto, Y. (2005). *The influence of culture: holistic versus analytic perception.* Trends in Cognitive Science. Vol. 9 (10), S. 467–473.

Nisbett, R.E., Peng, K., Choi, I. & Norenzayan, A. (2001). *Culture and Systems of Thought: Holistic Versus Analytic Cognition.* Psychological Review, Vol. 108, (2), S. 291–310.

Oades, R.D. & Röpcke, B. (2000). *Neurobiologische Grundlagen der Aufmerksamkeit: „Über die Freiheit der Wahl".* Sprache Stimme Gehör, Vol. 24, S. 49–56.

Orloff, J. (2004). *Jenseits der Angst.* Ullstein.

Otto, J.H., Döring-Seipel, E. & Lantermann, E.-D. (2002). *Zur Bedeutung von subjektiven, emotionalen Intelligenzkomponenten für das komplexe Problemlösen.* Zeitschrift für Differentielle und Diagnostische Psychologie, Vol. 23 (4), S. 417–433.

Pawlow, I.P. (1927). *Conditioned reflexes.* London: Oxford University Press.

Raab, J. (2001). Soziologie des Geruchs. Über die soziale Konstruktion olfaktorischer Wahrnehmung. Konstanz: UVK-Verl.-Gesellschaft.

Rammsayer, T., Lubow, R.E., Gibbons, H. & Braunstein-Bercovitz, H. (2000). *Latente Hemmung und Persönlichkeitsforschung.* Zeitschrift für Differentielle und Diagnostische Psychologie, Vol. 21 (4), S. 255–269.

Rosenthal, R. & Jacobson, L. (1966): *Teachers' Expectancies: Determinants Of Pupils' IQ Gains.* Psychological Reports, 1966, 19, 115–118.

Rosenthal, R. & Jacobson, L. (1968): Pygmalion in the classroom: Teacher expectation and pupils' intellectual development. New York: Holt, Rinehart & Winston

Rossi, P. (2001). *Aufmerksamkeitsdefizit-/Hyperaktivitätsstörung- auch bei Hochbegabten?* In: Deutsche Gesellschaft für das hochbegabte Kind e.V. (Hrsg.). *Im Labyrinth. Hochbegabte Kinder in Schule und Gesellschaft.* Münster: Lit Verlag.

Schachter, Stanley & Singer (1962). Cognitive, social and physiological determinants of emotional state. Psych. Review, 69, S. 379–407.

Scheid, J. vom (2006). *Das Drama der Hochbegabten.* München: Piper Verlag GmbH.

Scheler, U. (2007). Erfolgsfaktor Networking: Mit Beziehungsintelligenz die richtigen Kontakte knüpfen, pflegen und nutzen. Piper Verlag.

Schopenhauer, A. (1888). *Die Welt als Wille und Vorstellung.* Leipzig: Brockhaus.

Schulz, D., Izard, C.E. & Abe, J.A.A. (2006). *Die Emotionssysteme und die Entwicklung emotionaler Intelligenz.* In: Schulze, R., Freund P.A. & Roberts *Emotionale Intelligenz.* Göttigen: Hogrefe.

Smolewska, K. A., McCabe, S. B., & Woody, E. Z. (2006). A psychometric evaluation of the Highly Sensitive Person Scale: The components of sensory-processing sensitivity and their relation to the BIS/BAS and „Big Five". Personality and Individual Differences, Vol. 40, S. 1269–127.

Smullyan, R.M. (1980). *An Unfortunate Dualist.* In: Chalmers, D.J. (2000). *Philosophy of mind.* Oxford University Press.

Stapf, A. (2004). *Aufmerksamkeitsstörung und interllektuelle Hochbegabung.* In: Fitzner, T. & Stark, W. (Hrsg.). *Genial, Gestört, Gelangweilt?* Weinheim: Beltz.

Tachikawa, K. & Daibo, I. (2000). Psychological Research on Fragrance (2). Influence of Fragrance on Personal Space. J. Soc. Cosmet. Chem. Japan, 34 (3), 307–309.

Trappmann-Korr, Birgit: *Das Phänomen Hochsensitivität und der Zusammenhang mit AD(H)S: Eine kritische Reflexion*, München: Grin Verlag, 2008.

Watzlawick, P. Beavin, J.H. & Jackson, D.D. (2007). *Menschliche Kommunikation: Formen, Störungen, Paradoxien*. Bern: Huber.

Weiner, I. (1990). *Neural substrates of latent inhibition: The switching model.* Psychological Bulletin, Vol. 108 (3), S. 442–461.

Welford, A. T. (1952). *The "psychological refractory period" and the timing of high speed performance – A review and a theory*. British Journal of Psychology, Vol. 43, S. 2–19.

Wertheimer, M. (1954). *Produktives Denken*. Frankfurt am Main: Kramer.

Yerkes, R.M. & Dodson, J.D (1908). *The relation of strength of stimulus to rapidity of habit-formation*. Journal of Comparative Neurology and Psychology, Vol. 18, S. 459–482.

Zeervaert-Saenger, M. (2004). *AD(H)S und Hochbegabung – gibt es das wirklich?* In: Fitzner, T. & Stark, W. (Hrsg.). *Genial, Gestört, Gelangweilt?* Weinheim: Beltz.

Über die Autorin

Birgit Trappmann ist Soziale Verhaltenswissenschaftlerin und leitet das Institut für Angewandte Psychologie in Rheinberg am Niederrhein, das ein breites psychologisches und philosophisches Themenspektrum abdeckt und sich mit anwendungsorientierten Fragen an der Schnittstelle von Wissenschaft und Praxis beschäftigt. Zu den Schwerpunkten ihrer Arbeit zählen die Bereiche Hochsensitivität/Hochsensibilität, Hochbegabung, AD(H)S, Empathie und Kreativität, sowie deren Auswirkungen in Bezug auf Erziehung, Schule und Lernen, (Erwerbs-) Arbeit und psychische Gesundheit.

„Die Verbindung von Psychologie und Physik, Philosophie, Spiritualität und Neurologie eröffnet neue Wege und Sichtweisen in Bezug auf Mensch und Umwelt und der Entfaltung dieses Potenzials."

Weitere Informationen finden Sie auch im Internet unter:
www.hochsensibel-sein.de
www.silencer-online.com

Die VAK-Themenportale

Quantum Entrainment® – Heilendes Bewusstsein
www.quantenheilung.info

Matrix Energetics – Die Methode für grundlegende Transformation
www.matrix-info.eu

Kolloidales Silber – Das Multitalent gegen Viren und Bakterien
www.silber-wasser.info

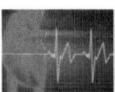
Hören Sie auf Ihr Herz!
www.herzintelligenz.de

Intention – Ihre Gedanken können die Welt verändern!
www.intention-wirkt.de

Entdecken Sie das Wundermittel Wasser
www.wassertrinken.de

Die Barfußrevolution!
www.earthing-info.de

Bioidentische Hormone – das Portal
Informationen und Beiträge rund um bioidentische Hormone:
www.bioidentische-hormone.net

Die VAK-Foren

Tauschen Sie sich mit anderen QE®-Interessierten aus!
Das deutschsprachige offizielle Forum für Quantenheilung/Quantum Entrainment®:
www.quantenheilung-forum.de

Bioidentische Hormone – das Forum
Das Forum zum Thema bioidentische Hormone zum Austausch mit anderen Betroffenen und Interessierten: *www.hormon-forum.de*

Bengston Energy Healing® Method – das Forum
Erfahrungsaustausch und Übungsgruppen: *www.bengstonforum.de*
www.bengstonenergyhealing-forum.de

Birgit Trappmann:
Perlen der Stille
Die innere Mitte wiederfinden mit der Silencer®-Methode
Leseprobe: www.vakverlag.de

Die Autorin stellt die neu konzipierte Silencer®-Methode vor, die bewährte Übungen aus verschiedenen Bereichen (Herzintelligenz®, Quantenheilung, EMDR usw.) mit einem Perlenband kombiniert, das der Anwender in unterschiedlichen Abfolgen langsam durch die Finger gleiten lässt.
Der praktische Ratgeber bietet die passende Übungsanleitung für jedes Problem von Infektanfälligkeit über Prüfungsstress bis hin zu Selbstwertproblemen oder Burn-out. Vorkenntnisse sind nicht erforderlich und auch eine bebilderte Anleitung zur einfachen Herstellung einer eigenen Perlenkette ist enthalten.
160 Seiten, 5 Fotos, Paperback (15 x 21,5 cm)
ISBN 978-3-86731-149-6

Dr. Sabine Gapp-Bauß:
Depression und Burn-out überwinden
Ihr roter Faden aus der Krise:
Die wirksamsten Selbsthilfestrategien
Leseprobe: www.vakverlag.de

Die erfahrene Hypnosetherapeutin und Ärztin stellt in ihrem Buch die wirksamsten Selbsthilfestrategien vor, die sich in Krisen bewährt haben. Dabei geht sie von dem schwer zu ertragenden Lebensgefühl der Betroffenen aus und begleitet sie Schritt für Schritt durch ihre Gefühlswelten. Das Ziel ist: selbst aktiv zu werden, statt untätig auf das Wirksamwerden von Medikamenten oder Therapien zu warten. Ein Buch für Betroffene und Angehörige, das leicht zu lesen ist und Mut macht: Es gibt ein Leben nach Depression und Burn-out!
336 Seiten, 13 Abbildungen, Paperback (15 x 21,5 cm)
ISBN 978-3-86731-172-4

Dr. Sabine Gapp-Bauß:
Angststörungen und Panikattacken dauerhaft überwinden
So funktioniert effektive Selbsthilfe
Leseprobe: www.vakverlag.de

Angststörungen und Panikattacken sind heute weit verbreitet. Die Betroffenen sind meist so sehr in die Erkrankung verstrickt, dass sie den Kontakt zu sich selbst und ihr Urvertrauen völlig verloren haben. Hier setzen die Selbsthilfestrategien der erfahrenen Ärztin Dr. Sabine Gapp-Bauß an. In ihrem ganzheitlichen, auf neurobiologischen Erkenntnissen gestützten Ansatz, formuliert sie die entscheidenden „Schaltstellen", an denen man drehen kann, um angstvollen Gefühlen den Boden zu entziehen.

368 Seiten, Paperback (15 x 21,5 cm)
ISBN 978-3-86731-222-6

Abonnieren Sie unseren Newsletter (gratis) unter: www.vakverlag.de

Lisa Miller mit Teresa Barker:
Die spirituelle Intelligenz unserer Kinder
Ein Instinkt, der stark macht fürs Leben

Wir alle tragen von Geburt an eine spirituelle Veranlagung in uns. Sie ist ein natürliches Bedürfnis jedes Kindes und sollte daher von Eltern entsprechend unterstützt werden. Nur wenn dieser Spiritualität in der Erziehung Raum gegeben wird, kann sich die kindliche Persönlichkeit ganz entfalten und aus glücklichen Kindern werden starke Erwachsene. Die Autorin gibt praktische Empfehlungen und zeigt ganz konkrete Wege auf, wie Eltern die spirituelle Entwicklung ihrer Kinder unterstützen können.

352 Seiten, Paperback (16 x 24 cm)
ISBN 978-3-86731-175-5

Dr. Harald Blomberg:
Bewegungen, die heilen
Einfache Übungen für jedes Alter
RMT hilft bei ADHS, Lern- und Verhaltensproblemen

In Anlehnung an die natürlichen Bewegungen bei Kleinkindern entwickelte Dr. Harald Blomberg ein effizientes Bewegungsprogramm mit erstaunlichen Wirkungen: Das Rhythmic Movement Training (RMT) fördert die gesunde Entwicklung von Anfang an. In späteren Altersstufen hilft es, Fehlentwicklungen zu beheben (etwa AD(H)S oder Dyslexie). Viele Fallbeispiele sowie 15 bebilderte Übungsanleitungen demonstrieren die Anwendung in jedem Alter und ohne spezielle Vorkenntnisse. Für Eltern, Erzieher, Lehrer, Physiotherapeuten und Ergotherapeuten.
256 Seiten, 42 Abbildungen, Paperback (15 x 21,5 cm)
ISBN 978-3-86731-101-4

Barry M. Prizant mit Tom Fields-Meyer:
Einzigartig anders – und ganz normal
Kinder mit Autismus respektieren statt therapieren

Statt Autismus wie gewöhnlich über Defizite zu charakterisieren, z.B. zwanghafte Verhaltensmuster, geht Barry M. Prizant einen neuen Weg: Wenn wir Menschen mit Autismus helfen wollen, müssen wir unsere Einstellungen und unser Verhalten ändern, anstatt Auffälligkeiten „wegtherapieren" zu wollen. Der Autor sieht Autismus nicht als Krankheit, sondern als spezifische Ausprägung innerhalb eines breiten Spektrums von menschlichen Verhaltensformen. Das Buch bietet Eltern, Pädagogen und Bezugspersonen praktische Empfehlungen und konkrete Handlungsansätze.

286 Seiten, Paperback (15 x 21,5 cm)
ISBN 978-3-86731-177-9

Bestellen Sie unsere kostenlosen Kataloge unter: www.vakverlag.de